Winfried Seibert

Das Mädchen, das nicht Esther heißen durfte

Eine exemplarische Geschichte

RECLAM VERLAG LEIPZIG

Mit 16 Abbildungen

ISBN 3-379-01572-5

© Reclam Verlag Leipzig 1996

Wir danken Herrn Friedrich Luncke, Niestetal, für freundliche
Unterstützung.

Reclam-Bibliothek Band 1572
1. Auflage, 1996
Reihengestaltung: Hans Peter Willberg
Umschlaggestaltung: Matthias Gubig
Gesetzt aus Meridien
Satz: Druckerei zu Altenburg
Druck und Bindung: Ebner Ulm
Printed in Germany

*Meiner Tochter Esther
und ihren Brüdern Daniel
und Raphael*

Vorwort

An einer kleinen und auf wenige Personen beschränkten Geschichte soll ein Ausschnitt aus dem Rechtsalltag des Dritten Reichs gezeigt werden. Ich meine, er ist symptomatisch.

Die Justiz war bei den Nazis nicht beliebt. Widerstandskämpfer hat sie allerdings auch nicht hervorgebracht. Das war in den Richtern, wie man so sagt, nicht angelegt. Die Justiz hat sich »normal« verhalten, sie hat sich angepaßt. Wahr ist: sie stand unter dem Druck des NS-Apparats. Die Richter wurden schließlich durch »Richterbriefe« in einer der richterlichen Unabhängigkeit hohnsprechenden Weise gegängelt, und viele haben sich mehr oder minder schweren Gewissens verbiegen lassen, um dem nationalsozialistischen System zu geben, wovon sie meinten, daß es dieses Staates sei.

Also war für die deutschen Richter der 8. Mai 1945 ein Tag der Befreiung. Ihr dankbares Gedenken füllt Bände. Leider sind sie verschollen. Oder?

Überliefert sind aus den ersten Nachkriegsjahren Versuche des Vergessens, Verschweigens und Vertuschens, auch der Verlogenheit. Der erste Präsident des Bundesgerichtshofs, Hermann Weinkauff, hat ein – zum Glück nie abgeschlossenes – Sammelwerk über die Justiz im Dritten Reich zu verantworten, das nur wegen seiner Apologetik bewahrenswert ist, nicht aber wegen einer auch nur versuchten kritischen Auseinandersetzung. Andere hatten schon vorher die Richter im Dritten Reich als Opfer des anerzogenen Rechtspositivismus beschrieben. Sie hätten nur buchstabengetreu angewandt, was ein ruchloser Gesetzgeber vorgeschrieben hatte. Das war die Lebenslüge der Nachkriegsjustiz im Westen Deutschlands. Der Rechtshistoriker Bernd Rüthers hat 1968 einen ersten Ansatz gefunden, sich rechtswissenschaftlich mit der Deformation des Rechts und der Rechtsprechung im Dritten Reich auseinanderzusetzen.

Um solch eine Aufarbeitung geht es in diesem Buch nicht. Ich berichte eigentlich nur von drei Beschlüssen des Kammergerichts aus dem Jahre 1938, mit denen entschieden wurde, welchen Vornamen ein Mensch tragen durfte, wenn er mitten im Dritten Reich geboren wurde. Drei Entscheidungen eines Zentralgerichts, die bislang noch nicht durchleuchtet wurden, obgleich sie tief in das abgründige Innenleben der NS-Justiz führen. Im Zivilrecht, so wurde gesagt, seien die Richter standhaft geblieben. Wenigstens im Zivilrecht. Zivilrecht befaßt sich mit dem Alltag, mit Mietsachen, Verträgen, Fragen des Gesellschaftsrechts und, wie zu zeigen ist, auch mit dem Problem, welchen Namen der Mensch haben darf. Doch auch dabei sind die Richter nicht standhaft geblieben, ganz und gar nicht. Ihre Urteile und Beschlüsse sind nur kleine Bausteine am Unrechtsgebäude, gleichwohl sind sie Bestandteil des Unrechts.

Bei den in diesem Buch aufgeführten Entscheidungen ist das eindeutig. Obgleich kein Jude an diesen namensrechtlichen Verfahren beteiligt war, ging es unter der Oberfläche nur um sie. Diese und die anderen zitierten Entscheidungen sind Teil geworden des Kampfes gegen die Juden, den das Dritte Reich bis zum grauenvollen Ende geführt hat. Kann man deshalb die Richter für das grauenvolle Ende mitverantwortlich machen? Kann man ihnen vorwerfen, sie hätten mit ihren Urteilen und Beschlüssen, die ohne Zweifel zur Entrechtung der jüdischen Deutschen beitrugen, den Weg zur »Endlösung« mitbereitet? Haben ihre Entscheidungen, mit denen sie das nationalsozialistische Gedankengut übernommen und damit vor Gericht »hoffähig« gemacht haben, hat nicht ganz besonders die Sprache ihrer Entscheidungen, mit der sie sich dem Jargon der Nazis angeglichen haben, dazu beigetragen, die jüdischen Menschen in Deutschland zu mißhandeln? Hat nicht all das zu einem Verlust an kreatürlicher Achtung vor

10

den jüdischen Mitmenschen geführt, der die Vernichtung erst ermöglicht hat?

Man wird erwidern – und so ist die Antwort immer –, die nachfolgende fabrikmäßige Vernichtung der Juden habe man nicht voraussehen können. Gelegentliche Exzesse, ja, damit habe man rechnen müssen, aber an Vernichtungslager habe man nicht gedacht, das habe jedes Vorstellungsvermögen überstiegen. Darauf gibt es keine klare Antwort. Vielleicht ist es der Sache angemessener, wenn man die Bewertung der Gerichtsentscheidungen von dem alles überschattenden Thema der »Endlösung« befreit.

Man muß sich also vorzustellen versuchen, wie das Schicksal der Juden in Deutschland nach dem Willen der Gerichte gewesen wäre, wenn die NS-Diktatur die Vernichtung nicht gewagt hätte, wenn also »nur« die Schikanen von Verwaltung und Partei mit dem Segen der Justiz den Alltag der Juden in Deutschland bestimmt hätten. Wie hätten sie ab 1939 gelebt?

Die Verhältnisse des Jahres 1938 hätten sich zum endlosen Dauerzustand entwickelt. Die deutschen Juden hätten in einem Staat gelebt, der sich vorgenommen hatte, seine jüdischen Staatsbürger nicht mehr zu schützen, sondern sie zu entrechten und zu quälen, wo es nur ging. Ihre Wohnungen mußten sie räumen und in die Häuser jüdischer Eigentümer umziehen. Das hätte schließlich zu einer Konzentration in neuzeitlichen Ghettos geführt. Kontakt zur Außenwelt war unerwünscht. Sexuell auch nur mißzuverstehender Kontakt zu den »Deutschblütigen« war bei Strafe untersagt. Die Vornamen der Kinder waren auf den Bestand der Namensliste von 1938 geschrumpft. Schulbesuch und der Besuch von Universitäten oder Bibliotheken und tausend andere Dinge waren für Juden verboten. Als Ärzte, Rechtsanwälte, Immobilienmakler, Fremdenführer oder in Auskunfteien durften sie nicht arbeiten, auch Hausieren war ihnen verboten. Öffentliche Verkehrsmittel durften sie nicht benutzen. Die Synagogen waren abgebrannt. Nennenswertes jüdisches

Vermögen oder gar jüdische Firmen gab es nicht mehr. All das hatte man ihnen genommen, gestohlen, weggesteuert, »arisiert«. Ein Wahlrecht gab es nicht, es gab auch keine Wahlen und keine Hoffnung.

Man muß sich weiter vorstellen, die Bedingungen, unter denen die deutschen Juden Ende 1938 leben mußten, hätten ohne Krieg und Vernichtung, unter stetiger Weiterentwicklung der auf »Ausscheidung« der Juden zielenden Politik jahrzehntelang so angedauert. Genau das waren die Verhältnisse, die die Richter mit ihren Urteilen und Beschlüssen gutgeheißen hatten. Ein Herrenvolk hätte am äußersten Rand seiner Gesellschaft ein entrechtetes, ausgeplündertes, verachtetes und geächtetes »Gastvolk« von Aussätzigen geduldet. An der Flucht gehindert. Zum Sterben zu viel, zum Leben zu wenig.

Und das wäre alles in Ordnung gewesen. Die Reinheit des deutschen Blutes war gewahrt. Jede Gefahr einer Berührung mit dem Judentum war, um das Kammergericht zu zitieren, im Keim erstickt, ohne jede Halbheit hatte man die Trennung vollzogen. Und rechtens war es auch, weil deutsche Richter die Verhältnisse so für richtig befunden hatten.

Das jedenfalls haben sie zu verantworten. Daß unermeßlich größeres Unheil noch kommen sollte, kann keine Entschuldigung sein. Der Kampf der Nationalsozialisten gegen die Juden war Krieg, er wurde so verstanden und geführt. Matthias Claudius' Klage, »'s ist Krieg! 's ist Krieg! … 's ist leider Krieg –« mit der Schlußbitte, *»und ich begehre, nicht schuld daran zu sein!«*, hätte vielen deutschen Richtern gut angestanden. Sie haben es leider nicht gesagt.

Wenn wir in einem gesitteten Staat leben wollen, mit einer Gesellschaft, die den Blick nicht senken muß vor ihrer Geschichte, dann muß auch diese Vergangenheit bestanden werden, nicht »bewältigt«, aber verarbeitet. Das gilt für die immer noch virulente Vergangenheit des NS-Regimes, wie es auch für die aktuellere deutsche Vergangenheit, für das Unrechtssystem der DDR, gilt. Die not-

wendige Verarbeitung läßt sich nicht mit einem Schlußstrich beenden, solange sie nicht wirklich beendet ist. Mit
einem solchen Schlußstrich kann der Prozeß der wahr-
haftigen Auseinandersetzung mit der Vergangenheit nur
um den Preis nachhaltiger psychischer Schäden abgeschlossen werden.

Mit der bloßen Wiedergabe von Urteilen und Beschlüssen ist es hier nicht getan. Um sie voll zu begreifen, ist es
erforderlich, sich ein Bild von den handelnden Personen
zu machen. Das ist nach mehr als einem Menschenalter
nicht restlos möglich, soll aber versucht werden. Es ergibt
sich am Ende eine erschreckende »Normalität«, die befürchten läßt, daß nicht jede Wiederholungsgefahr ausgeräumt ist. Die Sprache, die gegenüber Minderheiten be-
nutzt wird, ist ein zuverlässiger Seismograph. Mit Worten
fängt die Verletzung der Menschenwürde an.

Es ist aber schlechterdings mit dem gesunden Volksempfinden nicht in Einklang zu bringen, daß ein deutsches Mädchen, das in dem für Deutschland so großen und bedeutungsvollen Jahre 1938 geboren ist, den als typisch jüdisch empfundenen Namen Esther empfängt. Das kommende Geschlecht wird dafür kein Verständnis haben, und ein solches Mädchen wird, wenn es in die Schule und in den BDM eintritt, unter diesem Vornamen nur leiden und keine Freude an ihm haben.

(Kammergericht, 28. Oktober 1938)

1. Kapitel

Das Kammergericht hatte am 28. Oktober 1938 über den Vornamen Esther gerichtet. Es hatte ihn als »typisch jüdisch« verworfen und den Eltern untersagt, ihre Tochter Esther zu nennen. Am Anfang, das war im Sommer 1989, lag mir dieser Beschluß des Kammergerichts nur in der Veröffentlichung in der »Juristischen Wochenschrift« vor. Sie gab den Anstoß, mich näher mit dieser Entscheidung zu beschäftigen. Wegen unserer 1983 geborenen Tochter Esther war mir dieser Vorname lieb und nahe, der ausgesprochen böswillige Umgang des Kammergerichts mit diesem Namen und der biblischen Geschichte Esthers betraf auch mich. Ich wollte mehr wissen. Mehr über die Beteiligten, die Richter und das Mädchen Esther.

Die Akten des Berliner Verfahrens waren nicht mehr aufzufinden. Nach Auskunft des Kammergerichts waren sie im April 1945 verbrannt worden, was übriggeblieben war, hatten die amerikanischen Truppen mitgenommen. Mehr als die veröffentlichte Entscheidung hatte ich nicht. Die Ausgangsdaten für eine solche Suche waren also eher dürftig.

Entschieden hatte der 1b-Senat des Kammergerichts. Ich wußte nur, daß dieser Senat nicht für Groß-Berlin zuständig gewesen war. Der Sachverhalt, der mir hätte weiterhelfen können, war knapp: Es ging um die am *11. August 1938* geborene Tochter des *Pfarrers L.*, der die Geburt beim *Standesamt in G.* angemeldet hatte. Der Oberbürgermeister von G. hatte sich an dem Verfahren beteiligt. G. mußte demnach eine *kreisfreie Stadt* gewesen sein. Es galt also zunächst, die Stadt G. zu finden.

Mitte 1992 war ich am Ziel. Ich habe damals für unsere Esther die Suchaktion in einem schriftlichen Bericht zusammengefaßt. Das las sich damals so:

Ich nahm an – und hatte dabei keine Zweifel –, daß G. in Brandenburg zu suchen sei. Das war in der seit Herbst 1989 total veränderten Welt eine besonders reizvolle Aufgabe. Vielleicht fiel der Fehlschluß deswegen so leicht. Seit September 1991 vertrat ich das neugegründete Land Brandenburg bei der »Einrichtung nach Art. 36 des Einigungsvertrages« und beriet den Ostdeutschen Rundfunk Brandenburg (ORB) in der Gründungsphase. Es sah alles ganz einfach aus: Ein kreisfreies G. in Brandenburg konnte 1938 nur die Stadt *Guben*[1] gewesen sein.

Meine Anfrage vom 16. Oktober 1991 an das Standesamt in Guben blieb zunächst unbeantwortet. Telefonisch ergaben sich unerwartete Schwierigkeiten, da mein Büro erst lernen mußte, statt unter *»Guben«* unter *»Wilhelm-Pieck-Stadt Guben«*[2] nachzuschlagen. Schließlich erfuhr ich, daß das neue Guben links der Görlitzer Neiße liegt, während die Altstadt mit Rathaus und Gericht rechts der Neiße gelegen hatte und damit polnisch geworden war. Das Archiv in *Zielona Góra*, dem früheren Grünberg, meldete sich mit einem freundlichen Brief und einer Fehlanzeige. Keine standesamtlichen Unterlagen und keine kirchlichen Akten zu unserem Pfarrer L.

Wenn man nicht weiter weiß, fragt man die Presse. Außerdem hatte ich die Hoffnung, in alten Zeitungsbeständen ließe sich vielleicht eine Geburtsanzeige eines am 11. August 1938 geborenen Mädchens finden. Vielleicht sogar mit dem Namen Esther, da wenige Tage nach der Geburt das Verbot dieses Namens sich bei der Familie noch nicht durchgesetzt haben mußte.

Die Aktion hat mächtig Wirbel gemacht. In Guben und um Guben herum. Die »Lausitzer Rundschau« war äußerst hilfsbereit, forschte selbst, aber vergeblich, bei der Superintendentur nach dem Pfarrer L. und veröffentlichte am 19. März 1992 einen Aufruf an ihre Leser:

»Aus einem Rechtsanwaltsbüro aus der Alt-BRD erhielt RUND-SCHAU ein Schreiben mit einem etwas ungewöhnlichen Inhalt. Gesucht werden Unterlagen und Informationen zu einem Pfarrer L. und seiner am 11. August 1938 in Guben geborenen Tochter …

Dem Rechtsanwaltsbüro geht es auch um das Auffinden der Tochter, die am 11. August 1938 geboren sein soll und nach dem Willen der Eltern den Vornamen Esther erhalten sollte. Nach dem Ungeist der Nazizeit wurde diese Namensgebung mit teilweise furchterregender Begründung untersagt.«

Das stammte wörtlich aus meinem Schreiben vom 24. Januar 1992. Das beachtliche Leserecho führte hin zu einem Pfarrer Friedrich Wilhelm *Lucas,* der Pfarrer in Guben aber nur bis 1929 gewesen war. Von seiner in Remscheid lebenden Haushälterin habe ich dann noch erfahren, daß er von Guben nach Usedom gegangen war. Nach dem Krieg, 1946, hat er übrigens auf Hiddensee *Gerhart Hauptmann*[3] beigesetzt. Den Lesern der »Lausitzer Rundschau« war das so genau nicht mehr im Gedächtnis. Konnte es nach so langer Zeit auch kaum. Immerhin war dieser Pfarrer Lucas bei der Beerdigung dieses großen Schriftstellers schon mehr als 35 Jahre von Guben weg. Um so erstaunlicher, daß sich einige überhaupt an die Beerdigung eines Schriftstellers fernab von Guben erinnerten, wobei einige meinten, Pfarrer Lucas habe den dänischen Schriftsteller *Martin Andersen Nexö* beigesetzt, der 1954 in Dresden gestorben war. Das war alles aufregend und interessant, brachte mich aber nicht näher an den gesuchten Pfarrer L.

Altbestände Gubener Zeitungen waren in Guben nicht zu finden. Auch auf der polnischen Seite blieb die Suche ohne Ergebnis. Das heutige Gubin ist dort, wo früher Markt und Mitte von Guben war, freies Schußfeld mit ein paar kümmerlichen Bäumen, dahinter beginnt der sehr lebendige Schwarzmarkt, erst dann folgt der Ort. Eine Antwort der Berliner Archive (Ost und West) über Gubener Zeitungsbestände lag noch nicht vor. Eine Geburtsanzeige hätte schon weitergeholfen. Wenigstens der Familienname, von dem nur der Anfangsbuchstabe L bekannt war, hätte sich damit klären lassen.

Am 10. April 1992 schrieb mir das Evangelische Zentralarchiv in Berlin unter Hinweis auf den Pfarralmanach der Kirchenprovinz Brandenburg aus dem Jahr 1939, *daß 1938 in Guben kein Pfarrer »L.« tätig war.* Auch in der Umgebung von Guben ließ sich kein Pfarrer L. finden. Wie war das möglich?

Wenn *G.* Guben war, dann mußte der Pfarrer L. nicht selbst aus Guben, also nicht Pfarrer in Guben gewesen sein. Das Standesamt war damals wie heute für jedes Kind zuständig, das in seinem Bezirk geboren wurde. Am Geburtsort mußte das Kind angemeldet werden. G. war also der Geburtsort von Esther. Soviel war sicher. Der Wohnort der Eltern blieb immer noch offen. Die Pfarrersleute konnten auf der Durchreise oder bei den Eltern der Pfarrersfrau bis zur Entbindung zu Besuch gewesen sein. All das war möglich. Auch dann mußte die Geburt dem Standesamt in Guben angezeigt werden. In diesem Fall freilich mußte die Suche abgebrochen werden. Der Pfarrer L. konnte aus jedem Ort des Deutschen Reiches gekommen sein. Zu finden war er dann nicht.

Wenn *G.* Guben war. Aber war G. wirklich Guben? Wie war ich darauf gekommen? Ich hatte angenommen, der Ort G. müsse im Kammergerichtsbezirk liegen und den hatte ich großzügig mit dem Land Brandenburg gleichgesetzt. Aber war das richtig? Es war unglaublich falsch, aber davon später.

Zunächst ging ich bei der Suche noch mal einen Schritt zurück. Vielleicht gab es eine Möglichkeit, die wenigen bekannten Größen in der Gleichung um weitere Daten zu ergänzen. Wenn der Beschluß des Kammergerichts noch in anderen Fachzeitschriften veröffentlicht worden war, dann war dort vielleicht mehr zu lesen. Der Sachverhalt wird bei solchen Veröffentlichungen gekürzt wiedergegeben. Es war also möglich, daß in einer anderen Zeitschrift Angaben zu finden waren, die bei der Veröffentlichung in der »Juristischen Wochenschrift« unter den Tisch gefallen waren. In der Bibliothek unseres Landgerichts fand ich einen Hinweis auf zwei weitere Veröffentlichungen: StAZ 38, 464 und JFG 18, 261.

StAZ war die »Zeitschrift für Standesamtswesen«, die es unter dem Titel »Das Standesamt« auch heute noch gibt. Der Verlag sandte eine Kopie der Veröffentlichung des

Esther-Beschlusses, in der nicht von G., sondern einem Ort W. die Rede war. Ich habe das zunächst für einen Diktierfehler bei der Übertragung des Beschlusses gehalten – W. statt G., das hört sich sehr ähnlich an –, weiß es inzwischen aber besser. Auch hier hätte ich den Text sorgfältiger lesen sollen. Dort stand nämlich:

»Der Pfarrer L. in W. hat beim Standesamt angezeigt, daß er seiner am 11. 8. 1938 geborenen Tochter den Vornamen ›Esther‹ beigelegt habe.«

Pfarrer L. hatte also wohl in W. gewohnt, das zuständige Standesamt konnte immer noch in G. gewesen sein. Die Kombination beider Ortskürzel half aber zunächst nicht weiter. Also blieb die Suche nach der dritten Veröffentlichung: JFG. Dahinter verbarg sich das »Jahrbuch für Rechtsprechung in der freiwilligen Gerichtsbarkeit«. Und das brachte den Durchbruch.

Aus JFG ergaben sich die beiden Vorinstanzen: Amts- und Landgericht Essen. Guben, die Lausitz, Brandenburg ohne Groß-Berlin, all das war ein Irrweg gewesen. Kaum zu verstehen, wenn auch lehrreich. Also Essen. Aber wieso konnte das Amtsgericht Essen für eine kreisfreie Stadt G. zuständig sein? Die beiden Städte mit G. im Umfeld von Essen, Gladbeck und Gelsenkirchen, hatten jeweils eigene Amtsgerichte.

Ein Blick ins Gesetz, der sich schon früher empfohlen hätte, gab die Antwort. Nach § 50 des Personenstandsgesetzes waren in Personenstandssachen die Amtsgerichte zuständig, die ihren Sitz am Ort eines Landgerichts haben. Das Amtsgericht Essen war somit für den ganzen Landgerichtsbezirk Essen zuständig.

Demnach ging es nur noch um Gladbeck oder Gelsenkirchen. Wichtiger schien aber die Möglichkeit, bei den Essener Gerichten noch Akten zu finden. Wenn nicht dort, dann vielleicht im Staatsarchiv in Düsseldorf. Am Ende ergab sich, daß die Akten beim Amtsgericht Essen etwa 1976 vernichtet worden waren. Sie hatten also den Krieg überstanden, waren aber nicht als zeitgeschichtlich bedeutsam erkannt und deshalb nicht archiviert worden. Sie wären es freilich wert gewesen. Man hatte eine kleine historische Chance vertan. Nun waren die Akten unwiederbringlich weg.

Allerdings lieferte das Prozeßregister beim Amtsgericht Essen einen wichtigen Hinweis. Das Schreiben kam um wenige Tage zu spät. Seit knapp einer Woche kannte ich des Rätsels Lösung.

Zunächst ist aber über einen weiteren Irrweg zu berichten. Nachdem nur noch Gelsenkirchen oder Gladbeck in Betracht kamen, konnte ich die Suche nach dem Pfarrer L. auf diese beiden Orte konzentrieren. So viele Pfarrer mit dem Anfangsbuchstaben L. konnte es 1938 in Gladbeck oder Gelsenkirchen nicht gegeben haben. Mit Hilfe des Evangelischen Kirchenamtes in Köln wußte ich bald, daß es in Gladbeck zu jener Zeit überhaupt keinen Pfarrer L. gegeben hatte, in Gelsenkirchen hingegen zwei Pfarrer in Betracht zu ziehen waren: Johannes Karl *Leckebusch*, geb. 1882, Pfarrer in Gelsenkirchen-Buer seit November 1930, und Theobald *Lehbrink*, geb. 1898, Pfarrer seit November 1933 in Gelsenkirchen. Beide konnten vom Alter her 1938 noch Vater geworden sein.

Allerdings schien Pfarrer Leckebusch, der 1938 sechsundfünfzig Jahre alt war, weniger wahrscheinlich als Pfarrer Lehbrink, der sechzehn Jahre jünger war. Außerdem wies Lehbrink zusätzliche interessante Personaldaten auf. Er war am 31. Januar 1939 aus dem aktiven Pfarrdienst ausgeschieden. Warum? Er war damals knapp vierzig Jahre alt, hatte also noch gut fünfundzwanzig Jahre Dienstzeit vor sich. Es konnte sein, daß er wegen der hartnäckigen Auseinandersetzung um den Namen Esther den Dienst quittieren mußte, oder daß ihn seine Kirche, um ihn zu schützen, wegen dieser Auseinandersetzung mit dem Nazistaat vorsichtshalber aus dem Kirchendienst zurückgezogen hatte. Der Mann hatte außerdem 1935 etwas über Gott und die Obrigkeit veröffentlicht, ein sehr

protestantisches Thema, das ihm seinerzeit Ärger ein-
gebracht haben konnte. Nach dem Krieg hatte er etwas
über Arminius, Römer und Deutsche geschrieben. Auch
das ließ vermuten, daß er kein unauffälliger Durch-
schnittspfarrer war. Das paßte zu einem Pfarrer, der sich
auch in Schriftsätzen mit dem Dritten Reich angelegt
haben mochte. – Theobald Lehbrink konnte es gewesen
sein.

Er war 1962 in Dassel/Hann. gestorben. 1941 hatte er
wieder geheiratet. Ob seine erste Frau – wenn er der
Richtige war, also Esthers Mutter – früh gestorben oder
die Ehe geschieden worden war, ließ sich aus den kurzen biographischen Angaben nicht entnehmen. Wenn
er aber zwischen 1938 und 1941 geschieden worden war,
konnte auch das sein Ausscheiden aus dem Pfarrdienst erklären.

Wenn er Esthers Vater war und Esther, unter welchem Namen auch immer, noch lebte, dann mußte es
Hinweise in den Nachlaßakten geben. Ein Anruf beim
Amtsgericht Einbeck ergab: die Akten in der Nachlaß-
sache sind da, aber auf dem Speicher. Unter Hinweis auf
regelungsbedürftige Urheberrechtsfragen im Zusammenhang mit seinen literarischen Arbeiten habe ich dann
– nicht ganz korrekt – um Kopie des Erbscheins gebeten.
Ich konnte das zum Glück zwei Tage später wieder ab-
blasen, da sich auf anderem Wege ergeben hatte, daß
Pfarrer Lehbrink nicht der gesuchte Pfarrer L. sein
konnte.

Bei der Kirchengemeinde in Dassel hatte ich telefonisch
eine hilfsbereite Dame erreicht, die, wie es der Zufall
wollte, nicht nur Pfarrer Lehbrink gekannt hatte, sondern
sogar mit seiner Tochter zusammen konfirmiert worden
war. Zwar hieß diese Mitkonfirmandin Gisela, das mußte
aber nichts bedeuten, da unsere Esther ja zunächst nicht
Esther hatte heißen dürfen. Aber das Geburtsdatum!
Nach einem Blick in die Kirchenunterlagen sagte die
freundliche Dame, ihre Gisela sei am 18. Mai 1939 geboren. Wieder nichts. Sie konnte bei diesem Geburts-

datum auch keine am 11. August 1938 geborene ältere Schwester haben.

Was nun? Da hatte es in Gelsenkirchen zwei Pfarrer L. gegeben, ausweislich des Verzeichnisses der evangelischen Pfarrer in Westfalen von der Reformationszeit bis 1945 kamen auch nur diese zwei altersmäßig überhaupt in Betracht, und keiner war der richtige. Der, für den vieles sprach, Lehbrink, war es nicht. Da hatte ich beinahe den Bock zum Gärtner gemacht. Am 8. Mai 1992 schrieb mir das Landeskirchliche Archiv der Evangelischen Kirche von Westfalen:

»Leider ließ sich in den hier vorhandenen Unterlagen Ihre Vermutung über eine mögliche Vaterschaft des Pfarrers und Superintendent Theobald Lehbrink über eine Esther, geboren am 11. 8. 1938, nicht bestätigen. Zumal der Pfarrer Lehbrink auch eher den Deutschen Christen zuzurechnen war, ist eine solche Namensnennung eher unwahrscheinlich.«

Das war mehr als zurückhaltend formuliert. Lehbrink war, wie sich später herausstellte, ein bis zur blinden Führergläubigkeit überzeugter Nationalsozialist, zumindest in seinem Weihnachten 1935 verfaßten Traktat über Gott und die Obrigkeit, das wir uns noch näher ansehen werden. Ausgeschlossen, daß sich ein Pfarrer, der den nazitreuen Deutschen Christen auch nur nahestand, im Jahre 1938 eine solche Auseinandersetzung um den Namen Esther geleistet hätte. Weshalb Lehbrink 1939 aus dem Pfarrdienst ausgeschieden war, ließ sich nicht klären. Das war auch nicht wichtig. Nur, Pfarrer L. war immer noch nicht gefunden.

Jetzt fiel mir bald nichts mehr ein. Vielleicht hatte ich mich verrannt. Urteile wurden nicht zu dem Zweck veröffentlicht, die Prozeßparteien kenntlich zu machen. Aber ich wollte doch nur die am 11. August 1938 in G., wahrscheinlich also in Gelsenkirchen, geborene Esther finden. Das entscheidende Ferngespräch werde ich nicht vergessen.

Beim Standesamt in Gelsenkirchen erreichte ich am 7. Mai 1992 eine sehr freundliche Dame, die über meine Eröffnung sicher sehr verwundert war: 1938, sagte ich, seien in Gelsenkirchen rund 5500 Geburten eingetragen worden. Das entspräche pro Tag im Schnitt 15 Kindern. Statistisch müßten danach am 11. August 1938 etwa sieben Mädchen eingetragen sein. Ob darunter eine oder mehrere mit dem Anfangsbuchstaben L. seien?

Zum Glück war die Dame inzwischen auch etwas neugierig geworden. Es dauerte keine zwei Minuten, und sie bestätigte, daß am 11. August 1938 die Geburt eines Mädchens mit dem Nachnamen L. registriert sei. Das mußte Esther sein. Aber dazu durfte sie nichts sagen. Von wegen Datenschutz. Ich habe ihr dann erklärt, warum ich dieses Mädchen suchte. Ja, sagte die Dame, da sei ich an der richtigen Stelle, denn sie lese neben dem Vornamen Elisabeth eine nachträgliche Eintragung des Namens Esther aus dem Jahre 1946, den Familiennamen aber könne sie mir leider nicht sagen. Es tue ihr sehr leid, aber ich müsse das verstehen.

Wir haben dann rasch festgestellt, daß der Nachname weder Leckebusch noch Lehbrink war. Damit waren aber die beiden einzigen Pfarrer L. aus Gelsenkirchen verbraucht. Ich stand sozusagen vor dem aufgeschlagenen Geburtenbuch mit der gesuchten Eintragung und hatte die Brille vergessen. Esther war greifbar nahe, aber ich kam nicht weiter. Ich konnte mir das nur so erklären, daß dieser Pfarrer L. gar nicht Pfarrer in Gelsenkirchen gewesen war und das Kind mehr oder weniger zufällig in Gelsenkirchen geboren wurde. Das Problem hatten wir in Guben schon einmal.

Die Dame verstand meine Verzweiflung. Auf meinen Stoßseufzer, daß ein Name mit dem Anfangsbuchstaben L. mit einem Vokal weitergehen müsse und es zum Glück davon nur fünf gebe, empfahl sie, ganz hinten anzufangen. Außerdem lobte sie die Frauenklinik in Gelsenkirchen, die schon immer auch von Müttern aus Wattenscheid aufgesucht worden sei. – Das war's.

Pfarrer L. kam aus Wattenscheid, und Esther war im Krankenhaus von Gelsenkirchen auf die Welt gekommen. Der angebliche Diktierfehler *W.* statt *G.* war kein Fehler, sondern beide Buchstaben trafen zu. Plötzlich stimmte alles und paßte zusammen. Nach einem Blitzbesuch beim Kirchenamt und einem Blick in das über die Jahrhunderte reichende Verzeichnis der westfälischen Pfarrer war klar, der Name des Pfarrers L. war Friedrich *Luncke.*

Er war geboren als Sohn eines Bergmanns am 10. Juli 1908 in Heeren. Nach einem kurzen Intermezzo als Hilfspfarrer in Spenge wurde er als Pfarrer in Wattenscheid-Leithe am 4. April 1937 eingeführt, wo er bis 31. Juli 1973 blieb. Er starb am 16. September 1976. Seine erste Frau, die Mutter der gesuchten Esther, war schon 1966 gestorben.

Ein Rückruf beim Standesamt in Gelsenkirchen behob alle Zweifel. Der Name war richtig. Jetzt mußte ich nur noch herausfinden, was aus dem Mädchen, das nach dem Krieg doch noch den Vornamen Esther erhalten hatte, geworden und wo die inzwischen 53jährige Frau zu finden war.

An dieser Stelle breche ich das Zitat aus dem Bericht für meine Tochter ab. Das Ende gehört ans Ende.

Und er war ein Vormund der Hadassa, das ist Esther, eine Tochter seines Oheims; denn sie hatte weder Vater noch Mutter. Und sie war eine schöne und feine Dirne. Und da ihr Vater und Mutter starb, nahm sie Mardochai auf zur Tochter.

(Das Buch Esther 2, 7)

2. Kapitel

Der Fall ereignete sich 1938, in einem kritischen Jahr deutscher Geschichte, einem Schicksalsjahr für viele.[4] In seinem Esther-Beschluß vom 28. Oktober 1938 schrieb das Kammergericht von einem *»großen und bedeutungsvollen Jahr«*, groß und bedeutungsvoll für Deutschland. Die »Parole der Woche«, ein buntes Parteiplakat, feierte 1938 als *»gottgesegnetes Kampfjahr …, von dem auch in tausend Jahren Deutsche noch mit Stolz und Ehrfurcht sprechen werden«*.[5] Große Zeiten, große Töne.

Im Oktober 1938 sprach das Kammergericht das letzte Wort in Sachen Esther, zumindest war es für alle Beteiligten damals das letzte Wort: Ein nichtjüdisches deutsches Mädchen, Tochter eines Pfarrers, das nach dem Willen seiner Eltern Esther heißen sollte, durfte nicht nach der biblischen Königin Esther benannt werden, weil das Kammergericht den Vornamen für *»typisch jüdisch«* hielt und ein solcher Vorname für ein deutsches Kind also nicht in Frage kam.

Das Kammergericht hat es sich in seiner Begründung nicht leicht gemacht. Die mehr als ausführliche Begründung erlaubt Einblicke in die Vorstellungswelt der drei Richter, an denen das *»gottgesegnete Kampfjahr«* nicht spurlos vorübergegangen war.

Solche Urteile lassen sich leicht kritisieren. Aus heutiger Sicht scheint alles klar und überschaubar, Gut und Böse lassen sich säuberlich voneinander scheiden. Hinterher ist man meistens klüger. Dennoch fragt man sich verzweifelt, wie es zu solchen Entscheidungen, wie es insbesondere zu derart ausufernden und gehässigen Begründungen kommen konnte. Was war es, das die vermutlich doch recht hellen Köpfe der Richter so vernebelt hatte? Beim Versuch, die Entscheidung und diejenigen, die sie zu verantworten haben, zu verstehen, muß man sich dem »Geist der Zeit« nähern, sosehr man auch zu wissen glaubt, daß es der böse Geist, der Ungeist jener Jahre, war. Berücksichtigt werden muß er dennoch, weil man sonst gar nichts begreift.

Obwohl es in dem Berliner Verfahren »nur« um den Vornamen eines christlichen Mädchens ging, dreht sich in der Auseinandersetzung um Esthers Namen alles um die »Judenfrage«. Es drehte sich damals überhaupt fast alles um dieses »Phänomen«, dessen Bedeutung für die Volksgenossen des Jahres 1938 aus heutiger Sicht mit Mitteln des Verstandes nicht zu fassen ist.

Die Juden waren in Deutschland eine Minderheit von weniger als 1% der Bevölkerung. Bei der letzten Volkszahlung 1933 waren noch 502799 Glaubensjuden erfaßt worden, darunter 94717 Ausländer, überwiegend Polen.[6] 160000, gut ein Drittel der Juden Deutschlands, hatten damals in Berlin gelebt und dort einen Bevölkerungsanteil von 5,33% ausgemacht. Anfang 1938, vor dem Anschluß Österreichs, hatte das Deutsche Reich 68 Millionen Einwohner, davon noch etwa 300000 sogenannte Glaubensjuden. Das waren 0,44% der Gesamtbevölkerung.

Selbstverständlich waren sie in manchen Branchen und Berufen besonders stark vertreten. Das hatte historische Gründe, die eng mit den über die Jahrhunderte beschränkten Rechten der Juden in Deutschland zusammenhingen. Deutsche Juden trugen auch zum wissenschaftlichen Ruhm Deutschlands bei. Von den vierzehn deutschen Nobelpreisträgern für Chemie waren vier jüdischer Herkunft.[7] Bei den Physik-Nobelpreisen waren drei der zwölf deutschen Preisträger Juden,[8] bei den Medizinern gar drei von sieben[9]. Das waren stolze Zahlen. Aber all das half nichts.

Anfang 1938 – gut 200000 der jüdischen Deutschen hatten mittlerweile das bedrohlich gewordene Land verlassen – hatte sich die Konzentration auf Berlin noch verstärkt. In der Reichshauptstadt lebten noch 128 000 Juden, das waren rund 43% aller in Deutschland verbliebenen Juden. Ihr Anteil an der Berliner Bevölkerung war auf knapp 3% gesunken.[10] Auf sie übte Joseph Goebbels jetzt gezielt Druck aus. So notierte er am 11. Juni 1938 in seinem Tagebuch:

»Vor 300 Polizeioffizieren in Berlin über Judenfrage gesprochen. Ich putsche richtig auf. Gegen jede Sentimentalität. Nicht Gesetz ist die Parole, sondern Schikane. Die Juden müssen aus Berlin heraus. Die Polizei wird mir dabei helfen.«

Das Deutschland des Jahres 1938 war größer geworden. Mit dem Anschluß der sogenannten Ostmark wuchs die Bevölkerungszahl Großdeutschlands auf 76 Millionen. Mit Österreich waren etwa 180 000 Juden hinzugekommen. Das waren im Reichsdurchschnitt jetzt 0,63%.[11] Und doch stand diese winzige Minderheit im Mittelpunkt des Denkens und Trachtens nicht nur der nationalsozialistischen Regierung. Auch die Justiz war auf diese Minderheit, deren Verfolgung, Ausgrenzung und Entrechtung in einer Art und Weise fixiert, die sich nicht mit positivistischer Rechtstreue erklären oder entschuldigen läßt. Die Worte vieler, vieler Urteile machen klar, daß hier nichts zu entschuldigen ist.

Von heute aus gesehen, perspektivisch verkürzt, ist dieses Jahr 1938 besonders gekennzeichnet durch den Anschluß Österreichs, die Sudetenkrise mit dem Münchner Abkommen und, an Bedeutung heute alles überragend, die »Reichskristallnacht« mit ihren fürchterlichen Folgen. Die Deutschen, die damals mitten im Jahre 1938 lebten und von der Verfolgung nicht betroffen waren, lebten ihren Alltag. Die Propagandamaschine des immer selbstbewußter auftretenden Großdeutschen Reiches lieferte Erfolgsmeldungen, und da war manches zu vermelden, was von den Schwierigkeiten des täglichen Lebens ablenkte. Das Unternehmen Drittes Reich war, genau besehen, hoch verschuldet, wenn nicht überschuldet. Rüstung und der

Versuch der Vollbeschäftigung hatten ihren Preis. Darüber stand naturgemäß nichts in der Zeitung. Außenpolitische Erfolge mochten berauschen, füllten aber nicht die Staatskasse. Schließlich mußte auch in Abständen dem Affen Zucker gegeben werden. Die Basis, das Parteivolk, forderte ihr Recht.

Über die Ankündigung des KdF-Wagens am 1. August 1938 berichtete die Presse weit aufwendiger als über die brennenden Synagogen vom 10. November. Widersprach das wirklich der Interessenlage des Publikums? Gleichviel, jedenfalls verbietet das nicht die Frage, was vor dem 10. November 1938 schon zu befürchten, zu sehen, zu hören und zu ahnen war.

Das Leben der nichtjüdischen »Volksgenossen« – jüdische Volksgenossen konnte es per definitionem nicht geben –, das Leben der Volksgenossen also, ging 1938 seinen Gang. Den meisten Deutschen dürften die Verhältnisse besser erschienen sein als in den Vorjahren. Das äußerte sich auch in den Geburtenziffern. Die Zahl der Geburten war 1938 im gesamten Deutschen Reich auf 1493000 gestiegen, die höchste Zahl seit 1922. Das entsprach 19 Geburten je 1000 Einwohner. Aber, wie die Zeitschrift des Rassenpolitischen Amtes der NSDAP mahnend anmerkte:

»An dem zur Bestandserhaltung der Volks- und Wehrkraft erforderlichen Geburtensoll fehlten damit aber immer noch 148000 Lebendgeborene oder 9,0 v. H.«[12]

Die Olympischen Spiele 1936 hatten Erfolg, Glanz und internationales Ansehen gebracht. Das NS-System hatte sich um dieses internationalen Ansehens willen zurückgehalten, selbst die Schikanen gegen den jüdischen Teil der deutschen Bevölkerung waren, was die sichtbare Oberfläche anging, zurückgefahren worden. Was in Köpfen und Schreibtischen der Parteigenossen, -organisationen und der Ministerien schlummerte, war nicht zu erkennen. Die Lage war vergleichsweise ruhig, die Sturm-

und-Drang-, die Rabaukenzeit der Jahre 1933 bis 1935, schien vorbei zu sein. Tatsächlich war es die Ruhe vor dem Sturm.

Das Mädchen, das Esther heißen sollte, wurde am 11. August 1938 in Gelsenkirchen geboren. Es war kerngesund, 52 cm groß und wog 3150 g. Einen Monat später, am 11. September 1938, taufte es sein Vater, der Pastor Friedrich Luncke, in Wattenscheid auf den Namen Esther. Einen amtlichen Vornamen hatte das Kind allerdings noch nicht, da das Standesamt den Vornamen Esther abgelehnt hatte. Für den Staat war Esther namenlos.

Diese Taufe kam nicht nur einigermaßen spät, sondern war jetzt auch eine bewußte Protesthandlung des Vaters. Nachdem das Standesamt dem Kind den gewünschten Vornamen verweigert hatte, taufte er erst recht seine Tochter auf den schönen Namen Esther. Er und seine Frau hielten an diesem Vornamen fest, mochte der Standesbeamte entscheiden, was er wollte. Immerhin hatten sich die Eltern Luncke die Namenswahl lange und reiflich überlegt. Sie kannten das biblische Buch Esther mit der wundersamen Geschichte von dem schönen jüdischen Mädchen in der persischen Diaspora, das vor den Augen des Königs Wohlgefallen gefunden hatte und zur Königin Esther erhoben worden war. Sie waren immer noch angerührt von der zwischen zwei Pflichten hin- und hergerissenen Esther, die unter Todesgefahr einen Befehl des Königs, ihres Gatten, mißachten mußte, wenn sie ihr Volk vor einem drohenden Pogrom retten wollte, und die sich überwunden hatte mit den entschlossenen Worten: *»Komme ich um, so komme ich um.«*

Nach jüdischer Überlieferung zählte Esther zu den vier schönsten Frauen der Weltgeschichte. Das mußte man nicht wörtlich nehmen, aber mit der biblischen Esther verbanden sich Schönheit und Mut. Man konnte, wie Eltern das tun, viel hineinlegen in diesen Namen, viele Wünsche und Hoffnungen.

Als nachdenklichen Kennern der Bibel war den Eltern Luncke durchaus bewußt, daß das Buch Esther auch seine schwierigen Stellen hatte. Sie hatten wohl Zweifel, ob die durch Esthers Mut bewirkte Rettung der Juden in Persien – mochte das nun ein frommes Märchen sein oder nicht – durch die Tötung von angeblich 75 000 Persern, also durch ein über die reine Notwehr möglicherweise hinausgehendes Gegenpogrom, nicht befleckt wurde. Das war keine einfache Geschichte mit simplen Antworten. Sie war auch unter Theologen heftig umstritten.

Aber gerade das machte den Eltern Luncke den Namen Esther um so wertvoller. Sie hatten sich für diesen Namen entschieden. Bedrohung, Überwindung und persönlicher Mut zum Widerstand, Hoffnung auf Errettung vor einem scheinbar übermächtigen Übel. Haman, der biblische Judenfeind, gleich Hitler – das paßte in die Zeit. Damit war man in dem Pfarrhaus in Leithe auch nicht allein. Schon 1934 hatte die Bekennende Kirche ihren Pastoren Predigten über das Buch Esther nahegelegt, *»um so zu zeigen, daß jeder Feind der Juden, wie Haman, ein ruhmloses Ende finden wird«*. Weniger kämpferisch, ganz gottergeben, sah auch zu jener Zeit die Karmeliterin Teresia Benedicta a Cruce, also Edith Stein, sich als »*eine sehr arme und ohnmächtige Esther*«, die aber wie die biblische Esther »*gerade darum aus ihrem Volke genommen wurde, um für das Volk vor dem König zu stehen.*«[13]

Aber der Standesbeamte in Gelsenkirchen hatte es abgelehnt, den Vornamen Esther einzutragen. Der Geburtsschein vom 13. August 1938 weist das Kind folglich als Mädchen »ohne Vornamen« aus. Auf der an Freunde und Bekannte verschickten Geburtsanzeige ist von diesem Konflikt nichts zu spüren. Unbeeindruckt wird dort die Geburt der Tochter Esther mitgeteilt. Dem Evangelischen Konsistorium in Münster meldete Pfarrer Luncke am 15. August die Geburt seiner Tochter Esther und erhielt ab sofort einen Kinderzuschlag von RM 10,–. Sein Gehalt erhöhte sich dadurch auf monatlich 330,89 RM.

Der Rechtsstreit um den richtigen Vornamen ging durch drei Instanzen und endete mit dem Beschluß des Kammergerichts in Berlin vom 28. Oktober 1938. Erst am 3. Dezember bekam das Mädchen einen amtlichen Vornamen: Elisabeth statt Esther; denn Esther war unzulässig. Das Standesamt konnte die Akten schließen. Der Staat hatte sich durchgesetzt. Das aber war bei weitem nicht das Ende der Geschichte.

Esther war das erste Kind der Pfarrersleute, die am 29. April 1937 geheiratet und kurz darauf das große Pfarrhaus in Leithe, einem Stadtteil von Wattenscheid, bezogen hatten. Luise Luncke, geb. Peuckmann, zwei Jahre älter als ihr Mann, hatte Germanistik und Theologie studiert. Um sich an der Seite ihres Mannes ganz der Arbeit in der Gemeinde widmen zu können, gab sie ihre eigenen Berufsziele auf. Ihr Einsatz kannte keine Rücksicht auf die eigene Gesundheit. Sie starb im Alter von nur sechzig Jahren.

Friedrich Luncke hatte Theologie u. a. bei Rudolf K. Bultmann studiert, er beherrschte Griechisch und He-

Pfarrer Luncke mit Konfirmanden, 1949

bräisch. Pastor Luncke war alles andere als ein Stubenge-
lehrter, er war ein Kämpfer und dazu ein großer Prediger
vor dem Herrn. Die Bibel studierte er im Original, er arbeitete an seinen Predigten, in denen er die Auseinandersetzung mit dem Staat nicht scheute, und lebte im übrigen sehr bewußt und entschieden in dieser für einen en-
gagierten Christen harten Zeit. Er setzte sich mit aller
Kraft für seine Gemeinde ein. Das fiel unangenehm auf
und brachte ihn schnell in Schwierigkeiten. Am 6. Januar
1938 wurde er von der Außendienststelle Bochum der
Gestapo verhaftet, allerdings nach drei Tagen wieder entlassen. Das betraf die »Ermittlungssache Frauenverein
Leithe«[14], die Einzelheiten lassen sich nicht mehr klären.
Doch er war gewarnt.

Luncke aber ließ sich nicht abschrecken. Er blieb, was
er von Natur aus war, unbeugsam und ein höchst eigen-
sinniger Mann. Was seine an Dickköpfigkeit grenzende
Beharrlichkeit anging, war er ein echter Westfale.

1934 war Luncke Hilfsprediger in Spenge geworden,
einer Arbeitergegend mit großen sozialen Problemen. In

nur sieben Monaten – länger ließen ihn die Kirchenoberen nicht in Spenge – hatte er den sozial schwächeren Teil der Kirchengemeinde, die Arbeiter, für sich gewonnen. Er hielt nichts von Distanz, sondern ging auf die Arbeiter der Zigarrenindustrie zu, hatte Verständnis für ihre Nöte, besuchte sie in ihren engen Wohnungen und fand als Arbeitersohn den richtigen Ton. Wenn er sonntags predigte, war die Kirche brechend voll.[15] Weiter wird berichtet:

»Er war aber vielleicht zu sozial eingestellt, so daß das Presbyterium nicht mitmachte. Luncke war so: Es fährt eine ältere Frau mit der Schubkarre über die Straße. Luncke ging auf sie zu und sagte: ›Ich habe den selben Weg. Ich schiebe die Karre.‹ Das war eine Sensation in Spenge. Und so einer durfte nicht bleiben.«[16]

Er blieb nicht. Als herauskam, daß er die Pfarrstelle in Spenge nicht bekommen würde, gab es eine in diesem Ort noch nie dagewesene Protestversammlung seiner Anhänger. Zwei- bis dreihundert Protestanten blockierten das Pfarrhaus und beschimpften die kirchliche Obrigkeit, die die Versetzung des Hilfspredigers Luncke angeordnet hatte. Die Versammlung mußte von der Polizei aufgelöst werden.[17]

Seine Ordination zum Pfarrer, die schließlich am 18. August 1935 in Gelsenkirchen-Bulmke erfolgte, war auf ungewöhnliche Schwierigkeiten gestoßen, hinter denen nicht nur Luncke Intrigen der den Nazis nahestehenden Deutschen Christen (D. C.) vermutete. So fragte die Bekenntnisgemeinde Bulmke am 28. Juni 1935 bei der Bekenntnissynode der Provinz Westfalen nach einer möglichen Intervention der Deutschen Christen:

»Die Ablehnung der Ordination wird gewiss ohne Ihr Wissen vom grünen Tisch aus geschehen sein. Oder sollte die Ablehnung eine Frucht der Besprechungen der 3 D. C. Herren am vorigen Montag im Konsistorium gewesen sein?«

Luncke gehörte der Bekennenden Kirche an, die die nationalsozialistische Kirchenpolitik und deren Marionetten, die Deutschen Christen, bekämpfte. Er machte aus seinem Herzen keine Mördergrube. Auch in der Bekennenden Kirche gab es die Vorsichtigen und Lauen. Zugehörigkeit zur Bekennenden Kirche bedeutete nicht unbedingte Ablehnung des Dritten Reiches; lutherisches Obrigkeitsdenken, das auch in Kreisen der Bekennenden Kirche anzutreffen war, kam den braunen Machthabern durchaus entgegen. Außerdem gab es ja noch die nazigläubigen Deutschen Christen.

In Gelsenkirchen, in unmittelbarer Nachbarschaft von Friedrich Luncke, amtierte jener Superintendent Theobald Lehbrink, dem wir auf der Suche nach Pfarrer L. aus G. schon kurz begegnet sind. Lehbrink verfaßte Weihnachten 1935 ein peinliches Traktat gegen Karl Barth unter dem Titel »*Von Gott und Obrigkeit*«, das nichts anderes war als theologisch verbrämte nationalsozialistische Propaganda. Die Diktion zeigt, was auch in den Köpfen von Theologen vorging. Der Schweizer Theologe Karl Barth, der »Vater der Bekennenden Kirche«, war bis Ende 1934 Professor an der Universität Bonn gewesen. Weil er sich geweigert hatte, den ab August 1934 vorgesehenen Diensteid auf den Führer zu leisten, war er entlassen worden. Über ihn schrieb Lehbrink:

»Jedem Nationalsozialisten, der den Führer kennt und sein nicht auszusagendes Wirken für Deutschlands Wohl, muß solcher Theologe als Volksschädling erscheinen …
Ein heiliger Zorn muß uns ergreifen, wenn wir mit den Maßstäben Luthers die unbiblischen und deutschlandfeindlichen Gedanken Karl Barths messen, des Hauptmitarbeiters der Barmer Bekenntnissynode, des schweizerischen Ausländers und ehemaligen Sozialdemokraten …«[18]

Lehbrink steigert sich sogar noch, wenn er mit einer Mischung aus dem »Deus vult!« der Kreuzzüge und dem triumphierenden Vorbild des Reformators zu einer Hymne auf Adolf Hitler anhebt, die selbst treuen Parteigenossen zu weit gegangen sein dürfte, hätten sie dieses Machwerk je zu lesen bekommen:

»Weil unser Herz Gott gehört, gehört es auch diesem echten Revolutionär, der das gottgeschaffene Volk unserer Ahnen und unserer Enkel in das gottgewollte Neuland der Zukunft führt. Er hat auch unsere Treue bis zum letzten Hauche, denn: Gott will es ...

Der Führer Adolf Hitler hat nach Gottes gutem, gnädigen Willen die tödliche Herrschaft des Liberalismus für das Lebensgebiet der äußeren Existenz des deutschen Volkes überwunden. Er regelt und führt das Dasein der Gesamtnation nach den ›natürlichen‹ gottgewollten Lebensgesetzen, nur von dem einen Willen beseelt, die Existenz des Volkes für alle Zeiten zu sichern. Weil so das Dritte Reich nach den Gottesordnungen der Schöpfung und Erhaltung geleitet wird, darum mußte es den Theologen Karl Barth abstoßen, dessen Lehrziele sich in ihrer Wirkung mit denen des Liberalismus decken ...

D. Martin Luther überwand die Todsünde gegen den Glauben unseres Volkes und wurde von der Wahrheit Gottes her zum Reformator für die ganze Lebensführung der Menschen. Adolf Hitler überwand die Todsünde gegen das Leben unseres Volkes und wird so für die Christen zum gottgewirkten Anlaß, ihre Verkündigung für das Glaubensleben der Menschen einer Prüfung an der Wahrheit Gottes zu unterziehen.«[19]

Das Dritte Reich und die Gottesordnung, Hitler als gottgewirkter Anlaß und Überwinder der Todsünde, Karl Barth als Ausländer und früherer Sozialdemokrat, als Volksschädling, den es abzustoßen gilt. Bewegte sich Superintendent Lehbrink mit solchen Worten nicht an der Grenze der Gotteslästerung? War die abgöttische Gleichsetzung Hitlers mit dem Messias nicht reine Blasphemie? Wozu brauchten diese Deutschen Christen dann noch den Messias aus Nazareth, wenn der aus Braunau schon leibhaftig unter ihnen wirkte? Wo blieb der kirchliche Protest, wo der Blitz, der in diesen Frevel einschlug? Wir wissen nichts von irgendeinem Echo auf dieses Traktat.

Aber die Sprache des verzückten Theobald Lehbrink war eine Sprache, die so sehr nicht aus dem Rahmen fiel. Die Sprache war schon bereitet; angelegt war sie schon vor 1933. Tief angelegt.

Dagegen stand die Bekennende Kirche. Nicht daß in der Bekenntniskirche innerlicher oder gar durch Wort und Tat bewiesener Widerstand die Regel gewesen wäre. Er war eher die Ausnahme. Auch der Protestantismus konnte eine beachtliche antisemitische Tradition vorweisen, die sich nicht so leicht verdrängen ließ. Der berühmte Hofprediger Adolf Stoecker hatte zu Bismarcks Zeiten Antisemitismus nicht nur gepredigt, sondern ihn auch zum Inhalt christlicher Parteipolitik gemacht. Und doch: Am 11. Dezember 1935 beging die Bekennende Kirche den 100. Geburtstag Stoeckers. Dessen Kampf gegen das Judentum konnte man dabei schlecht verschweigen.

Die »Vorläufige Leitung der Deutschen Evangelischen Kirche« ging sogar weiter. Sie rühmte Stoeckers Einsatz gegen den »*Geist ungebundener Selbstsucht und schrankenloser Selbstherrlichkeit*« und pries Stoecker mit den zeitgemäßen Worten:

»Er sah diesen Geist der Zeit vorangetrieben durch ein von seinen religiösen Wurzeln gelöstes Judentum und eine verantwortungslose liberalistische Presse. Da nahm er gegen beide den Kampf auf.«[20]

Mut zum Widerstand gegen den Geist der Zeit, wie er sich jetzt zeigte, war die Ausnahme. Zu den Mutigen gehörte Pfarrer Luncke aus Leithe, der sich beispielsweise in der Auseinandersetzung zwischen dem von der Bekennenden Kirche aufrechterhaltenen »Evangelisch-Kirchlichen Männerdienst« und dem »Deutschen Evangelischen Männerwerk«, das von den Deutschen Christen als Konkurrenzunternehmen aufgebaut worden war, heftig mit den Deutschen Christen anlegte und ihnen bewußte Täuschung vorwarf, Betrug nannte, was in seinen Augen Betrug war.[21] Der auch selbst Hand anlegte, als einige Deutsche Christen versuchten, seine Kanzel zu besetzen, die Herren am Kragen packte und sie eigenhändig aus der Kirche warf.[22]

Trotz aller Schwächen lieferte die Bekennende Kirche den theologischen Rückhalt, der auch für Männer wie

Friedrich Luncke unentbehrlich war. Die Bekenntnissynode von Barmen hatte in ihrer theologischen Erklärung vom Mai 1934[23] sechs evangelische Wahrheiten gegen die »*die Kirchen verwüstenden und damit auch die Einheit der Deutschen Evangelischen Kirche sprengenden Irrtümer der ›Deutschen Christen‹ und der gegenwärtigen Reichskirchenregierung*« formuliert. In diesem Hilferuf, dessen Dramatik durch die lateinischen Schlußworte »*Verbum Dei manet in aeternum*« noch unterstrichen wird, hatte die Bekennende Kirche sich deutlich gegen die Irrlehren des Nationalsozialismus ausgesprochen. So hieß es u. a.:

»Wir verwerfen die falsche Lehre, als könne und müsse die Kirche als Quelle ihrer Verkündigung außer und neben diesem einen Worte Gottes auch noch andere Ereignisse und Mächte, Gestalten und Wahrheiten als Gottes Offenbarung anerkennen ...

Wir verwerfen die falsche Lehre, als gebe es Bereiche unseres Lebens, in denen wir nicht Jesus Christus, sondern anderen Herren zu eigen wären, Bereiche, in denen wir nicht der Rechtfertigung und Heiligung durch ihn bedürften ...

Wir verwerfen die falsche Lehre, als dürfe die Kirche die Gestalt ihrer Botschaft und ihrer Ordnung ihrem Belieben oder dem Wechsel der jeweils herrschenden weltanschaulichen und politischen Überzeugungen überlassen ...

Wir verwerfen die falsche Lehre, als könne die Kirche in menschlicher Selbstherrlichkeit das Wort und Werk des Herrn in den Dienst irgendwelcher eigenmächtig gewählter Wünsche, Zwecke und Pläne stellen ...«[24]

Von dem damit offen ausgesprochenen Konflikt mit der Obrigkeit des Hitler-Staates führt der Weg zur Denkschrift der Bekennenden Kirche an den Führer und Reichskanzler vom 28. Mai 1936. In ihr werden die vielen Formen der staatlich geförderten Entchristlichung beklagt, kritisiert wird die götzendienstähnliche Führerverehrung, und zum Antisemitismus der nationalsozialistischen Weltanschauung heißt es:

»Wenn hier Blut, Rasse, Volkstum und Ehre den Rang von Ewigkeitswerten erhalten, so wird der evangelische Christ durch das erste Gebot gezwungen, diese Bewertung abzulehnen. Wenn der arische Mensch verherrlicht wird, so bezeugt Gottes Wort die Sündhaftigkeit aller Menschen.

Wenn Christen im Rahmen der nationalsozialistischen Welt-anschauung ein Antisemitismus aufgedrängt wird, der zum Judenhaß verpflichtet, so steht für ihn dagegen das christliche Gebot der Nächstenliebe.«[25]

Die Schlußworte dieser Erklärung vermitteln einen beklemmenden Eindruck von der Atmosphäre. Geschrieben und Hitler übergeben 1936, zwei Monate vor Beginn der Olympischen Sommerspiele, die am 1. August in Berlin die Jugend der Welt versammelten und ihr ein geschöntes Bild des neuen deutschen Staates vermitteln sollten und vermittelt haben. Die Denkschrift endet:

»Wir bitten aber um die Freiheit für unser Volk, seinen Weg in die Zukunft unter dem Zeichen des Kreuzes Christi gehen zu dürfen, daß nicht einst die Enkel den Vätern fluchen, weil sie ihnen zwar einen Staat auf der Erde bauten und hinterließen, das Reich Gottes aber ihnen verschlossen.

Was wir in diesem Schreiben dem Führer gesagt haben, mußten wir sagen in der Verantwortung unseres Amtes.

Die Kirche steht in der Hand des Herrn.«[26]

Daß nicht einst die Enkel den Vätern fluchen ... So hätte auch Pfarrer Luncke gepredigt haben können. Das war auch seine Überzeugung. Vermutlich hat ihn dies bei der Wahl des Taufspruchs für seine Tochter Esther bestimmt. Die äußeren Erfolge des Dritten Reiches, seine weitgehende internationale Anerkennung gerade nach der Olympiade 1936, die »Wiedervereinigung« mit Österreich im März 1938 und die fast hundertprozentige Bestätigung des Anschlusses durch die Bevölkerung änderten nichts an seiner ablehnenden Haltung. Je mehr dieser Staat an Macht und äußerem Ansehen gewann, desto stärker verinnerlichte Friedrich Luncke seinen Glauben. Als er den Taufspruch für seine Tochter Esther auswählte, setzte er dieser Zeit der Hoffärtigkeit staatlicher Mächte bewußt den Christushymnus aus dem Brief des Paulus an die Kolosser[27] entgegen:

>»Denn in ihm ist alles geschaffen,
was im Himmel und auf Erden ist,
das Sichtbare und Unsichtbare,
es seien Throne oder Herrschaften oder
Fürstentümer oder Obrigkeiten;
es ist alles durch ihn und zu ihm geschaffen.«

Dieses Bekenntnis und die Wahl des Vornamens Esther waren für die Eltern eine Einheit. Sie hatten sich für diesen Vornamen entschieden, den sie schön und richtig fanden. Eine Familientradition, auf die man hätte Rücksicht nehmen, Namen von Onkeln oder Tanten, Paten oder Vorfahren, deren Fortbestand man hätte sichern müssen, gab es weder in der Familie des Pfarrers noch in der seiner Frau. Man war in der Namenswahl glücklicherweise von solchen familiären Zwängen unabhängig. Man war frei. Auch zum Protest.

Aber war man wirklich frei?

Und Esther sagte ihm nicht an ihr Volk und ihre Freundschaft; denn Mardochai hatte ihr geboten, sie solle es nicht ansagen.

(Das Buch Esther 2,10)

3. Kapitel

Grenzenlose Freiheit konnte es bei der Namenswahl nicht geben. Das war auch den Eltern Luncke klar. Zu deutlich war das staatliche Ordnungsinteresse. Namen waren nicht nur Privatsache.

Namen waren von jeher etwas Sonderliches. Am Anfang gab es nur Vornamen; mehr brauchten die Menschen zur Unterscheidung nicht. In der Bibel, mit der für uns die Namensgeschichte anfängt, heißen die ersten Menschen »Adam«, das bedeutet auf hebräisch »Mensch«, und »Eva« (Chava), was man mit »Mutter des Lebendigen« oder »Leben schaffend« übersetzen kann. Viele biblische Namen lehnen sich an die Umstände der Geburt an. Häufig sind das Spiele mit Worten, die bei der Übersetzung verlorengehen. An die Geschichte der Zwillinge Jakob und Esau knüpft die biblische Erzählung sogar eine doppelte Volksetymologie. Jakob, was auf hebräisch »Gott möge schützen« heißt, hielt bei der Geburt die Ferse ('aqeb) seines Zwillingsbruders Esau fest: *»und sie hießen ihn Jakob«*[28], nämlich »Fersenhalter«. Esau, von seinem Bruder um Erstgeburtsrecht und väterlichen Segen betrogen, beklagt sich vor Isaak, dem Vater, und ruft: *»Er heißt wohl Jakob; denn er hat mich nun zweimal überlistet.«*[29] »'aqab« hieß »Betrüger«. Beide Wörter lagen klanglich dicht nebeneinander, was Esau ein bitteres Spiel mit dem Namen erlaubte. Später nach dem Ringen mit Gott – *»Ich lasse dich nicht, du segnest mich denn«* – erhält Jakob den Namen »Israel«, was soviel wie »Gottesstreiter« bedeuten kann.[30] Der Vorname »Sara«, den man an dieser Stelle nicht übergehen kann, steht für »Fürstin« oder »Herrin«. Davon aber später.

Im Neuen Testament erscheint Maria der Engel Gabriel und verkündet ihr, sie werde einen Sohn gebären, *»des*

Namen sollst du Jesus heißen«.[31] Auf hebräisch hieß dieser Name »Jeschua«. Jeschua, Jehoschua, Joschua oder Josua bedeutet »Jahwe hilft«. Wir werden auch diesem Namen noch begegnen.

In späteren Zeiten sollten die Namen heilbringend und glückverheißend sein. Wünsche, Hoffnungen, Magie, Beschwörung, all dies verbinden Eltern auch heute noch mit der Wahl der Namen ihrer Kinder. Für den Staat hingegen haben Namen in erster Linie die Funktion, unterscheidbar zu machen. Dem Staat geht es namentlich um Ordnung. Bei der großen Zahl reichen unterschiedliche Familiennamen allein hierzu nicht aus, auch bei den Vornamen muß Ordnung sein.

Mitte 1938 war das vergleichsweise liberal geregelt. Nach § 1627 BGB hatte der Vater die elterliche Gewalt und damit auch das Recht, den Vornamen seines Kindes zu bestimmen. Gesetzliche Beschränkungen der Namenswahl gab es nicht. Es galt lediglich der alte Grundsatz, wonach Vornamen nicht gegen Sitte und Ordnung verstoßen, nicht sinnlos, lächerlich oder anstößig sein durften.[32] Das war im Interesse der Kinder, um der ausufernden elterlichen Namensphantasie gewisse Zügel anzulegen.

Da gab es immer wieder den Versuch mancher Eltern, ihre politische Überzeugung oder patriotische Begeisterung in dem Vornamen ihres Kindes zu manifestieren. »Bismarck« als Vorname wurde anerkannt.[33] Das hatte eine schöne Vorgeschichte: Zu Lebzeiten Bismarcks – er war damals 70 Jahre alt – hatte sich ein Livländer namens Trampeldang an den Kanzler mit der Bitte gewandt, seinen erstgeborenen Sohn mit Vornamen »Bismarck« nennen zu dürfen. Bismarck genehmigte das mit dem persönlichen Zusatz: *»Sollte mir in meinem hohen Alter der Himmel noch einen Sohn bescheren, so werde ich nicht verfehlen, ihn auf den Namen Trampeldang taufen zu lassen.«*[34] »Lassaline« wurde 1912 als Mädchenname genehmigt.[35] Die fehlenden Vorschriften führten zu merkwürdigen Blüten. Häufig erwiesen sich solche Namen bald als Belastung für das Kind und verlangten nach Änderung.

Daß diese Form der Heldenverehrung auch nach 1933 zu erwarten oder zu befürchten war, bezeugt der Runderlaß des Innenministers vom 3. Juli 1933[36]:

»Wird bei einem Standesbeamten der Antrag gestellt, den Namen des Herrn Reichskanzlers als Vornamen, sei es auch in der weiblichen Form Hitlerine, Hitlerike oder dgl. einzutragen, so hat er dem Antragsteller nahezulegen, einen anderen Vornamen zu wählen, da die Annahme des gewählten Vornamens dem Herrn Reichskanzler unerwünscht ist.«

Allzu große Aktualität bei der Namenswahl hatte auch ihre Schattenseiten. Manchem Vater war nach einigen Jahren das in den Namen gesteckte Bekenntnis zu dieser oder jener politischen Richtung peinlich. Die Nachkriegsgeschichte kennt Beispiele, die sich nicht auf den Vornamen Adolf beschränken. In der Weimarer Zeit und im Dritten Reich war das nicht anders. In solchen Fällen konnte das Amtsgericht manchmal nachträglich helfen. So wurde beispielsweise 1936 vom Amtsgericht Darmstadt der Vorname »*Lenin*« als anstößig gestrichen, den ein Vater für seinen 1928 geborenen Sohn durchgesetzt hatte. Dazu schrieb das Gericht:

»Der Zuname ›Lenin‹ als Vorname eines deutschen Kindes mag für das Jahr 1928 in Berücksichtigung der damals herrschenden Rechtsauffassung zulässig gewesen sein, als Ausdruck einer Zeit, in der die Rechtspflege Neutralität selbst gegenüber volkszerstörenden Kräften forderte. Damals war keine rechtliche Handhabe gegeben, den Namen ›Lenin‹ zu verbieten, hingegen andere den Familiennamen historischer Persönlichkeiten entnommene Vornamen – z.B. Bismarck, Zeppeline usw. – zu gestatten. Diese wertfreie Rechtsprechung ist überwunden. Mögen ausländische Vornamen für deutsche Staatsangehörige auch nicht grundsätzlich unzulässig sein, so ist jedenfalls für den Namen des russischen Bolschewisten Lenin als Vorname eines deutschen Kindes in einem deutschen Geburtsregister kein Raum mehr.«[37]

Welche gegenüber 1928 neue rechtliche Handhabe es dem Amtsgericht ermöglichte, so zu entscheiden, erfahren wir nicht. Gesetzlich hatte sich nichts geändert. Das

Amtsgericht Darmstadt jedenfalls hatte die *»wertfreie Rechtsprechung«* überwunden, was immer das bedeuten mochte.

Für den Vornamen Esther konnte all das kein Hindernis sein. Mit der Tagespolitik hatte dieser biblische Name nichts gemein. Lächerlich oder sinnlos war der Name nicht, anstößig auch nicht. Es gab nicht nur ein biblisches Buch Esther, viele Dichter hatten über Esther, Mardochai und Haman geschrieben, darunter Hans Sachs, Lope de Vega, Racine und Grillparzer. Georg Friedrich Händel hatte ein Oratorium zu dieser biblischen Geschichte komponiert. Selbst Goethe hatte sich mit dem Purimspiel befaßt (im »Jahrmarktsfest zu Plundersweilern«), das zum Purimfest gehörte, mit dem die Juden die Errettung vor dem Komplott Hamans und damit Jahr für Jahr die rettende Königin Esther feiern.

Wahrscheinlich wichtiger für den Standesbeamten des Jahres 1938 war die Tatsache, daß in dem »Deutschen Einheits-Familienstammbuch« der Name Esther in einer Reihe stand mit Edith, Elisabeth und Eva.[38]

Das Stammbuch, das Pfarrer Luncke nach der Trauung von dem Standesbeamten in Wanne-Eickel ausgehändigt worden war, hatte fast amtlichen Charakter.[39] Ein Vorname aus dem Verzeichnis dieses Einheits-Familienstammbuchs konnte schlechterdings nicht unzulässig sein, er gehörte sozusagen zum Kanon. Zwar unterschied das Vornamenverzeichnis zwischen *»Rufnamen fremden Ursprungs«*, darunter Esther, und den weihevoll betitelten *»Rufnamen aus dem Schatze deutscher Vergangenheit«*, doch enthielt es immerhin über hundert weibliche Vornamen fremden Ursprungs ohne jede Einschränkung oder Warnung. Gegen Esther sprach nichts. Eine Beschränkung der Namenswahl und damit eine Gefahr für Esther konnte es nur geben, wenn entweder eine gesetzliche Regelung kam, die einen solchen Namen ausdrücklich verbot, oder wenn ein Gericht zu dem Ergebnis fand, der Vorname

Esther sei anstößig oder als Verstoß gegen Sitte und Ordnung zu verwerfen.

Pfarrer Luncke konnte nicht ahnen, an welchem Abgrund er sich mit seiner Entscheidung für den Vornamen Esther bewegte. Die Eltern Luncke konnten nicht wissen, was an staatlichen Regelungen in Vorbereitung war und eine Woche nach Esthers Geburt in Kraft treten würde. Bis auf wenige Eingeweihte in Berlin hätte ihnen auch niemand erklären können, daß sie sich mit dieser Namenswahl auf einen Nebenschauplatz des nationalsozialistischen Krieges gegen die Juden verirrt hatten, an dem sich auch die Justiz nach Kräften beteiligte. Die Mühlen der Ministerialbürokratie waren in Namenssachen seit 1937 wieder angelaufen und mahlten langsam und gründlich, aber davon war für den Normalbürger wenig zu spüren. Der Justiz kamen Pfarrer Luncke aus Wattenscheid und der westpreußische Forstmeister Cuno Lassen aus dem Bezirk Marienwerder gerade recht, um an ihnen ein höchstrichterliches Exempel für die Überwindung der wertfreien Rechtsprechung zu exerzieren, weil es in Namensdingen seine neue Ordnung haben mußte. Der Forstmeister und der Pfarrer sind sich nie begegnet. Nur das Kammergericht verbindet sie.

Bis Mitte 1938 hatte sich zur Frage der richtigen oder falschen, zulässigen oder unzulässigen Vornamen einiges zusammengebraut. Zwar gab es auch bei Esthers Geburt noch keine verbindliche Regelung der seit Ende des vergangenen Jahrhunderts nur durch höchst allgemeine Grundsätze umschriebenen Namenswahl, dieser liberale Zustand wurde aber zunehmend angefeindet. Ein Blick auf diese Stimmen ist daher unumgänglich, weil gerade in populistischen Zeiten solche Signale bedeutsam sein können.

Sie hatte nicht gedacht,

so langen Gang zu tun mit allen Steinen,
die schwerer wurden von des Königs Scheinen
und kalt von ihrer Angst. Sie ging und ging –

Und als sie endlich, fast von nahe, ihn,
aufruhend auf dem Thron von Turmalin,
sich türmen sah, so wirklich wie ein Ding:

empfing die rechte von den Dienerinnen
die Schwindende und hielt sie zu dem Sitze.
Er rührte sie mit seines Szepters Spitze:
… und sie begriff es ohne Sinne, innen.

(Rainer Maria Rilke, Esther, 1908)

4. Kapitel

Was unter der Oberfläche brodelte, war für den Normalbürger nicht zu erkennen. Aber Presseberichte lassen
einiges erahnen. Nimmt man die Fachliteratur der Standesbeamten, insbesondere also die Veröffentlichungen in der
»Zeitschrift für Standesamtswesen« (StAZ), hinzu, dann
findet sich schon vor 1933 gelegentlich und danach immer
lauter die Forderung: »*Deutsche Vornamen für deutsche Kinder.*« Das mag anfangs auf der gleichen Linie gelegen haben
wie die »Entwelschung« der deutschen Sprache, bekam
aber nach 1933 verstärkt aggressive Züge; man begann die
Beherrschung zu verlieren, wenn auch zunächst nur in der
Sprache.

Das beginnt noch einigermaßen moderat mit dem Vorwort des Standesamtsdirektors a. D. Wlochatz, eines ständigen Mitarbeiters der StAZ, zum Namensteil der 1921
erschienenen ersten Auflage des »Deutschen Einheits-
Familienstammbuchs«:

»Daß deutsche Eltern ihren Kindern in erster Linie gute deutsche
Vornamen geben, ist eine Pflicht nicht nur ihrem Volke, sondern
vor allem ihren Kindern gegenüber. Wir brauchen uns der alten
deutschen Namen nicht zu schämen! Wir sind auch nicht arm
daran! Wir haben im Gegenteil einen reichen Schatz aus der
germanischen Vorzeit, eine Fülle von Namen mit herrlichem
Klang und tiefem Sinn! Ein Blick in diesen ererbten Reichtum,
und es offenbaren sich uns die Tiefen der germanischen Seele.
Alles, was an hohen Tugenden, an hervorragenden Eigenschaften des Geistes und des Herzens die Deutschen im Altertum aus-
zeichnete, klingt uns aus diesen Namen entgegen. Die alten
Deutschen waren ein Kriegsvolk, darum atmet auch eine Fülle
von Namen den Geist des Kampfes und Waffensieges. Wenn wir
auch solche Namen unsrer Sammlung beifügten, so geschah es
aus der Erwägung, daß der große Daseinskampf, in den wir hin-
eingestellt sind, auch von uns in jeder Hinsicht heldischen Geist

und siegende Kraft erfordert, daß also im übertragenen Sinne die alten Kampf- und Sieg-Namen noch sehr wohl gebraucht werden können.«[40]

Wlochatz weist noch auf eine Änderung ab der zweiten Auflage des Stammbuchs hin, in der dem Leser längst vertraute Vornamen wie »*Anna, Johanna, Maria, Paul, Peter, Johannes, Michel, Sepp usw., die zweifellos mit dem deutschen Volksgemüt seit mehr als tausend Jahren eng verwachsen sind*«, den Anregungen von Sprachgelehrten folgend nur noch im »*Fremdnamen-Teil*« verzeichnet seien. Ein Standesamt habe aber, fährt er beruhigend fort, »*nicht nur auf die Wünsche der Deutschkundler, sondern auch auf die Vorkommnisse des täglichen Lebens Rücksicht zu nehmen*«. Und weiter:

»Deshalb sind auch vertraute biblische Namen – obwohl die meisten dem Hebräischen angehören – beibehalten worden; sonst hätten wir ja folgerichtig auch Namen, wie die oben angeführten, ausscheiden müssen. Wohin wären wir aber damit gekommen?«[41]

Das klang verständnisvoll und vernünftig: Vertraute biblische Namen wollte Wlochatz erhalten. Ein Jahrzehnt später, 1931, wandte sich Wlochatz in der Zeitschrift der Standesbeamten den »*Schwingungen der Volksseele*« bei der Namengebung zu. Er benennt vier Hauptrichtungen und stellt an erster Stelle heraus »*die bewußt, das heißt entschieden deutsche*«.[42] Er unterscheidet drei Zweige, denen eines gemeinsam ist:

»So weist auch ihr Geist gebieterisch darauf hin, daß deutschen Kindern gute deutsche Vornamen gegeben werden sollen.«

Zu diesen Zweigen der bewußt deutschen Richtung zählt Wlochatz den nordischen und ganz besonders den der Völkischen Bewegung, den er naiv als Teil der »*ethischen Kulturbestrebungen*« betrachtet:

»In Deutschland wird der religiöse Glaube unserer vorchristlichen Ahnen gepflegt und verbreitet durch die in starkem

Wachstum begriffene ›Nordische Glaubensgemeinschaft‹, die die geistige Wiedergeburt des ›germanischen Menschen‹ erstrebt. So werden in diesen Kreisen den Kindern auch urdeutsche Vornamen zugelegt. Diese geistige Einstellung berührt sich vielfach mit dem anderen Zweige, der allerdings viel größer und in seinen Auswirkungen auf unser Volksleben bedeutsamer ist: mit der neueren *Völkischen Bewegung*. Hier interessiert uns natürlich nicht ihre Ausdrucksform als politische Partei, sondern nur ihre Wirksamkeit im Ringe der deutschen *ethischen* Kulturbestrebungen. Und da ist bei entschiedener Ablehnung aller fremdnationalen, besonders semitischen Einflüsse ihr Ziel die innere Aufartung des deutschen Menschen. Demzufolge werden wir im Rahmen dieser Bewegung auch in der Vornamengebung immer nur *reindeutsche* Namen antreffen, bisweilen sogar in urdeutscher Form, wie denn auch konstatiert werden muß, daß gerade durch die völkische Bewegung bereits eine ganze Anzahl altdeutscher *Wörter* zu neuem Leben erweckt wurde.«

Die christlich-religiöse Hauptrichtung pflegt *»bei aller unzweifelhaft gut deutschen Gesinnung unserer katholischen Volksgenossen«* viele Fremdnamen, darunter, weil aus der Bibel entnommen, auch solche hebräischen Ursprungs. Dazu merkt Wlochatz kritisch an:

»Da nun die religiösen Schriften der Hebräer, d.i. der Israeliten, auch in der christlichen Welt ihre Heimstätte gefunden haben, und die Kinder bereits in der Schule durch den biblischen Unterricht mit den Geistesgrößen des jüdischen Volkes vertraut werden, kann es nicht wundernehmen, wenn es noch immer Deutsche genug gibt, die in der Namenwahl für ihre Kinder zu diesen Schätzen eines uns wesensfremden Volkes greifen. Vielfach geschieht es dann als Ausdruck persönlicher Frömmigkeit.«

Der Standesamtsdirektor in Ruhe hat sichtbar Fortschritte gemacht. Er weiß sich eins mit der bewußt deutschen Richtung, die sich zu *»einer Aufartung, d.h. einer inneren Neugeburt des deutschen Menschen bewegt«*[43] und für die die Namensfrage zur Gewissensfrage geworden, getrieben von einem gebieterisch fordernden Geist. Die Anhänger dieser Richtung fühlten sich, so Wlochatz, dem nachkommenden Geschlecht verantwortlich; sie erkennen Lebensfragen, *»die den anderen völlig fremd bleiben«*. Daraus folgt:

»Die Mahnung, deutschen Kindern deutsche Vornamen zu geben, wurde zur *Forderung*, denn sie erkannten, daß das deutsche *Kind* unzweifelhaft ein *Recht* hat auf gut deutsche Vornamen, und daß deutsche *Eltern* die *Pflicht* haben, ihren Kindern solche mit ins Leben zu geben … So kann z. B. die Gepflogenheit deutscher christgläubiger Eltern, einem Kinde biblische, also etwa hebräische Namen zuzulegen, später zwischen Kind und Eltern zu Konflikten führen. Denn die religiöse Stimmung der Eltern ist keineswegs mit Sicherheit immer auch die Stimmung der Kinder – jedenfalls dann nicht, wenn diese im späteren Leben anders als die Eltern über Glaubensdinge denken lernen.«

Hier klingt zum ersten Mal der Gesichtspunkt des Kindeswohls an, der sich für mancherlei einsetzen läßt und dem wir auch beim Kammergericht begegnen werden. Beeindruckend ist dabei die Gewißheit, mit der die Zukunft als den ideologischen Vorgaben entsprechend vorausgesetzt wird. Das Tausendjährige Reich war in manchen Köpfen schon fest verankert, bevor es begonnen hatte.

Nach diesen eher schwerblütigen Meditationen eines Ruhestandsbeamten mit allerdings beachtlichem Einfluß auf das Standesamtswesen nahm sich der Berliner Amtsrichter Dr. Boschan, auch ein ständiger Mitarbeiter der »Zeitschrift für Standesamtswesen«, der rechtlichen Seite an und forderte Mitte 1936 eine *»deutschgerichtete Namensgebung«*, wobei er sich gegen die *»Gefahr der Überfremdung des Deutschtums und der Ausübung einer launenhaften Namengebung«* wandte.[44] Er schrieb:

»Nach den Grundsätzen des nationalsozialistischen Staates, der seinen Staatsangehörigen eine wirkliche deutsche Heimat schaffen will, wird aber der Auswahl ausländischer Vornamen dort eine Grenze zu setzen sein, wo die Beilegung ausländischer Vornamen auf einer reinen Willkür beruht und berechtigte Gründe zur Wahl eines ausländischen Vornamens nicht dargetan sind.

Es wird im heutigen Deutschland folgender Grundsatz aufzustellen sein: *deutsche* Kinder erhalten *deutsche* Vornamen, *ausländische* Kinder erhalten *ausländische* Vornamen. Werden berechtigte Gründe dargetan, so werden Ausnahmen zuzulassen sein.«[45]

Das blieb freilich nicht ohne Widerspruch. Ein anderer Berliner Amtsrichter kommentierte den Boschanschen Grundsatz knapp mit den Worten:

»Für eine kommende Gesetzgebung mögen diese Ausführungen beachtlich sein; als Darstellung des geltenden Rechts wird man sie nicht werten können, sie sind als solche wohl auch nicht gedacht.«[46]

Es kam zwar keine Gesetzgebung, aber immerhin ein Erlaß des Innenministers vom 14. April 1937 über die Verwendung deutscher Vornamen.[47] Er wurde in keinem Ministerialblatt veröffentlicht, sondern nur in der »Zeitschrift für Standesamtswesen«. Er spielt für die künftigen Entscheidungen trotz seines fragwürdigen Regelungscharakters eine große Rolle. Daher sein voller Wortlaut:

»Die Kinder deutscher Volksgenossen sollen grundsätzlich nur deutsche Vornamen erhalten. Zu den deutschen Vornamen können aber einerseits nicht *alle* nordischen Vornamen gerechnet werden; soweit es sich dabei um nichtdeutsche Vornamen (z. B. Björn, Knut, Sven, Ragnhild usw.) handelt, sind sie nicht erwünschter als andere ausländische Vornamen. Andererseits können die seit Jahrhunderten in Deutschland angewandten Vornamen ursprünglich ausländischer Herkunft, die im Volksbewußtsein nicht mehr als fremde Vornamen angesehen werden, sondern völlig eingedeutscht sind (z. B. Hans, Johann, Peter, Julius, Elisabeth, Maria, Sophie, Charlotte usw.), unbedenklich weiter Verwendung finden. Es dient der Förderung des Sippengedankens, wenn bei der Auswahl der Vornamen auf in der Sippe früher verwendete Vornamen zurückgegriffen wird. Dies werden nicht selten solche eingedeutschten Vornamen sein, nicht selten aber auch Vornamen, die auch in Zukunft die Herkunft der Sippe aus einem bestimmten deutschen Landesteil erkennen lassen (z. B. Dierk, Meinert, Uwe, Wiebke usw.).«

»*Sollen grundsätzlich nur*« ließ Ausnahmen zu. Eine gesetzliche Grundlage für diese ministerielle Empfehlung – mehr war es nicht – fehlte. Selbst der zuständige Reichs- und Preußische Minister des Innern schrieb in Kenntnis seines eigenen Erlasses gut ein halbes Jahr später noch:

»Bisher bestehen besondere Vorschriften über die Führung von Vornamen nicht. Es ist lediglich festgelegt, daß Vornamen von deutschen Staatsangehörigen grundsätzlich in deutscher Sprache in die Personenstandsregister einzutragen sind, und daß unanständige, sinnlose oder lächerliche Vornamen nicht verwendet werden dürfen.«[48]

Alles schien also noch offen. Erstaunlicherweise finden wir aber Mitte 1938 in der allgemeinen Presse deutliche und auch irritierende Hinweise auf – der militärische Ausdruck erscheint durchaus angemessen – Vorgänge an der Namensfront. Die Namensfrage hatte seit Ende 1937 eine andere Dimension angenommen. Das begleitende Echo in der Presse diente teils zur Einstimmung auf das, was kommen sollte, teils mag es als zwischen den Zeilen versteckte Warnung vor dieser Entwicklung gemeint gewesen sein. Es war insbesondere Deutschlands berühmteste Zeitung, die »Frankfurter Zeitung«, die in auffälliger Weise die Entwicklung in der Namensfrage beobachtete und gerade im Sommer 1938 Meldungen brachte, deren journalistische Bedeutung heute schwer zu deuten ist.

Für Hitler hatte diese Zeitung in »Mein Kampf« zu den »*bürgerlich-demokratischen Judenblättern*« gehört, zur »*sogenannten Intelligenzpresse*«, in der »*der Jude*«, wie er es ausdrückte, »*für unsere geistige Halbwelt*«[49] schreibt. 1938 hatte die »Frankfurter Zeitung« längst keine jüdischen Eigentümer mehr. Zu Führers Geburtstag des kommenden Jahres würden die Geschäftsanteile als Präsent an den Eher Verlag in München gehen.[50] Es ist nicht zu verkennen, daß diese Zeitung, der Hitler und Goebbels wiederholt den Garaus hatten machen wollen, für das Dritte Reich außenpolitisch gerade wegen einer gewissen Distanz zum

Regime von Bedeutung war. Wieviel Distanz zu den Nationalsozialisten sich die Redaktion wirklich erhalten konnte, ist hier nicht zu klären. Es gab wohl keine einheitliche Redaktionsmeinung.

Wie auch immer: in der hier interessierenden Phase berichtete die »Frankfurter Zeitung« bei drei Gelegenheiten über dieses für den Durchschnittsleser eher abseitige Thema, darunter in zwei gewichtigen Fällen in einer Art, die für die damalige Zeit ungewöhnlich und auffällig ist. Man muß es für möglich halten, daß damit wachsame Leser im In- und Ausland warnend auf versteckte Anzeichen einer sonst nur wenigen bekannt werdenden Entwicklung aufmerksam gemacht werden sollten. Solche Signale konnten warnen, ändern konnten sie nichts.

In der Samstagsausgabe vom 1. Juli 1938 fand sich am Ende eines kurzen Berichts unter der Überschrift »Beschränkung auf zwei Vornamen« der Satz: »Namen deutscher Herkunft sind zu bevorzugen.« Mehr als das bekannte Signal war auch das nicht. Die Meldung im übrigen war unergiebig. Sie bezog sich auf einen Aufsatz, den der Marburger Universitätsprofessor Dr. Stölzel in der »Zeitschrift für Standesamtswesen«[51] veröffentlicht hatte. Der allerdings war nicht ohne Brisanz. Stölzel ging in seinen Vorschlägen mit unerbittlicher Konsequenz weiter als die Praktiker und als es das Reichsinnenministerium schließlich wagte.

Stölzel, ebenfalls ständiger Mitarbeiter der »Zeitschrift für Standesamtswesen«, die die Meinung in Personenstandsfragen bestimmte, beanstandete dort in erster Linie, daß das neue Personenstandsgesetz von 1937 eine unbegrenzte Vielzahl von Vornamen zuließ, und sprach sich für eine Beschränkung auf höchstens zwei Vornamen aus. Er malte kräftig aus, welcher Mißbrauch mit der unkontrollierten Namensfülle getrieben werden könne, um am Ende seines Beitrages zu der Frage überzuwechseln, welche Vornamen die gewissenhaften Standesbeamten denn zulassen dürften, welche sie ablehnen müßten »und

*wie sie sich zu der neuzeitlichen Forderung zu stellen haben, die
Wahl von Vornamen deutscher Herkunft zu begünstigen«*[52].

Die abschließende Empfehlung Stölzels lief darauf hinaus, den Eltern der Einfachheit halber gar keine Wahl zu
lassen bzw. nur noch eine eng begrenzte. Deutsche Eltern
sollten beim Vornamen ihrer Kinder nur noch die Wahl
zwischen Namen aus zwei Namenslisten haben. Vornamen, die in keinem dieser beiden Verzeichnisse aufge-
listet waren, sollten danach für deutsche Kinder grundsätzlich nicht mehr in Betracht kommen, für sie also
verboten sein. Diese Pointe aber blieb dem Leser der
»Frankfurter Zeitung« verborgen, obwohl diese Radikal-
lösung eine breitere Öffentlichkeit verdient gehabt hätte.
Immerhin wären nach diesem Vorschlag nach gut einem
halben Jahrhundert die deutschen Vornamen auf einen
rudimentären Bestand von kaum mehr als hundert zu-
rückgeschrumpft, so daß man sich für den Rest des
Tausendjährigen Reichs aufs Numerieren hätte beschränken müssen.

Am Sonntag, dem 7. August, und am darauffolgenden
Donnerstag, dem 11. August 1938, brachte die »Frankfurter Zeitung« in der Reichsausgabe zwei Beiträge, die
jeweils überschrieben waren *»Deutsche und jüdische Vornamen«*. Die Quellen konnten verschiedener nicht sein. Einmal wurde über einen namensrechtlichen Beschluß des
Kammergerichts vom 1. Juli 1938 berichtet, beim anderen Mal ein Beitrag referiert aus der Zeitschrift »Neues
Volk«, den Blättern des Rassenpolitischen Amtes der
NSDAP.

In der Augustausgabe dieser stark bebilderten Fami-
lienillustrierten forderte Rolf L. Fahrenkrog: *»Deutschen
Kindern deutsche Namen.«* Mit diesem Artikel befaßte sich
am 11. August 1938, also am Tag von Esther Lunckes Geburt, die »Frankfurter Zeitung«. In einer seltsam ent-
schärften Fassung zitierte sie kommentarlos einige Passa-
gen und leitete mit den Worten *»Zum Schluß schreibt der*

Verfasser« zu einer eher amüsanten Episode über, die den Eindruck erweckt, der ganze Beitrag sei von ähnlicher Leichtigkeit:

»Ein Parteigenosse, der mir unbedingt zustimmte, daß wir undeutsche, besonders jüdische Vornamen zu vermeiden hätten, meinte mit Stolz: seine Jungen hätten aber schöne deutsche Namen: *Georg* und *Paul*. Ich mußte ihn enttäuschen. Georg kommt aus dem Griechischen und hat die schöne und stolze Bedeutung Bauer. Paulus ist ein altchristlicher Name lateinischer Prägung mit der Bedeutung klein, gering. Diesen Namen erging es wie Johannes. Sie wurden, wenn man so will, ›eingedeutscht‹. Von Georg gibt es die geradezu urdeutsch anmutenden Formen Jörg, Jörn, Jürn oder Jürgen. Das ändert aber nichts an der Tatsache, daß seine Herkunft nicht deutsch ist.«

So locker las sich das Original nicht. Im Original schloß der Verfasser mit dem Appell:

»Wir jedenfalls wollen und sollen stets daran festhalten: Unsere Kinder, die deutsch geboren sind und in der Volksgemeinschaft des Dritten Reiches zu echten deutschen Menschen erzogen werden, sollen auch einen wahrhaft deutschen Namen tragen, der der Würde ihres deutschen Blutes entspricht. – Es gibt keinen unserem Wesen gerecht werdenden Grund, ihnen undeutsche Namen zu geben, wohl aber viele Gründe dagegen. Doch alle Gründe sprechen für die Forderung: Deutschen Kindern – Deutsche Namen!«[53]

Gänzlich untergegangen waren in der »Frankfurter Zeitung« die vehementen antisemitischen Ausfälle, mit denen Fahrenkrog seinen Artikel, abgesehen von einigen falschen oder wenigstens fragwürdigen etymologischen Ableitungen, garniert hatte.

»Wohl kein anderes Volk ist so reich an schönen, ehrwürdigen, auch absonderlichen Familiennamen wie das deutsche Volk. Und wenn Juden sie sich aneigneten oder heute noch anzueignen versuchen, dann ist das die unverkennbare Absicht, in der Mannigfaltigkeit dieser deutschen Namenprägungen unterzutauchen, um desto ungestörter jüdischen Geschäften nachgehen zu können. Jüdische Namentarnung ist bisher in solchem Maße erfolgt, daß es heute waschechte Juden gibt, die den Namen Müller oder Schmidt führen, hinter denen der ahnungslose und unbefangene Deutsche ohne weiteres Volksgenossen vermuten sollte.«

Daß durch jede Heirat in Deutschland der Mädchenname einer Frau durch den Namen des Ehemannes als Familienname ersetzt wurde und Kinder aus einer solchen Ehe nur diesen Familiennamen trugen, führte zwangsläufig in jedem Fall, jüdische Mutter oder nicht, zum »Verschwinden« des Mutternamens. Diesen Alltagsfall kann Fahrenkrog mithin nicht gemeint haben. Er hätte schon präziser sein müssen. Aber um logische Argumentation dürfte es ihm nicht gegangen sein. Um eine nicht näher begründete oder begründbare Haßrede gegen »Judennamen«, jüdische Vornamen nämlich, handelte es sich; das gehörte inzwischen zum Repertoire:

»Für den nationalsozialistischen Deutschen, der doch zweifellos Judengegner ist, sollte es jedenfalls eine Selbstverständlichkeit sein, keine Judennamen zu wählen. Seine Kinder haben ein natürliches Recht darauf, deutsche Namen zu führen.«

All das blieb dem Leser der »Frankfurter Zeitung« verborgen. Er wurde zwar unterrichtet, daß eine weitere Stimme deutsche Namen für deutsche Kinder gefordert hatte. Was aber die Redaktion bewogen haben mag, derart massiv Inhalt und Tendenz des referierten Artikels zu verändern und dadurch zu verharmlosen, läßt sich nicht klären.

Auffällig aus einem anderen Grunde ist der Einleitungssatz des Beitrages im »Neuen Volk«. Dort – und entsprechend in der »Frankfurter Zeitung« – ist die Rede von einem *»jüngst ergangenen Erlaß des Reichs- und Preußischen Ministers des Innern«*, wonach Juden künftig nur noch jüdische Vornamen tragen sollen. Da dieser Satz im Augustheft der Zeitschrift »Neues Volk« steht und die

»Frankfurter Zeitung« bereits am 11. August 1938 aus diesem Artikel zitiert, kann »jüngst ergangen« sich nur auf einen kurz vor August 1938 ergangenen Erlaß beziehen. Einen solchen Erlaß gab es aber nicht. Noch nicht. Er erging genau eine Woche nach der Veröffentlichung in der »Frankfurter Zeitung«, nämlich am 17. bzw. die Richtlinien hierzu am 18. August 1938.[54] Der Verfasser muß davon gewußt haben und bei Abfassung seines Artikels davon ausgegangen sein, bis zum Erscheinen des Augustheftes werde der fragliche Erlaß in der Welt sein. Woher er diese Vorkenntnis gehabt hat, bleibt offen.

Der andere Beitrag unter der Überschrift »*Deutsche und jüdische Vornamen*« war in der »Frankfurter Zeitung« schon am 7. August 1938 erschienen. Er betraf einen Beschluß des Kammergerichts in Berlin vom 1. Juli 1938, der am 5. August 1938 veröffentlicht worden war. Das »Privattelegramm der Frankfurter Zeitung« vom 6. August begann mit den Worten:

»Ein Standesbeamter ist nicht verpflichtet, für ein deutschblütiges Kind einen typisch jüdischen Vornamen einzutragen. Dies ist, in einem Satz zusammengefaßt, der Inhalt eines Beschlusses, den das Kammergericht am 1. Juli gefällt hat und den die ›Deutsche Justiz‹ veröffentlicht.«

In dem Verfahren war es um den Vornamen »Josua« gegangen, den der Forstmeister Lassen aus dem Bezirk Marienwerder seinem Sohn zugedacht hatte. Der Vorname wurde vom Kammergericht als »*typisch jüdisch*« abgelehnt. Die in den Fachzeitschriften veröffentlichte Fassung wird dem zuständigen Standesbeamten in Gelsenkirchen vorgelegen haben, als er über den Vornamen Esther zu entscheiden hatte. Pfarrer Luncke, sollte er die »Frankfurter Zeitung« vom 7. August 1938 gelesen haben, konnte dabei nicht entgangen sein, daß nach Auffassung des Kammergerichts u. a. auch der Name Esther »*typisch jüdisch*« und damit für deutsche Kinder nicht zulässig war. Dieses

Schicksal teilte nach den Darlegungen des Kammergerichts, wie sie in der »Frankfurter Zeitung« zu lesen waren, der Name Esther mit den Vornamen Josua, Abraham, Israel, Samuel, Salomon und Judith. Folglich lehnte der Standesbeamte in Gelsenkirchen es ab, den Vornamen Esther ins Geburtenbuch einzutragen, *»weil es sich um einen typisch jüdischen Vornamen handele«.*

Von sinnlos, lächerlich oder anstößig war nicht mehr die Rede. *»Typisch jüdisch«* reichte aus. *»Typisch jüdisch«* als Versagungsgrund war neu. Schon deshalb bedarf die Josua-Entscheidung des Kammergerichts näherer Betrachtung. Sie muß sozusagen mit der Lupe gelesen werden, um sie in ihren Tiefen und Untiefen zu verstehen. Immerhin ist dieser Beschluß einer der beiden wichtigsten namensrechtlichen Beschlüsse des Kammergerichts als »Zentralgericht«.

Und der König gewann Esther lieb über alle Weiber, und sie fand Gnade und Barmherzigkeit vor ihm vor allen Jungfrauen. Und er setzte die königliche Krone auf ihr Haupt und machte sie zur Königin an Vasthis Statt.

(Das Buch Esther 2,17)

5. Kapitel

Das Kammergericht in Berlin war seit 1936 neben dem Oberlandesgericht München zentral zuständig in Angelegenheiten der freiwilligen Gerichtsbarkeit.[55] Seine höchstrichterliche und damit letztinstanzliche Zuständigkeit ging räumlich weit über den Kammergerichtsbezirk hinaus.[56] Zu diesen Angelegenheiten der freiwilligen Gerichtsbarkeit zählte das Namensrecht. Das Kammergericht war in Fragen des Namensrechts für mehr als die Hälfte des Deutschen Reiches maßgebend. Seine Rechtsprechung war richtungweisend, sie bestimmte auch die Entscheidungen der Standesbeamten vor Ort. Eine Durchsicht der in dieser Zeit veröffentlichten namensrechtlichen Entscheidungen zeigt, daß Beschlüsse des Oberlandesgerichts München nur einen verschwindend geringen Bruchteil einnehmen, während der Löwenanteil der in den Fachzeitschriften publizierten Beschlüsse vom Kammergericht stammt. Dabei könnte der Umstand eine Rolle gespielt haben, daß seit Anfang 1938 dem für diese Namensfragen zuständigen 1b-Senat ein junger Richter angehörte, der regelmäßig die »Zeitschrift für Standesamtswesen« mit aktuellen Entscheidungen »seines« Senats belieferte. Wir werden noch mehr von ihm hören.

Lehnte ein Standesbeamter die Eintragung eines Namens ab, so konnte der Vater beim zuständigen Amtsgericht beantragen, den Standesbeamten dazu anzuhalten, diesen Namen dennoch einzutragen.[57] Über das Amtsgericht konnte der Standesbeamte also zur Eintragung gezwungen werden. Hiergegen konnte der Dienstherr des Beamten, also das Oberhaupt der jeweiligen Stadt, Beschwerde zum Landgericht einlegen. Gegen dessen Beschluß sah das Gesetz die weitere Beschwerde zum Oberlandesgericht vor, ab 1936 also zum OLG München oder zum Kammergericht in Berlin.

So kam der Fall des Forstmeisters Cuno Josua Lassen aus Marienwerder in Westpreußen vor das Kammergericht. Er hatte seinen am 16. Februar 1938 geborenen Sohn ebenfalls Cuno Josua nennen wollen. Der Standesbeamte hatte die Eintragung des Vornamens Josua mit der Begründung abgelehnt, *»dieser Name sei hebräischer Herkunft und habe in die deutsche Sprache so wenig Eingang gefunden, daß er keinesfalls als deutscher Vorname anzusehen sei«.*

Hier klingt der Erlaß vom 14. April 1937 an. Die Meinung war auf Verwaltungsebene vertretbar. Josua war ohne Zweifel ein Vorname ausländischer Herkunft, der schwerlich als »völlig eingedeutscht« bezeichnet werden konnte. Die Frage war nur, ob dieser Erlaß für den Standesbeamten so verbindlich war, daß er den Namen ablehnen mußte. Schon dem Wortlaut nach – *»sollen grundsätzlich nur deutsche Vornamen enthalten«* – ging es um eine Empfehlung und nicht um einen bindenden Befehl. Es gab also noch Spielraum.

Darauf hoffte Forstmeister Lassen, als er sich an das Amtsgericht wandte. Er begründete seinen Antrag damit, daß Josua ein biblischer Name und außerdem die Vornamen Cuno Josua in seiner Familie seit Generationen üblich seien. Er war der lebende Beweis hierfür. Er berief sich damit auf zwei Traditionslinien, die biblische und die Familientradition. Die biblische Tradition spielte in dem Erlaß von 1937 keine Rolle, da nur zwischen deutschen und der Herkunft nach ausländischen Namen unterschieden wurde. Die Familientradition aber wurde sehr wohl als Ausnahme anerkannt, weil, wie es da hieß, es der Förderung des Sippengedankens dient, *»wenn bei der Auswahl der Vornamen auf in der Sippe früher verwendete Vornamen zurückgegriffen wird«.*

Das Amtsgericht Marienwerder wies den Standesbeamten daraufhin an, neben Cuno als weiteren Vornamen den Namen Josua einzutragen. Die Begründung kennen wir nicht. Auf die Beschwerde der Stadt hob das Landgericht Elbing diesen Beschluß wieder auf. Die Gründe hierfür lassen sich mittelbar aus dem späteren Beschluß des Kammergerichts entnehmen:

»Der Name Josua sei aus dem alten Testament[58] entnommen, sei hebräischer Herkunft und habe auch heute noch einen jüdischen Klang. Eine Angleichung an die deutsche Sprache und ein Eingang in den deutschen Sprachschatz, wie dies bei anderen biblischen Namen wie Hans, Peter, Maria, Ruth, Johannes, Paul usw. geschehen sei, habe bezüglich des Namens Josua nicht stattgefunden. Nach den heutigen Anschauungen des nationalsozialistischen Staates dürfe aber ein solcher Vorname einem deutschen Kinde nicht beigelegt werden. Demgegenüber müsse auch eine an sich berechtigte Familientradition zurücktreten.«

Auch hier klang der Erlaß von 1937 an, »Angleichung an die deutsche Sprache« entsprach dem »völlig eingedeutscht« jenes Erlasses, die Bezugnahme auf die »heutigen Anschauungen des nationalsozialistischen Staates« war eine Zugabe des Landgerichts. Sie sollte erkennbar die Rechtsgrundlage für die Ablehnung eines an die deutsche Sprache nicht angeglichenen Namens mit jüdischem Klang liefern. Ob das Landgericht sich hierzu in seiner Entscheidung näher geäußert hat, wissen wir nicht. Die Frage, ob die »heutigen Anschauungen des nationalsozialistischen Staates« eine gesetzliche Regelung ersetzen konnten, nehmen wir mit zum Kammergericht, das in seinem Beschluß vom 1. Juli 1938 einen erheblichen Begründungsaufwand entfaltet, der allerdings mehr Fragen aufwirft, als er beantwortet.

Das Kammergericht beginnt seine Begründung mit dem zutreffenden Obersatz:

»Eine gesetzliche Regelung ist bisher nicht erfolgt. Bei der Auswahl der Vornamen ist davon auszugehen, daß der gewählte Vorname sich im allgemeinen als Name darstellen muß und nicht wider die gute Sitte, die staatliche Ordnung oder das religiöse Gefühl verstoßen darf.«

Es verweist dabei noch auf eine eigene Entscheidung aus dem Jahre 1931, in der es hieß:

»Deshalb ist die Auswahl der Vornamen, abgesehen von unanständigen und anstößigen Worten, grundsätzlich unbeschränkt. Es steht also nichts im Wege, auch bei den Kindern von Inländern Vornamen einzutragen, die lediglich einer fremden Sprache angehören.«

Josua *war* ein Name, gegen religiöse Gefühle verstieß er nicht, es war nichts Lästerliches an diesem Namen aus der Bibel, er war auch nicht unanständig oder anstößig. Es blieb somit zu prüfen, ob dieser Vorname gegen die gute Sitte und/oder die staatliche Ordnung verstieß. Dazu mußten diese beiden unbestimmten Rechtsbegriffe, die im deutschen Recht eine formelhafte Tradition hatten, für den konkreten Fall ausgefüllt werden.

Wenn man unter staatlicher Ordnung nicht allein das Regelungswerk durch Gesetze und Verordnungen versteht, dann umfaßt dieser Begriff die Gesamtheit der – auch ungeschriebenen – Regeln, deren Befolgung nach den jeweils herrschenden sozialen und ethischen Anschauungen als unerläßliche Voraussetzung für ein gedeihliches Zusammenleben innerhalb der Gemeinschaft angesehen wird.[59] Es wäre keine Generalklausel, wenn die Begriffsbestimmung präziser wäre. Das gleiche gilt für die »gute Sitte« oder, wie es üblicherweise heißt, die »guten Sitten«.[60] Maßstab sind *die ins Recht übernommenen Regeln der Sittlichkeit*«, die »*Rechtsmoral*« als rechtlich relevanter Teil der Sittlichkeit.[61]

Damit erweisen sich diese Generalklauseln als Einfallstor für Zeitströmungen. Im systematisch strukturierten Gebäude des Rechts sind sie die geöffneten Fenster, durch die gesellschaftliche Veränderungen eindringen und wirksam werden können. Tempora et mores mutantur. Sie können sich freilich auf diesem Wege nur über die Entscheidung des Richters durchsetzen.

Zur Definition der guten Sitten haben ihm dabei Gesetzgeber und Rechtsprechung nicht sehr viel mehr als wohlfeile Floskeln an die Hand gegeben. Schon die »Motive« zum BGB sprechen vom »Anstandsgefühl aller billig und gerecht Denkenden«[62], das Reichsgericht ergänzt 1901, dieser Maßstab finde sich im »herrschenden Volksbewußtsein«, 1912 beschreibt das Reichsgericht dieses Anstandsgefühl mit dem »in der Sitte, in der Übung zutage tretenden Empfinden der Volksgenossen, gemessen an einem durchschnittlichen Maßstab«, 1930 ist die Rede von der »maßgebenden sittlichen Anschauung aller Recht und Sitte achtenden Volksgenossen« und dem »Anstandsgefühl der Volksgenossen mit einer dem Durchschnitt entsprechenden billigen, gerechten und anständigen Gesinnung«, 1936 schließlich lehnt das Reichsgericht sich an das »seit dem Umbruch herrschende Volksempfinden, die nationalsozialistische Weltanschauung« an, setzt also das maßgebende Volksempfinden mit dieser Weltanschauung gleich,[63] und verwendet erstmals den Begriff des »gesunden Volksempfindens«[64], den der nationalsozialistische Gesetzgeber bereits 1935 zur Abschaffung des Grundsatzes »nulla poena sine lege« eingesetzt hatte[65].

Das Kammergericht konnte es sich also bei seiner Entscheidung über den Vornamen Josua leichtmachen. Mit wenigen Sätzen konnte es aus der Gesamtheit der im Jahre 1938 in Deutschland herrschenden Auffassung ableiten, daß fremde Vornamen für deutsche Kinder inzwischen derart unerwünscht waren, daß die Anerkennung eines solchen Vornamens für ein deutsches Kind, was immer früher gegolten haben mochte, nunmehr als ein Verstoß gegen die guten Sitten und die staatliche Ordnung zu bewerten war. Eine sozusagen zur Probe hinzugedachte Volksbefragung hätte im Zweifel dieses Ergebnis bestätigt. Deutschen Kindern deutsche Vornamen, das war vermutlich 1938 die Mehrheitsmeinung. Niemand hätte damals das Kammergericht gescholten, wenn es dies so gesehen und so entschieden hätte.

Der nächste Schritt wäre dann nur noch die Frage gewesen, ob der Vorname Josua, der unzweifelhaft kein deutscher Name war, möglicherweise nicht als fremd empfunden und damit als »völlig eingedeutscht« zu behandeln war. Die Antwort wäre ein klares Nein gewesen. Selbstverständlich klang »Josua« fremd und war viel zuwenig gebräuchlich, um sozusagen als eingemeindet begriffen werden zu können. Nach dieser Logik war also »Josua« die Zustimmung zu verweigern. Das alles wäre mit wenigen Sätzen zu begründen gewesen, durch die – über das reine Ergebnis des Verfahrens hinaus – niemand verletzt worden wäre. Aber so einfach wollte es sich das Kammergericht nicht machen. Es ging ihm um mehr.

Um das zu begreifen, müssen wir dem Kammergericht Schritt für Schritt, nämlich Satz für Satz seiner Begründung folgen. Es ist ein bitterer Weg. Aber wir müssen das Gericht beim Wort nehmen, bei jedem Wort.

Auf den richtigen Obersatz folgt eine begriffliche Einengung, die den weiteren Weg weist:

»Als oberste Richtlinie ist daran festzuhalten, daß einem deutschen Kinde auch ein deutscher Vorname gebührt, d. h. ein Name, der seinen Ursprung in der deutschen Geschichte, Sage oder Überlieferung hat und im Volke auch als deutsch empfunden wird.«

Dem folgt ein Verweis auf den Erlaß vom 14. April 1937, in dem, wie wir wissen, von »sollen grundsätzlich nur deutsche Vornamen erhalten« und »nicht erwünscht« die Rede ist. Selbst das erhabene Wort, einem deutschen Kinde »gebühre« auch ein deutscher Vorname, kann schwerlich verdecken, daß es nur um den Wunsch gehen konnte, deutschen Eltern die Wahl deutscher Vornamen nahezulegen. Wenn deutsche Eltern in ihrem Unverstand auf Vornamen verfielen, die nach dieser Auffassung deutschen Kindern nicht gebührten, dann war das möglicherweise eine bedauerliche Entgleisung, aber nicht verboten. Eine zu beachtende Richtlinie konnte es nur sein, wenn sich die Forderung nach deutschen Vornamen für deutsche Kinder aus den Gesichtspunkten der staatlichen Ordnung oder der guten Sitten ableiten ließ. Dazu aber sagt das

Kammergericht nichts. Es postuliert einfach eine *»oberste Richtlinie«*, von der wir bis dahin nur wissen, daß sie gerade nicht verbindlich, sondern nicht mehr als eine Empfehlung war.

Auch das Wort, es sei daran *»festzuhalten«*, ergibt keinen Sinn. Das Gericht wollte mit diesem Beschluß gerade keinen guten alten Brauch bestätigen, also etwa moderne Abweichungen verhindern, es wollte genau das Gegenteil. Mit der Forderung nach ausschließlich deutschen Vornamen für deutsche Kinder betrat es namensrechtliches Neuland. Mit einem Satz und ohne Begründung ist aus dem *»nicht erwünscht«* des Ministerialerlasses ein *»nicht erlaubt«* geworden.

Mit der Erläuterung, ein deutscher Vorname sei ein Name, *»der seinen Ursprung in der deutschen Geschichte, Sage oder Überlieferung hat und im Volke auch als deutsch empfunden wird«*, liefert das Kammergericht eine Definition, bei der es sich zu Unrecht auf den Erlaß vom 14. April 1937 bezieht. Dort steht zur Definition deutscher Vornamen nichts, kein Wort von deutscher Geschichte, Sage oder Überlieferung, sondern über die deutschen Vornamen hinaus nur etwas von den *»seit Jahrhunderten in Deutschland angewandten Vornamen ursprünglich ausländischer Herkunft«*, die, wenn *»völlig eingedeutscht«*, unbedenklich weiter Verwendung finden können. Nur das war hier von Interesse. »Josua« war ohne Zweifel kein deutscher Name, alle bedeutungsschweren Ausführungen zu deutschen Vornamen und deren Ursprung lagen neben der Sache.

Der nächste Satz führt dann doch wieder zum Erlaß zurück und erklärt eine weitere Namensgruppe für zulässig mit den Worten:

»In Betracht kommen ferner Namen, die zwar aus einer fremden Sprache und einem fremden Geschichts- und Gedankenkreise stammen, sich jedoch im Laufe einer langen Entwicklung so in das deutsche Sprachgefühl eingeführt haben, daß sie als deutsch gelten und im Volke nicht mehr oder kaum noch als fremd empfunden werden. Hierhin gehören Vornamen wie Alexander, Julius, Viktor, Rose und Agathe.«

Die Vorentscheidung gegen ausländische Vornamen war schon gefallen, obwohl das Kammergericht noch 1931 gegen ausländische Vornamen nichts einzuwenden gehabt hatte. Die Abkehr von dieser sogar ausdrücklich erwähnten früheren Entscheidung wird mit keiner Silbe angesprochen. Wenn aber das Gericht sich dafür entschieden hatte, nur deutsche oder eingedeutschte Vornamen zu gestatten, so wäre hier noch die Gelegenheit gewesen, rasch zum Ergebnis zu kommen. Mit wenigen Worten hätte das Kammergericht darstellen können, daß der Vorname Josua nicht als deutsch gelten konnte, vom Volk noch als fremd empfunden wurde und folglich nicht zugelassen werden konnte. Statt dessen entwickelt das Kammergericht nun eine eigene Systematik der nicht mehr oder kaum noch als fremd empfundenen Vornamen fremder Herkunft. Während der mit den Stichworten Alexander, Julius, Viktor, Rose und Agathe umschriebene Bereich nicht weiter erklärt wird, unterscheidet das Kammergericht im weiteren zunächst zwei gleichwertige Gruppen,

»Namen christlicher Herkunft, d. h. Namen von Personen, die zu der Person des Stifters der christlichen Religion eine unmittelbare persönliche Beziehung gehabt haben und im neuen Testamente genannt werden. Es handelt sich hierbei um Namen meist hebräischen Ursprunges, wie: Joseph, Johannes, Matthäus, Matthias, Maria, Elisabeth, Martha«

und

»Namen christlichen, aber nicht hebräischen Ursprunges von Persönlichkeiten, die in der späteren christlichen Geschichte eine Bedeutung erlangt haben, z. B. Thekla, Agnes, Nikolaus, Franziskus«.

Namen aus diesen beiden Gruppen werden, so das Gericht, allgemein nicht als »undeutsch« empfunden. Es verweist insbesondere auf die aus diesen Namen hervorgegangenen deutschen Abwandlungen wie Hans, Peter, Paul etc. Nimmt man die selbstgesteckte Vorgabe des

71

Gerichts ernst, dann kam es ausschließlich darauf an, ob ein bestimmter Vorname ausländischer Herkunft – Josua war ein solcher – dank langer Entwicklung so in das deutsche Sprachgefühl aufgenommen worden war, daß er nicht mehr oder kaum noch als fremd empfunden wurde. Woher der Name kam, ob es in Geschichte oder Literatur besonders prominente Träger dieses Namens gab, war für die Frage, ob der Name *»völlig eingedeutscht«* war, ohne Bedeutung. Das Kammergericht war auf einem Irrweg.

Nach seiner Definition wurden insbesondere die Namen von solchen Personen nicht mehr oder kaum noch als fremd empfunden, die zu Jesus *»eine unmittelbare persönliche Beziehung gehabt haben und im Neuen Testament genannt werden«.* Zu dieser Gruppe zählten ohne Zweifel die Jünger Christi, die späteren zwölf Apostel, deren Namen wir aus den Evangelien kennen. Petrus hieß aber eigentlich Simon, außerdem war unter den Jüngern noch Simon Kanaanäus oder Simon der Zelot. War der Name Simon damit »eingedeutscht« und wurde nicht mehr als fremd empfunden? Die Reichsstelle für Sippenforschung hatte Anfang 1938 dem Innenministerium eine Liste mit typisch jüdischen Vornamen vorgelegt, die bei einer zukünftigen Regelung deutschen jüdischen Kindern zwingend vorgeschrieben sein sollten; dort fand sich auch der Vorname Simon. Und wie stand es mit dem Vornamen Judas? Bei Lukas gibt es sogar zwei Jünger dieses Namens, nicht nur Judas Iskariot, sondern auch noch Judas, den Sohn des Jakobus.[66] Trotz höchst unmittelbarer persönlicher Beziehung zu Jesus wurde dieser Name von der Bevölkerung ganz bestimmt als fremd empfunden. Das vom Kammergericht erdachte Kriterium war also untauglich.

Vielleicht wird aus der weiteren Begründung deutlich, weshalb sich das Kammergericht auf diesen Abweg begeben hat. Hier befaßt es sich mit der dritten Gruppe biblischer Namen, die allerdings, wie es heißt, *»einer besonderen Behandlung bedürfen«.* Wir nähern uns dem Kern der Sache.

Es geht um Vornamen,

»die im alten Testamente genannt werden, hebräischen Ursprungs sind und deren erste Träger mit dem Christentum in keiner Beziehung oder nur in einem entfernten, mittelbaren Zusammenhange stehen«.

Wenn man dem Kammergericht zugute hält, daß es eine Lösung der Frage suchte, welche Vornamen nicht mehr als fremd empfunden wurden, dann steht hinter dieser Formulierung die Annahme, je ferner die Beziehung des ersten Trägers eines solchen alttestamentarischen Namens zum Christentum sei, desto eher werde ein solcher Name noch als undeutsch empfunden. Es fragt sich allerdings, wie die Nähe zum Christentum bestimmt werden sollte, da doch das ganze Alte Testament und damit alle dort handelnden Personen zwangsläufig Bestandteil der christlichen Überlieferung waren. Ohne Altes Testament konnte es kein Neues Testament, ohne den aus der jüdischen Tradition kommenden Juden Jesus kein Christentum geben. Das Kammergericht baute sich hier eine nach geistiger Durchdringung aussehende Systematik auf, die für die Entscheidung gänzlich unerheblich war. Nicht auf die Bedeutung des ersten Trägers eines biblischen Namens für das Christentum kam es an, sondern – wohlgemerkt nach der eigenen Vorgabe des Kammergerichts – auf die »Verkehrsauffassung« des Jahres 1938, nämlich darauf, wie ein solcher Name empfunden wurde. Theologische Exkurse halfen dabei nicht weiter.

Umgekehrt gefragt: Sollten nach dieser Auffassung des Kammergerichts alttestamentarische Vornamen ohne weitere Vorbedingung unbedenklich sein, wenn deren erste Träger in bedeutungsvoller Beziehung zum Christentum standen? Diese Gruppe wird überhaupt nicht erwähnt. War der Stammvater Abraham nicht für das Christentum unabdingbar? Und David, aus dessen Stamm Jesus kam? Konnte es in einer auf Abstammung starrenden Zeit eine engere Beziehung geben? Wo blieben diese Namen nach der Systematik des Kammergerichts?

Die ganze Brüchigkeit dieser Begründung wird deutlich, wenn man die weitere Differenzierung betrachtet, die das Kammergericht innerhalb dieser Gruppe der alttestamentarischen Namen, deren erste Träger allenfalls in einer entfernten mittelbaren Beziehung zum Christentum stehen, vornimmt. Es schreibt:

»Auch hier gibt es Namen, die sich erfahrungsgemäß im Laufe der Zeit so in den deutschen Sprachgebrauch eingeführt haben, daß sie nicht mehr als undeutsch empfunden werden und deshalb auch unbedenklich deutschen Kindern als Vornamen gegeben werden können, z.B. die Namen Eva und Ruth.«

Richtig war, daß diese Vornamen in Deutschland seit Jahrhunderten gebräuchlich waren und nicht als fremd empfunden wurden. Absurd war die Einordnung der Stammutter Eva unter die biblischen Personen, die zum Christentum nur in einer entfernten Beziehung standen. Wie ließ sich christlicher Glaube mit seinen tief ins Alte Testament reichenden Ursprüngen ohne Adam und Eva auch nur denken! Wenn schon der Name Eva genannt wurde, wieso dann nicht auch der Name Adam? Gab es besondere Gründe, gerade diese beiden Frauennamen als unbedenklich hervorzuheben? Bei dem Namen Eva lagen die Gründe auf der Hand. Zu dem schönen Namen Ruth werden die Richter am Kammergericht später in der Esther-Entscheidung noch einige erklärende Worte finden. Aber weg von den unbedenklichen Ausnahmen. Das Kammergericht fährt fort:

»Anders zu beurteilen sind dagegen Namen, die einen ganz besonderen jüdischen Klang haben, in den deutschen Sprachschatz nicht eingegangen sind und auch nach der Auffassung der Allgemeinheit noch heute im deutschen Volke als ›typisch jüdisch‹ empfunden werden.«

Das klingt, als seien diese drei Elemente kumulativ gemeint, so ist es aber nicht. Wichtig war – immer nach der oben beschriebenen Vorgabe des Kammergerichts –, ob ein Name in den deutschen Sprachschatz so eingegangen war, daß er nicht mehr als fremd empfunden wurde, alles andere war überflüssiges Beiwerk. Daß Vornamen, die als »*typisch jüdisch*« empfunden wurden, in diesem Sinne nicht »*völlig eingedeutscht*« waren, war nicht zu leugnen. Das galt aber ebenso für Vornamen, die das Volk als »*typisch amerikanisch*« oder »*typisch italienisch*« empfand. Zur Bildung einer Untergruppe »*typisch jüdisch*« bestand vom Gang der Entscheidungsgründe her keine Notwendigkeit. Solche Umwege in der Begründung waren überflüssig und nach den Regeln der richterlichen Kunst fehl am Platze. Zu dem gewünschten Ergebnis der Ablehnung des Vornamens Josua hätte man längst kommen können. Das Kammergericht sah das aber anders. Es steuerte mit seiner Begründung weit über das Prozeßziel hinaus. Ihm ging es, wie die Entscheidungsgründe belegen, um weit mehr. Es suchte eine Steigerungsform von »*fremd*« oder »*als fremd empfunden*«, die keinen Ausweg ließ. Ohne jede begründungstechnische Notwendigkeit, aus ideologischen Gründen und mit unverhohlener Übernahme der nationalsozialistischen Phraseologie sonderte das Kammergericht eine Namensgruppe als »*typisch jüdisch*« aus.

Zur Definition bezog es sich auf eine inzwischen gängige Formel, die schon länger in den Richtlinien für die Bearbeitung der Anträge auf Änderung des Familiennamens nachzulesen war und die man sicher entsprechend auf Vornamen anwenden konnte:

»Welche Namen als jüdisch anzusehen sind, bestimmt sich nach der Auffassung der Allgemeinheit.«[67]

Das Kammergericht führt dazu weiter nichts mehr aus, sondern setzt seine Vorstellungen an die Stelle der Auffassung der Allgemeinheit und postuliert apodiktisch:

»Als solche Namen kommen in Betracht z. B. Abraham, Israel, Samuel, Salomon, Judith und Esther.«

Dagegen ließ sich bei den vier männlichen Vornamen wenig sagen, »Judith« und »Esther« hingegen waren weniger eindeutig. Das Oberlandesgericht München, in Namensfragen von gleichem Rang wie das Kammergericht, hatte noch in einem Urteil vom 22. Dezember 1937 sich mit dem Vornamen Judith befaßt, ohne auch nur anzudeuten, daß dieser Name auffällig sei. Das störte das Kammergericht jedoch nicht. Mit einer beiläufigen Bemerkung wurden Anträge zu den Vornamen Judith und Esther schon miterledigt. Daß das Kammergericht, sollte ihm einer dieser Namen vorgelegt werden, von dieser am 1. Juli 1938 vorgezeichneten Linie abweichen würde, war nicht zu erwarten. Dabei war es nach diesen Namen gar nicht gefragt worden, Esther Luncke war auch noch gar nicht geboren.

Das Gericht geht nun kurz darauf ein, daß deutsche Eltern ihren Kindern gleichwohl solche *»typisch jüdischen«* Vornamen gegeben haben, so beispielsweise in den reformierten Gemeinden um Wuppertal. Es räumt auch ein, daß die Wahl eines solchen typisch jüdischen Vornamens den Anschauungen früherer Zeiten in Deutschland häufig entsprochen hat, verläßt dieses Traditionsthema aber zunächst wieder, um ohne erkennbaren Grund zur biblischen Geschichte von Josua zu wechseln. Wenn es darauf ankam, wie der Vorname Josua vom Volk empfunden wurde, war dieser Ausflug ins Alte Testament unnötig. Selbst für die Frage, ob er von der Allgemeinheit als *»typisch jüdisch«* aufgefaßt wurde, konnte die Antwort nicht in der Bibel gefunden werden. Die exegetischen Bemühungen des Kammergerichts waren abwegig.

»Der erste Träger dieses Namens hat in der Geschichte des jüdischen Volkes eine große Rolle gespielt, weil er das Volk nach dem Tode des Moses geführt und für sein Volk das Land Kanaan erobert hat.«

So stand es in der Bibel. Ein siegreicher Heerführer, der unmittelbar nach dem Auszug aus Ägypten bei Refidim die Amalekiter vernichtend schlug, Eroberer des Landes Kanaan, Zerstörer der Mauern von Jericho, ein jüdischer Held, dessen Gebet im Kampf gegen die Amoriter es vermocht hatte, daß die Sonne über Gibeon still am Himmel stehenblieb. Ohne seine Herkunft hätte er zu den in Walhall versammelten Heroen gepaßt. Da der Name eines jüdischen Kriegshelden höchstwahrscheinlich als »*typisch jüdisch*« empfunden wurde, hätte die Entscheidung hier noch zu einem schnellen Ende finden können. Das Kammergericht jedoch eröffnet einen weiteren irritierenden Seitenweg:

»Es kann jedoch nicht anerkannt werden, daß der Name Josua für die christliche Religion, geschweige denn für das Deutschtum eine so hervorragende Bedeutung gewonnen hat, daß hieraus ein Grund zur Wahl des Vornamens abgeleitet werden könnte. Träger des Vornamens Josua, die in der deutschen Geschichte, Wirtschaft oder Geisteswelt ganz besonders hervorgetreten sind, sind nicht allgemein bekannt geworden.«

Was soll das bedeuten? Eingedeutscht war der Name Josua nicht. Als »*typisch jüdisch*« hatte das Kammergericht ihn schon erkannt. Wollte es jetzt alles wieder rückgängig machen und diesen Namen ausnahmsweise doch zulassen, wenn es in der deutschen Geschichte, Wirtschaft oder Geisteswelt Größen mit dem Vornamen Josua gegeben hätte? Kam es nun auf das Namensempfinden im deutschen Volk des Jahres 1938 an oder nicht? Konnte eine »*hervorragende Bedeutung*« irgendeines Josua für die christliche Religion oder gar das Deutschtum es etwa rechtfertigen, einen »*typisch jüdischen*« und als undeutsch empfundenen Vornamen zuzulassen?

Das Kammergericht entkam der peinlichen Lage mit der beruhigenden Erkenntnis, solche Größen seien nicht allgemein bekannt geworden, zu nennen sei lediglich Josua Stegmann, der Verfasser des Kirchenliedes »*Ach bleib' mit Deiner Gnade*«, jedoch handele es sich hierbei – man muß hinzufügen, für das Kammergericht zum Glück – »*keinesfalls um eine dem ganzen deutschen Volke vertraute Persönlichkeit*«.

Das leitet in den Entscheidungsgründen über zum wahren und echten Kern dieses Beschlusses. Der Vorname Josua war längst zur Nebensache geworden. Das Kammergericht formulierte sein grundsätzliches Bekenntnis:

»Die Frage, ob man solche Vornamen, die im Volke als ›typisch jüdisch‹ empfunden werden, für deutsche Kinder zulassen darf, muß in der heutigen Zeit unter ganz neuen selbständigen Gesichtspunkten beantwortet werden. Entscheidend ist dabei, ob solche Vornamen mit der nationalsozialistischen Auffassung von Volk und Staat, wie sie sich seit der Machtübernahme durchgesetzt hat und immer mehr durchsetzt, vereinbar sind. Von diesem Gesichtspunkt aus muß aber die Zulässigkeit derartiger Vornamen schlechterdings verneint werden. Der Nationalsozialismus hat dem deutschen Volke gezeigt, welche ungeheure Gefahr das Judentum darstellt und zwar nicht allein auf politischem und wirtschaftlichem, sondern vor allem auch auf geistigem Gebiete. Die Belange des deutschen Volkes erfordern gebieterisch, daß hier jede Halbheit abgelehnt und daß jede Gefahr einer geistigen Berührung mit dem Judentum im Keim erstickt wird, wo immer das nur möglich ist. Wenn ein Deutscher einen typisch jüdischen Vornamen führt, so ist damit schon ein solcher Berührungspunkt gegeben.«

Am Anfang war es darum gegangen, ob ein Vorname »*im Volke nicht mehr oder kaum noch als fremd empfunden wurde*«, jetzt war die »*nationalsozialistische Auffassung von Volk und Staat*« der entscheidende Maßstab geworden. Also nicht mehr die Auffassung des Volkes, sondern die Auffassung der NSDAP (oder des Nationalsozialismus) vom Volk. Den Unterschied zur maßgebenden Volksauffassung, dem bereits herrschenden Volksbewußtsein oder Volksempfinden, sieht das Kammergericht durchaus. Was noch nicht ist, wird ja gewiß noch werden, entscheidend nämlich ist die nationalsozialistische Auffassung, *»wie sie sich seit der Machtübernahme durchgesetzt hat und immer mehr durchsetzt«*. Wie schon das Reichsgericht setzt hier auch das Kammergericht die Parteidoktrin dem Volksempfinden, letztlich den guten Sitten, gleich. Wie schrieb doch einige Monate später der Hamburger Justizsenator und Präsident des Hanseatischen Oberlandesgerichts Curt Rothenberger:

»Je stärker die nationalsozialistische Weltanschauung den Richter erfaßt, desto klarer wird die richterliche Unabhängigkeit hervortreten und sich entfalten können.«

Die Berliner Richter scheinen mit hinreichender Stärke hiervon erfaßt worden zu sein. Für sie hatte der Nationalsozialismus dem deutschen Volk gezeigt – das begegnet uns später als *»nationalsozialistische Aufklärungsarbeit«* wieder –, welch ungeheure Gefahr das Judentum darstellt, vor allem auch auf geistigem Gebiete. Ob die Volksgenossen oder die Berliner Richter etwas genauer hätten beschreiben können, worin denn diese ungeheure Gefahr bestand, läßt sich von heute aus nur schwer erschließen. Es ist hier nicht der Ort, den Antisemitismus im allgemeinen, den deutschen Antisemitismus im besonderen oder gar die 1938 herrschende Variante des nationalsozialistischen Antisemitismus zu behandeln. Nimmt man die hohen Richter des von den Kleinlichkeiten des Alltags abgehobenen Kammergerichts beim Wort, dann müssen sie zumindest an diese ungeheure Gefahr ernsthaft geglaubt haben. Man könnte ihnen die Sprache vorwerfen, mit der sie im Jargon der Seuchenpolizei vor jeder geistigen Berührung mit dem Judentum wegen der mit ihr verbundenen Ansteckungsgefahr warnen. Wenn sie aber doch daran glaubten wie an den Teufel, dann mußten sie warnen und dafür sorgen, daß jede Berührungsgefahr mit dem Judentum im Keim erstickt wurde. Immerhin erforderten das die Belange des deutschen Volkes gebieterisch. Die

Worte klingen furchterregend, in Wahrheit sollen sie Furcht und Unsicherheit verdecken wie das Pfeifen im dunklen Wald.

Aber außerdem mußten die Richter auch an das Kindeswohl denken. Das läßt sich nach der in der Begründung des Kammergerichts schon erreichten Höhe naturgemäß nicht mit schlichten Überlegungen abhandeln. Auch hier geht es um Großes, das so leicht neben dem Lächerlichen liegt:

»Man muß hier vor allem an die Zukunft denken. Wenn auch heute, fünfeinhalb Jahre nach der Machtübernahme, ein solcher schon gegebener jüdischer Vorname noch als tragbar erachtet werden mag, namentlich aus dem Gefühl einer religiösen Überlieferung heraus, so wird das kommende Geschlecht schon in zehn bis zwanzig Jahren eine ganz andere Einstellung in dieser Hinsicht haben. Ein deutscher Knabe, der heute den Vornamen Josua empfängt, wird, wenn er in die Schule und später in das Jungvolk oder die Hitlerjugend eintritt, aus diesem Grund voraussichtlich Unannehmlichkeiten haben. Seine Kameraden werden kein Verständnis für einen solchen Vornamen haben; sie werden ihn mit Spott, mindestens mit anzüglichen Bemerkungen verfolgen. Wenn dieser Name genannt wird, so wird er wahrscheinlich regelmäßig auffallen. Der Träger des Namens wird alsdann immer damit zu rechnen haben, daß er wegen der Herkunft des Namens mehr oder minder unangenehmen Fragen ausgesetzt wird. Es liegt aber im Interesse eines deutschen Jungen, derartige Möglichkeiten von vornherein auszuschließen.«

Das war konsequent. Wenn die Auffassung im deutschen Volk so war, wie sie vom Kammergericht eingeschätzt wurde, wenn sich diese Auffassung, wie das Gericht meinte, immer mehr durchsetzte, wenn mit der mit diesem Beschluß begonnenen Rechtsprechung in Zukunft jüdische Vornamen verhindert wurden, dann mußte es auf eine Ausgrenzung auch der Träger solcher jüdischer Vornamen hinauslaufen. Und alle würden sich an dieser Ausgrenzung im Bewußtsein freudig erfüllter Pflicht beteiligen, ohne sich irgend etwas zu denken. Daß die Zukunft anders aussehen könnte, war in diesen Überlegungen nicht vorgesehen. Was immer aus dem Sohn des Forstmeisters Cuno Lassen geworden ist, die Schule hat er vor Ende des Weltkrieges noch besucht, die Unannehmlichkeiten bei Jungvolk und Hitlerjugend blieben ihm erspart.

Auch auf den Einwand des Vaters, die Vornamen Cuno Josua seien auf Grund einer langen Tradition in seiner Familie üblich, weiß das Kammergericht eine Antwort:

»Gewiß sieht der Nationalsozialismus die Pflege und Erhaltung einer Familientradition als wertvoll an. Aber dieser Grundsatz darf nicht überspannt werden. Wenn eine derartige Tradition mit den Gedanken und Anschauungen der jetzigen neuen Zeit nicht mehr vereinbar ist, so muß sie eben aufgegeben werden, mag sie auch für eine frühere Zeit ihre Berechtigung gehabt haben. Ebenso wichtig wie eine Tradition zu erhalten, ist es auch, eine neue Tradition zu begründen, wozu gerade die heutige Zeit in Deutschland besonders Gelegenheit bietet.«

Es unterscheidet also zwischen erhaltenswerter Tradition, die in die neue Zeit paßt, und einer Tradition, die mit dieser nicht mehr zu vereinbaren ist. Was nicht in die neue Zeit paßt, muß verschwinden. Delendam est. Mit einem Satz wird der Schutz der Familientradition über Bord geworfen. Aber das Gericht weiß einen Trost: Gebt euren Kindern deutsche Namen und begründet so eine neue zeitgemäße Tradition der Siegfrieds, Dietrichs, Adolfs und Cunos, aber ohne fremde Zusätze. Dahinter steckt schon mehr als die höchstrichterliche Anmaßung, über Familientraditionen den Stab zu brechen. Hier wird in der Gewißheit einer Zeitenwende judiziert.

Noch ein Argument möchte das Kammergericht erledigen. Wir wissen nicht, ob es ein Argument des Vaters war. Es handelt sich eher um ein kirchenpolitisches Argument, das für die Entscheidung des Gerichts keinerlei Rolle spielte. Es ging darum, ob die Ablehnung solcher aus dem Alten Testament stammender, in der Diktion des Gerichts »typisch jüdischer« Vornamen möglicherweise »eine unerwünschte Folge auf kirchlich-religiösem Gebiet« mit sich bringen würde. Daß die auf dem Boden des Rechts und der bisherigen Rechtsprechung stehende Ablehnung eines Vornamens, der gegen gute Sitte und staatliche Ordnung verstieß, weil er die von der Gesellschaft allgemein akzeptierte Grenze verletzte, irgendwelche Nachteile auf religiös-politischem Gebiet zur Folge haben könnte, hatte bis dahin kein Gericht interessiert. Selbst nach der vom Kammergericht vorgegebenen Fragestellung ging es nur darum, ob ein solcher jüdischer Vorname als fremd empfunden wurde, was sich im Fall »Josua« bejahen ließ. Was sollte also dieser nachgeklapperte Zusatz zur Reichskirchenpolitik? Die Antwort des Kammergerichts ist abweisend kühl und erklärt wenig:

»Es handelt sich hier lediglich um die Pflege einer biblischen Tradition. Der Inhalt der christlichen Religion, ihr Glauben, ihr Bekenntnis, wird dadurch in keiner Weise berührt. Es kann deshalb keine Rede davon sein, daß etwa durch die Ablehnung solcher Vornamen seitens der staatlichen Behörden eine schwere Spannung zwischen religiöser Überzeugung und der Weltanschauung des Nationalsozialismus heraufbeschworen wird.«

In der Tat: die Spannung zwischen der nationalsozialistischen Weltanschauung und der religiösen Überzeugung vieler äußerte sich in anderen Bereichen drastischer. Daß ein Gericht sozusagen ex cathedra befand, inwieweit die Pflege einer biblischen Tradition zum Inhalt der Religion gehörte, Teil des Bekenntnisses war, mutet befremdlich an.

Die Entscheidung endet mit der Zurückweisung der Beschwerde gegen den Beschluß des Landgerichts und dem zusammenfassenden fanfarenartigen Satz:

»Die Ablehnung des Vornamens Josua durch das Landgericht ist vielmehr durchaus gerechtfertigt und entspricht der heutigen nationalsozialistischen Weltanschauung.«

Letzteres traf im Zweifel zu, ob das die Ablehnung des Vornamens rechtfertigte, war die Frage gewesen. Das Kammergericht hatte sie bejaht. Es war dabei in der Begründung einen weiten Weg gegangen, weiter als zur Begründung nötig. Das Ergebnis, so schwer erträglich aus heutiger Sicht es auch sein mag, ließ sich im Geist der Zeit begründen, wenn es auch ein menschenverachtender Ungeist war, der damit in die richterliche Entscheidung einzog. Die ausufernde, den staatlich proklamierten Judenhaß als letzte Wahrheit akzeptierende Begründung kann man dem Kammergericht nicht nachsehen.

In Verfahren der freiwilligen Gerichtsbarkeit wurden die Entscheidungen nicht öffentlich verkündet. Es genügte, den Beschluß zu beraten und ihn alsdann den Beteiligten zuzustellen. Eine stille Veranstaltung. Man muß sich aber vorstellen dürfen, welches Echo die Verkündung dieses Josua-Beschlusses vor einem Berliner Publikum im Juli 1938 gehabt hätte. Man stellt es sich besser nicht vor. Die Stellen, an denen die Verlesung der Begründung durch Szenenbeifall unterbrochen worden wäre, springen in die Augen. Es war nicht eigentlich die Aufgabe des Kammergerichts als letzte Instanz in Namenssachen, sich auf dieses Niveau zu begeben. Warum hat es das ohne Not getan? Seine nächsten Entscheidungen werden vielleicht Hinweise geben. Außerdem werden wir etwas mehr über den Geist gerade dieser Monate und die Rechtsprechung dieser Zeit erfahren müssen. Vielleicht war das alles ganz normal.

Sie aber trug die Qual, die ewige Niederlage
Als Last, als Krone, und sie schwieg.

So fern den andern, ihrem Prunk
                    aus Funkeln, Klang und Macht
Begann sie und entdeckte langsam
                           dem Beschauer
Die Lande Juda. Benjamin mit ihrer Völker
                               Trauer
Und die gestirnte große Nacht.

(Gertrud Kolmar, Esther, 1937)

6. Kapitel

Die Gleichsetzung von nationalsozialistischer Weltanschauung und dem Wertmaßstab, an welchem sich ab sofort auch die Gerichte zu orientieren hätten, begann mit der
Machtergreifung. Die Argumente kamen teilweise aus der
Rechtsprechung, teilweise wurden sie den Richtern mit
mehr oder minder großem Nachdruck von der Fachliteratur nahegelegt. Außerdem wurde selbstverständlich auch
politisch Einfluß genommen, offen und verdeckt. Verfolgt
man die veröffentlichten Entscheidungen, so begann die
Auseinandersetzung um den Einfluß der nationalsozialistischen Weltanschauung auf die Rechtsprechung mit dem
Berliner Handelsregister. Parallel hierzu lief die Welle der
Anfechtungen von sogenannten Rassenmischehen an.

Nach § 18 HGB durfte der Firma, also dem Namen des
Unternehmens, kein Zusatz beigefügt werden, der geeignet war, über die Art oder den Umfang des Geschäfts oder
die Verhältnisse des Geschäftsinhabers zu täuschen. Verstieß die Firma hiergegen, dann konnte sie nicht ins Handelsregister eingetragen werden; ergab ein Wandel in der
Verkehrsauffassung später einen Verstoß, dann waren die
Firma oder zumindest der Zusatz im Handelsregister zu
löschen. Eine Firma konnte in diesem Sinne von Anfang
an unzulässig sein oder es bei veränderter Verkehrsauffassung werden.

   Um eine Ersteintragung ging es bei der Firma »*Deutsches
Tuchhaus*«, der das Registergericht und das Landgericht
Berlin die Zulassung verweigerten mit der Begründung,
das Wort »deutsch« im Firmennamen habe früher für ein
Großunternehmen mit einem ausgedehnten Geschäfts-
betrieb im ganzen Reich und erhöhtem Betriebskapital

gestanden, während man jetzt – verkündet wurde die Entscheidung am 20. Oktober 1933 – darunter solche Betriebe verstehe,

»bei denen die Betonung ihres deutschen Charakters dem Auslande gegenüber besonders notwendig ist, bei denen also die Verbundenheit mit dem deutschen Volkstum und der gesamten deutschen Wirtschaft ein ausschlaggebendes Kennzeichen ist«[68].

Demgegenüber vertrat das Kammergericht in seinem Beschluß vom 21. Dezember 1933 die Auffassung, der Firmenzusatz »deutsch« sei regelmäßig von geringer Bedeutung und könne auch einfach so verstanden werden, daß die Geschäfte der Firma von Deutschland aus betrieben würden. Dem widersprach in einer Anmerkung heftig der Berliner Registerrichter Dr. Karl-August Crisolli und verwies auf seinen Aufsatz, wonach die jetzt vom Kammergericht vertretene Ansicht *»bereits in den Jahren des Tiefstandes der nationalen Gesinnung«* nicht der Verkehrsauffassung entsprochen habe.[69] Crisolli fährt fort:

»Es erweckt Befremden, daß das KG in seiner Entscheidung mit keinem Wort der umwälzenden Vorgänge des Jahres 1933 gedenkt, die … die Verkehrsanschauung beeinflußt haben müssen.«

Unmißverständlich stellt Crisolli fest:

»Nachdem das deutsche Volk in übergroßer Mehrheit in der Abstimmung vom 12. November 1933 sich zu den Anschauungen des Nationalsozialismus bekannt hat, erscheint es selbstverständlich, daß die Verkehrsanschauung auf den Anschauungen des nationalsozialistischen Gedankengutes aufbaut und diesen entsprechen muß. Gerade dadurch, daß die nationale Revolution auf legalem Wege, das heißt auf dem Wege der Überzeugung der großen Masse des deutschen Volkes, vor sich gegangen ist, ist bewiesen, daß sich das nationalsozialistische Gedankengut und die Überzeugung des großen Publikums decken.«

In einer Anmerkung von »G.« in der »Deutschen Notar-Zeitung« heißt es zu diesem Beschluß des Kammergerichts:

»Die Bedeutung des Firmenzusatzes ›deutsch‹ hat durch die Wandlung der Verkehrsanschauung eine wesentliche Änderung erfahren. Wer diese Änderung nicht glaubt feststellen zu können, verschließt seine Augen dem Neugewordenen. Er verkennt auch, daß die Verkehrsanschauung im Führerstaat wesentlich mitbestimmt ist und mitbestimmt sein muß, durch die herrschende politische Anschauung.«[70]

Ebenfalls im Dezember 1933 brachte die »Juristische Wochenschrift« auf der ersten Seite von dem hochberühmten Carl Schmitt *»Neue Leitsätze für die Rechtspraxis«*.[71] Der vierte Leitsatz befaßte sich mit den Generalklauseln und postulierte:

»Für die Anwendung und Handhabung der Generalklauseln ... sind die Grundsätze des Nationalsozialismus unmittelbar und ausschließlich maßgebend.«

In der Erläuterung hierzu heißt es:

»Die herrschenden Wertanschauungen und -auffassungen eines Volkes prägen sich stets in den Anschauungen und Auffassungen einer bestimmten führenden und maßgebenden Gruppe oder Bewegung aus. Herrschend, führend und maßgebend sind nicht Auffassungen und Anschauungen im allgemeinen, sondern die Anschauungen bestimmtgearteter Menschen. Im deutschen Staat der Gegenwart ist die nationalsozialistische Bewegung führend. Von ihren Grundsätzen aus muß daher bestimmt werden, was gute Sitten, Treu und Glauben, zumutbare Anforderungen, öffentliche Sicherheit und Ordnung usw. sind. Jeder einzelne Anwendungsfall dieser Begriffe hat sich daher an der Hand nationalsozialistischer Grundsätze auszuweisen und ist unter nationalsozialistischen Gesichtspunkten zu prüfen. Gegenüber den herrschenden nationalsozialistischen Anschauungen des deutschen Volkes andere, ihnen fremd oder gar feindliche Anschauungen geltend zu machen, wäre subjektive Willkür und ein gegen den nationalsozialistischen Staat gerichtetes politisches Unternehmen, es würde die Voraussetzung und Grundlage der richterlichen Unabhängigkeit, die Rechts- und Gesetzesgebundenheit des Richters, gefährden und zerstören.«

Man merkt: Weder die Verfasser der Anmerkungen noch Carl Schmitt kommen ohne Drohungen gegen die, die an-

ders zu denken wagen, aus. Diese Andersdenkenden ver-
schließen die Augen und verkennen das Neugewordene,
sie befremden und laufen Gefahr, sich an einem gegen den
neuen Staat gerichteten politischen Unternehmen zu beteiligen. Sie leben gefährlich, wenn sie nicht erkennen,
was sie gefälligst zu erkennen haben. Daran fügt sich der
letzte Leitsatz, mit dem Carl Schmitt verkündet:

»Der nationalsozialistische Staat ist ein gerechter Staat.«

Ende März 1934 veröffentlichte die »Juristische Wochenschrift« die Rede, die Carl Schmitt vor NS-Juristen gehalten hatte.[72] Sie stand unter dem Titel »*Nationalsozialismus
und Rechtsstaat*« und lieferte u. a. auch eine Erklärung zu
dem oben zitierten Leitsatz. Schmitt führte aus:

»Wir bestimmen also nicht den Nationalsozialismus von einem
ihm vorgehenden Begriff des Rechtsstaates, sondern umgekehrt
den Rechtsstaat vom Nationalsozialismus her.«[73]

Man war dabei, die Begriffsdefinitionen an sich zu reißen.
Gelang diese besondere Art der Machtergreifung, dann
war alles möglich, alles ließ sich damit »rechtfertigen«.
Noch einmal Carl Schmitt:

»Wir denken die Rechtsbegriffe um …
Wir sind auf der Seite der kommenden Dinge«[74]

Unter Hinweis darauf, daß jede Auslegung eine Auslegung im nationalsozialistischen Sinne sein müsse, rügte
Carl Schmitt ausdrücklich die Entscheidung des Kammergerichts vom 21. Dezember 1933 und rief den versammelten Mitgliedern des Nationalsozialistischen Deutschen
Juristenbundes zu:

»Alle unbestimmten Begriffe, alle sogenannten Generalklauseln
sind unbedingt und vorbehaltlos im nationalsozialistischen Sinne
anzuwenden. Es kann sich niemand darauf berufen, daß hierüber
noch kein Regierungsgesetz im Reichsgesetzblatt gestanden hat.
Die ›guten Sitten‹, ›Treu und Glauben‹, das ›Rechtsgefühl aller an-
ständig, billig und gerecht denkenden Menschen‹, die ›herrschenden Wertanschauungen der Zeit und des Volkes‹, und wie alle

diese Formeln lauten, sind ausnahmslos aus nationalsozialistischem Geiste an der Hand der Sätze des nationalsozialistischen Parteiprogramms in den Entscheidungsgründen der Urteile anzuwenden und darzulegen.«[75]

Am 25. September 1933 hatte ein Berliner Registerrichter den Zusatz »deutsch« bei der Firma »*Deutsche Goldfüllhalter*« von Amts wegen gelöscht, weil diese Firmierung täuschend sei. Das Landgericht bestätigte am 16. Februar 1934 den Beschluß, da nach der gewandelten Auffassung diese Firmierung nur zulässig sei, wenn das Geschäft »*für die Gesamtheit der Deutschen wesentlich*« sei. Eine gleichlautende Entscheidung erging am 9. März 1934 zu der Firma »*Deutsche Isolatoren und Apparate*«. In erklärter Abkehr von der »*früheren liberalistischen Auffassung von Staat und Volk*« kam die Beschwerdekammer des Berliner Landgerichts zu dem Ergebnis:

»Aber auch sonst wurde das deutsche Volk immer mehr und mehr davon durchdrungen, daß seine Volkheit im ganzen und in seinen Stämmen keine zufällige Zusammengehörigkeit ist, sondern eine heilige, von Gott geschaffene und gewollte Gemeinschaft. Dementsprechend wandelte sich auch die Vorstellung, die das deutsche Volk mit den die Volksgesamtheit bezeichnenden Worten verband. Mit dem Worte ›deutsch‹ verband man nunmehr die Vorstellung, daß die so bezeichnete Sache *für die Gesamtheit der Deutschen wesentlich* sei.«

Crisolli, der diese Entscheidung selbst eingesandt hatte und möglicherweise auch der erstinstanzliche Registerrichter war, lobte die damit eingeleitete Heiligsprechung des Firmenzusatzes »deutsch« mit den treffenden Worten:

»Sie entspricht dem Geist, der die Rechtsprechung in Zukunft durchströmen soll, und wird der von dem nationalsozialistischen Gedankengut beherrschten Verkehrsanschauung in vollem Umfange gerecht.«

Aber immer noch hielt das Kammergericht dagegen und schrieb kurz angebunden in seinem Beschluß vom 12. April 1934:

»Diese Auffassung geht offensichtlich viel zu weit.«

Es erinnerte das Landgericht mit herben Worten an den rechtlichen Ausgangspunkt, wonach es lediglich um eine registerrechtliche Frage gehe, und § 18 Abs. 2 HGB

»nicht einen für notwendig erachteten Wortschutz bestimmter Begriffe ermöglichen, sondern lediglich Täuschungen im Handelsverkehr, wie sie durch sachlich unwahre Firmenbezeichnungen hervorgerufen werden können, zur Verhütung einer Schädigung der beteiligten Kreise verhindern«

solle. Bei den bisher betrachteten Entscheidungen hatte die »Judenfrage« keine Rolle gespielt. Das war bei dem Dampfsäge- und Hobelwerk »*Germaniamühle*« anders. Die Gesellschafter dieser GmbH waren zwei jüdische Ehepaare. Am 24. April 1934 kam die Beschwerdekammer des Landgerichts Berlin zu der Erkenntnis, die Bezeichnung »*Germaniamühle*« sei geeignet, darüber hinwegzutäuschen, daß sämtliche Gesellschafter »*der jüdischen Rasse angehören*«. Und weiter:

»Nachdem heute nationalsozialistisches Gedankengut in alle Volkskreise getragen worden ist und einmütig aufgenommen wurde, wäre es nicht mehr angängig, in einem Namen wie ›Germaniamühle‹ einen farblosen Zusatz oder ein bloß schmückendes Beiwort zu erblicken. Sie stellt vielmehr nach der heute geltenden Verkehrsauffassung einen wichtigen Firmenbestandteil dar, aus dem auf die Rassezugehörigkeit der Firmeninhaber oder wie in vorliegendem Falle der Besitzer der Kapitalanteile geschlossen wird.«

Konnte das Kammergericht jetzt noch standhalten? Schon am 12. Juli 1934 zwang es das Registergericht, den Firmenzusatz »*Germania*« einzutragen. Crisolli machte gute Miene zu dem für ihn bösen Spiel und sah in dieser Entscheidung einen »*begrüßenswerten Fortschritt*«.[76] Er knüpfte seine Hoffnungen an den Satz des Kammergerichts:

»Der Senat verkennt keineswegs, daß das Wort ›deutsch‹ als Bestandteil einer Firma nach bereits bestehender, insbesondere in letzter Zeit entwickelter Verkehrsanschauung *unter Umständen* als

Hinweis auf die Rassezugehörigkeit der Geschäftsinhaber gedeutet wird; dies gilt insbesondere bezüglich der Ausdrücke ›deutsches Geschäft‹, ›deutsches Unternehmen‹ und würde wohl auch bei der Verwendung des Ausdrucks ›Deutsche Mühle‹ im allgemeinen anzunehmen sein.«

Dem folgte aber die Warnung:

»Hieraus kann man aber nicht folgern, daß jede Firmenbezeichnung, bei der in irgendeinem Zusammenhange das Wort ›deutsch‹ oder gar nur das Wort ›Deutschland‹ oder ›Germania‹ vorkommt, im Verkehr als auf die Rassezugehörigkeit der Inhaber hinweisend angesehen werde.«

Das war beachtlich, wenn man das Trommelfeuer von Anmerkungen der Berliner Registerrichter bedenkt. Beachtlich und bedenkenswert war auch der Raum, den die »Juristische Wochenschrift« jedesmal diesen Kommentaren einräumte. Es war eben nicht der Hund, der den Mond ankläffte, sondern hier wurde mit System gebellt. Die Frage war, wie lange das Kammergericht seine Linie durchhalten konnte, wobei anzumerken bleibt, daß diese Entscheidungen jeweils vom 1b-Senat des Kammergerichts gefällt wurden, der 1938 – freilich in anderer Besetzung – mit seiner Josua-Entscheidung und weiteren namensrechtlichen Beschlüssen ein weniger erfreuliches Bild bietet.

Am 25. Oktober 1934 ging es um eine seit 1907 bestehende Handelsgesellschaft unter der Firma »*Deutsche Lederindustrie Gebr. J.*«. Die Gebrüder J., Moses und Jakob, waren Juden. Das Registergericht in St. Goar wollte die Amtslöschung des Zusatzes »Deutsche«, das Landgericht Koblenz hatte diesen Beschluß bestätigt.

Das Kammergericht hob diese Entscheidungen auf, ließ aber dem Registergericht einen Ausweg. Dennoch ist die Klarheit hervorzuheben, mit der das Kammergericht »deutschtümelnden« Auffassungen eine Absage erteilt. Zur Frage, ob der Firmenzusatz »deutsch« irreführend oder sittenwidrig sei, führt es aus:

»Der Senat hält an der schon seinen früheren Entscheidungen zugrunde liegenden Auffassung fest, daß bei der Prüfung dieser Fragen unter Berücksichtigung der jeweiligen Umstände des einzelnen Falles behutsam vorgegangen werden muß. Es liegt, wie schon bei anderer Gelegenheit näher ausgeführt ist, keineswegs im Interesse der Gesamtheit des Volkes, daß die Führung des Zusatzes ganz allgemein von bestimmten engen sachlichen Voraussetzungen abhängig gemacht wird, welche einzelne Schriftsteller oder einzelne behördliche Stellen glauben aufstellen zu müssen.«

Behutsamkeit war ansonsten kein Zeichen der Zeit. Der Seitenhieb auf einzelne Schriftsteller bzw. behördliche Stellen war angesichts der offenkundigen Systemnähe dieser Stimmen ungewöhnlich. Es ist schwer zu sagen, ob damals Mut zu einer solchen Entscheidung gehörte. Wenn ja, dann war dieser Beschluß ein hervorragendes Beispiel für richterliche Unabhängigkeit, wenn nein, dann bleibt die Frage, warum andere so erbärmlich entschieden haben.

Zur Bedeutung des Zusatzes »deutsch« für die Rassenzugehörigkeit der Inhaber bezieht sich das Kammergericht zunächst auf seine Germaniamühle-Entscheidung und fährt fort:

»Die damit angedeutete Auffassung liegt in der Tat im Zuge der neueren Entwicklung. Die Bezeichnung ›deutsch‹ wird immer mehr in der Bedeutung von arisch im Gegensatz zu nichtarisch (jüdisch) verstanden. Es liegt daher in Fällen der vorbezeichneten Art für Publikum und Handelskreise regelmäßig nahe, in dem Zusatze ›deutsch‹ einen Hinweis auf die arische Abstammung des Geschäftsinhabers zu sehen.«

Damit schien alles klar: Die Inhaber der »Deutschen Lederindustrie Gebr. J.« waren Juden. Weil das aber klar war, nämlich aus dem Firmennamen »Gebrüder J.« hervorging, ergab sich »für jedermann klar und deutlich die nichtarische Abstammung der Inhaber«, und damit entfiel eine Täuschung über diese Eigenschaft der Inhaber. Der Beschluß des Landgerichts wurde aufgehoben.

Das konnte nicht endlos so weitergehen. Im Dezember 1933 wollten die jüdischen Inhaber der Firma »*J. L. und Sohn*«, wobei L. ein unverkennbar jüdischer Name war, nach Aufnahme des ebenfalls jüdischen Stiefbruders H. Müller in die Gesellschaft umfirmieren in »*H. Müller & Co.*« Das untersagten Amts- und Landgericht, weil die Firmenänderung unzulässigerweise lediglich den Zweck gehabt habe, die aus dem früheren Firmennamen »*hervorgehende jüdische Abstammung der Gesellschafter zu verdecken*«. Das aber sei sittenwidrig. Das Kammergericht schloß sich am 21. November 1935 dieser Ansicht an. Man kann den Gründen nicht entnehmen, daß dies mit besonderer Begeisterung geschah, eher spürt man ein gewisses Unwohlsein. So heißt es u.a.:

»Wenn auch ein Boykott jüdischer Geschäfte keineswegs im Sinne der Staatsführung liegt, die Firmenänderung also nicht deshalb unzulässig sein könnte, weil sie einem solchen Boykott vorbeugen soll, so muß es doch dem einzelnen Volksgenossen überlassen bleiben, seine Stellungnahme gegenüber dem Judentum durch Ablehnung jeder geschäftlichen Beziehung Ausdruck zu geben. Danach besteht in gewissem Umfange sogar schon allgemein das Bedürfnis einer Kennzeichnung jüdischer Geschäfte als solcher. Das Gesetz verlangt freilich eine derartige Kennzeichnung mindestens zur Zeit noch nicht.«

Das scheint die letzte Entscheidung dieser Art gewesen zu sein. In der juristischen Literatur sind danach keine Beschlüsse zu diesem Thema mehr zu finden.

Den verzweifelten Versuch, durch Namensänderung der Verfolgung als Jude zu entgehen, gab es nicht nur im Handelsrecht. Im Juli 1933 adoptierte in Berlin ein Mann mit dem unverdächtigen Familiennamen »Günther« den Stiefsohn seiner Schwester mit dem sehr jüdischen Familiennamen »Manasse«. Manasse war evangelisch und Frontkämpfer aus dem Ersten Weltkrieg, Sinn der Adoption sollte es u.a. sein, dem Stiefsohn der Schwester einen »*deutschklingenden Namen*« zu verschaffen.

Das hielt das Landgericht Berlin für sittenwidrig. Es mißbilligte die »*Verschleierung der nichtarischen Herkunft*« und betonte, daß es dem neuen Staat gerade umgekehrt um die »*Klarlegung der Herkunftsverhältnisse*« gehe, um die »*Scheidung der Fremdrassigen von den Ariern und die Fernhaltung der ersteren von den staatlichen Funktionen*« zu erreichen.

Wer in diesem neuen Staat etwas werden oder bleiben wollte, mußte erkennen, daß ein jüdischer Ehepartner hinderlich war. Da mußte zwischen Karriere und der persönlichen Bindung an einen anderen Menschen abgewogen werden. Je lockerer die Bindung inzwischen geworden war, um so gewichtiger wurde das Karriereargument. So wurde manchem »alten Kämpfer« erst allmählich klar, daß er mit einer Frau jüdischer Herkunft verheiratet war bzw. welche Bedeutung diese Herkunft im nationalsozialistischen Staat gewonnen hatte. Zu einer Ehescheidung reichte das selbstverständlich nicht aus. Der Staat hatte auch noch keinen gesetzlichen Ausweg geschaffen. Das Thema war schwierig.

Ein Gerichtsassessor Wöhrmann aus Münder am Deister – mehr wissen wir nicht von ihm – schlug als erster eine Lösung auf der Grundlage des geltenden Rechts vor, nämlich die Anfechtung solcher Ehen gem. § 1333 BGB.[77] Die Diskussion über die Anfechtung der sogenannten Rassenmischehe füllte von nun an bis 1936 die Fachzeitschriften und beschäftigte noch bis Ende 1939 die Gerichte. Dabei gab es zwei Probleme:

Die Anfechtung nach § 1333 BGB war zulässig, wenn sich ein Ehepartner über solche persönliche Eigenschaften des anderen geirrt hatte, die ihn bei Kenntnis der Sachlage und bei verständiger Würdigung des Wesens der Ehe von der Heirat abgehalten hätten. Trotz einiger Bedenken waren die meisten Stimmen bereit, in der »Rassezugehörigkeit« eine solche persönliche Eigenschaft zu sehen.[78] Wer also zum Beispiel nicht gewußt hatte, daß seine Frau Jüdin war, hatte einen Anfechtungsgrund. Damit war den wenigsten geholfen. § 1339 BGB schrieb eine

95

Anfechtungsfrist von sechs Monaten seit Entdeckung des Irrtums vor. Wer also im Juli 1932 oder früher entdeckt hatte, daß seine Ehefrau jüdischer Herkunft war, konnte im Februar 1933 nicht mehr anfechten, weil die Frist verstrichen war. Der Irrtum mußte also zeitlich verlagert werden, um die Anfechtungsmöglichkeit zu retten. Auch daran hatte Wöhrmann schon gedacht, als er schrieb:

»Zwar wird man einwenden, daß der arische Ehegatte ja vor der Eheschließung schon gewußt hat, daß der andere Ehegatte Jude war. Dieser Einwand greift nicht durch, denn noch vor kurzer Zeit war allgemein im Volke die Anschauung verbreitet, daß der Jude sich vom Arier nur durch seine Religion unterscheide, nur wenige Volksgenossen kannten die inneren Zusammenhänge der Rassenfrage, wußten um die Bedeutung des sog. Rassenverrats. Erst jetzt durch die neue Regierung, durch die neuen Gesetze zur Wiederherstellung des Berufsbeamtentums, die Gesetze über die Aufhebung der Zulassung jüdischer Rechtsanwälte und Kassenärzte, durch die allgemein bekannt gewordene Welthetze des Judentums gegen das erwachende Deutschland ist jedem Deutschen das Bewußtsein von der Notwendigkeit der eigenen Rassenreinheit gekommen. Hätte der arische Ehegatte die Bedeutung des Judentums erkannt, hätte er gewußt, daß im Dritten Reich die von ihm mit dem jüdischen Ehegatten erzeugten Kinder unter Fremdenrecht stehen und nicht die vollen Staatsbürgerrechte genießen würden, dann hätte er nie die Ehe geschlossen.«[79]

Oder er wäre ausgewandert.

In der Ende Oktober 1933 erschienenen Ausgabe der »Juristischen Wochenschrift« meldete sich der Berliner Landgerichtsrat Dr. Heinrich Jung[80] zu Wort und stellte einleitend fest, *»die Entwicklung der Dinge«* habe die Ehe zwischen Ariern und Nichtariern von einem Problem der Weltanschauung zu einem Rechtsproblem werden lassen. Er hatte Bedenken gegen die Anfechtungslösung, da ihm die Rassenverschiedenheit nicht in jedem Fall ein Anfechtungsgrund zu sein schien und da diese in den meisten Fällen längst bekannt gewesen sein dürfte. Er hielt es für rechtlich angemessener, in der Rassenverschiedenheit in Zukunft einen verschuldensunabhängigen Scheidungs-

grund zu sehen, vergleichbar etwa einer unheilbaren Gei-
steskrankheit. Jung war es wichtig, darauf hinzuweisen,
daß er seine Überlegungen schon vor Erscheinen des
Wöhrmann-Beitrages zu Papier gebracht hatte. Kritisch
merkte er zu dessen Beitrag an, daß

»der maßgebende Zeitpunkt für die Beurteilung des Anfech-
tungsanspruches nicht der Zeitpunkt vom April 1933, in dem das
Rassenproblem rechtlich gestaltet wurde, (sei), sondern vielmehr
der Zeitpunkt der Eingehung der einzelnen Mischehen«.

Es erscheine ihm nicht angängig, schrieb Jung, »die Dinge
in der Vergangenheit mit denselben Augen zu betrachten, wie
wir sie heute sehen und erkennen«. Im übrigen würde eine
solche radikale Anfechtungslösung »auch in den Augen des
Auslandes nicht als Rechtslösung erscheinen«.

Gegen einen neuen Scheidungsgrund, wie von Jung
vorgeschlagen, wandte sich der Hamburger Landgerichtsrat Adolph Schumacher, der die Gefahr des Mißbrauchs
sah und dies mit den Worten begründete:

»Es würde von ihm kein hübscher Gebrauch gemacht werden.«[81]

Er hielt eine gesetzliche Regelung für entbehrlich und
vertraute auf die Wirklichkeit des Alltags:

»Die rassische Zuspitzung unserer Tage wird übrigens in manchen Mischehen den Konfliktstoff so vermehren, daß bereits das
bestehende Scheidungsrecht zur Lösung ausreicht.«

Auch das Kammergericht hielt einen Irrtum über die Bedeutung der Rassenverschiedenheit in seinem Beschluß
vom 2. November 1933 für unerheblich. Der Fall hatte
eine besondere menschliche Dimension. Die Anfechtung
wurde von der Ehefrau betrieben, die nach der Heirat
wegen ihres Ehemannes zum Judentum übergetreten
war. Sie trug vor, erst durch das die Juden aus der Beam-
tenschaft ausschließende Gesetz vom 7. April 1933 zu der
Erkenntnis gekommen zu sein,

»daß es sich nicht um eine Religions-, sondern um eine Rassenfrage handle, und sie wäre die Ehe nicht eingegangen, wenn sie gewußt hätte, daß aus dieser Ehe hervorgehende Kinder in weitgehender Weise anderen Gesetzen unterlägen, als Kinder aus arischen Ehen«.

Damit war das Kammergericht nicht zu überzeugen. Es räumte zwar ein, daß

»mit dem Aufkommen der nationalsozialistischen Denkungsart ein Wandel auch in rassenmäßigen und rassen- und bevölkerungspolitischen Anschauungen eingetreten«

sei, dieser Wandel aber keinen Irrtum im Sinne von § 1333 BGB bedeute, es liege

»lediglich eine andere Auffassung über Eigenschaften derjenigen Personen vor, welche nicht arischer Abstammung sind, also eine Änderung in der Bewertung ihrer Rassenangehörigkeit«.

Ebenfalls am 2. November 1933 verkündete das Landgericht Köln ein ganz und gar anderes Urteil, das fest auf dem Boden der nationalsozialistischen Weltanschauung stand.[82] Daß Rassenzugehörigkeit eine persönliche Eigenschaft im Sinne des § 1333 BGB war, verstand sich für das Gericht von selbst, mußte aber in gehörigem Ton unterstrichen werden:

»Das neue Reich baut sich wesentlich auf der Zusammengehörigkeit des Volkes als Träger gemeinsamen Blutes auf. Wer fremden Blutes ist, kann nicht Volksgenosse sein. Ihm fehlt die wichtigste persönliche Eigenschaft dazu. Es ist selbstverständlich, daß bei verständiger Würdigung des Wesens der Ehe, als einer in erster Linie sittlichen und dem Fortbestande des Volkes dienenden Einrichtung, ein arischer Ehegatte die Ehe mit einem Angehörigen einer volksfremden – ja volksfeindlichen – Rasse nicht abgeschlossen haben würde, wenn ihm diese Sachlage zur Erkenntnis gekommen wäre.«

Nach diesem gewaltigen Vorspruch widmet sich das Landgericht dem Kläger, der zwar wußte, daß er eine Jüdin geheiratet hatte, dem aber die »*Erkenntnis des Wesentlichen*« fehlte. Damit stand der Kläger freilich nicht allein; denn, so das Gericht weiter:

»es ist leider unbestreitbar, daß die Bedeutung der Rasse, des Blutes und des Volkstumes bis vor kurzer Zeit nur einem verschwindend kleinen Kreise – selbst der sogenannten Gebildeten – in seiner ganzen Wichtigkeit klar geworden ist. Die liberalistische Denkweise, für deren Ausmerzung erst die Machtübernahme durch den Nationalsozialismus die Voraussetzungen geschaffen hat, betonte ja im Gegenteil die Gleichheit aller Rassen und erblickte ihr Ideal in einem Rassenchaos.«

In solchen Zeiten konnte der Kläger natürlich zur richtigen Erkenntnis nicht gefunden haben, die Frist zur Anfechtung konnte folglich noch nicht verstrichen sein. Darum:

»… ist die Erkenntnis der Rassenfragen erst nach der Machtübernahme durch den Nationalsozialismus und durch die von ihm betriebene systematische Schulung Allgemeingut des Volkes geworden«.

Hätte der Kläger als Nationalsozialist, der er mindestens seit März 1933 war, nicht spätestens dann die nötige Erkenntnis haben müssen? Nein, sagt das Landgericht:

»so ist das nicht richtig. Auch die großen Massen der Mitglieder der Bewegung sind über die Bedeutung von Rasse, Blut und Volk erst nach der Machtübernahme völlig aufgeklärt worden. Daß sie rein instinktmäßig eine Abneigung gegen fremde Rassen hatten, ersetzt nicht die ethische und verstandesmäßige Erkenntnis.«

Die weitere Kontroverse ist oft beschrieben worden.[83] Sie soll deshalb hier nicht erneut in allen Einzelheiten nachgezeichnet werden. Was an Übernahme nationalsozialistischen Gedankengutes, entsprechender Argumentation und Sprache alles »normal« war, mögen einige Beispiele zeigen.

Am 8. Februar 1934 wies das Kammergericht eine Klage mit der Begründung zurück, der Kläger habe schon seit dem Jahre 1926 die rassenbedingte Wesensverschiedenheit seiner Ehefrau gekannt, die Anfechtungsfrist sei daher längst abgelaufen. Maßfeller, ein im Reichsjustizministerium tätiger Amtsgerichtsrat, stellte in seiner Anmerkung hierzu fest, daß diese Entscheidung *»unser Rechtsgefühl nicht befriedigen kann«*, sie könne auch nicht richtig sein; denn, träfe sie zu, dann könnten all jene nicht mehr anfechten,

»die durch ihre Beschäftigung mit Rassenfragen oder durch frühzeitige Aufklärung schon vor mehreren Jahren zu einer klaren Beurteilung des Wesens und der Bedeutung der Rassen gelangt waren und sich deshalb zur Aufgabe der ehelichen Lebensgemeinschaft mit dem Angehörigen einer fremden Rasse gezwungen gefühlt haben ... Dagegen würden alle diejenigen, denen die Bedeutung der Rasse erst durch den Sieg des Nationalsozialismus in Deutschland und die Gesetzgebung des nationalsozialistischen Staates handgreiflich nahegebracht werden mußte, ihre früheren Fehler korrigieren können.«

Auf deutsch: Frühe Kenntnis der nationalsozialistischen Rassenlehre würde bestraft. »Handgreiflich« war mehr als treffend. Maßfeller fügt hinzu:

»denn darüber kann kein Zweifel bestehen, daß eine vor dem Jahre 1933 erhobene Anfechtungsklage ohne Erfolg geblieben wäre«.

Wohl wahr: Nur verstellt sich Maßfeller bewußt den Blick darauf, daß die Rechtslage, nahm man sie ernst, eben diese Anfechtungsgründe nie zugelassen hatte. Ihre Zulassung war ein Konstrukt des Geistes der Zeit, nämlich nationalsozialistischer Auffassung, was rechtens zu sein habe. Maßgebend, so Maßfeller, sei daher der Zeitpunkt,

»in dem der Irrtum von der Rechtsprechung überhaupt erst infolge des grundlegenden Wandels der sittlichen und kulturellen Anschauungen als Anfechtungsgrund anerkannt wird ... Für den mit der Bedeutung der Rassenfrage vertrauten Einzelnen war es ja in der Tat auch eine Art höherer Gewalt, daß die ihm gewordene Erkenntnis noch nicht ins Bewußtsein des Volkes gedrungen war. Nach dem Erwachen des Volksbewußtseins war für ihn überhaupt erst die Möglichkeit der Rechtsverfolgung gegeben.«

Maßfeller berief sich also auf eine Art Stillstand der Rechtspflege, während dessen der latent vorhandene Anfechtungsgrund wegen des noch schlummernden Volksbewußtseins nicht habe wirksam werden können. Auf dieser Linie gab das Oberlandesgericht Karlsruhe der Anfechtung in einem Urteil vom 2. März 1934 statt und führte zur gewandelten Erkenntnis von der Bedeutung der jüdischen Abstammung der Ehefrau aus:

»Man hat erkannt, daß die jüdische Rasse hinsichtlich des Blutes, des Charakters, der Persönlichkeit und der Lebensauffassung etwas ganz anderes ist als die arische, und daß eine Verbindung mit einem Angehörigen dieser Rasse für die arische Rasse nicht nur unerwünscht, sondern verderblich und unnatürlich ist, weil sie den Arier in die Gefahr bringt, sich seinem Volkstum zu entfremden und artfremde Kinder zu erzeugen.«

Für die Anfechtungsfrist sei daher der Zeitpunkt maßgebend, »in dem der zur Anfechtung berechtigende Umstand in seiner Totalität erkannt worden ist«.

Dieses Urteil wurde vom Reichsgericht am 12. Juli 1934 aufgehoben. Der Kläger – das wird erst aus dieser Veröffentlichung deutlich –, ein früherer evangelischer Pfarrer, hatte im Sommer 1930 eine achtzehn Jahre jüngere Jüdin geheiratet, die seinetwegen wenige Tage vor der Hochzeit zur evangelischen Religion übergetreten war. Schon im Frühjahr 1931 wollte er geschieden werden, außerdem versuchte er die Ehe wegen der angeblich stark hysterischen Veranlagung seiner Ehefrau anzufechten. Die Klage war abgewiesen worden. Dank der nationalsozialistischen Revolution war ihm inzwischen die Erkenntnis von dem Unterschied »zwischen der deutschen und der jüdischen Rasse« gekommen, so daß er im August 1933 seine Anfechtung nunmehr darauf stützte. Das Reichsgericht hielt davon – und wohl auch von diesem Kläger – im

Unterschied zu den Karlsruher Richtern wenig. Der Kläger habe seine Frau in voller Kenntnis ihrer Abstammung von jüdischen Eltern geheiratet, ein Irrtum sei nicht anzuerkennen.

»Als er die Beklagte kennenlernte, war er Pfarrer a.D. in reifen Jahren und bereits Mediziner, und zwar, wie zuletzt nicht mehr bestritten worden ist, in höheren Semestern. Er muß bei solcher Vorbildung den Rassenunterschied gekannt und muß auch die Grundbegriffe der Biologie kennengelernt haben. Daß der Kampf gegen die jüdische Rasse im Staat zum Programm der nationalsozialistischen Partei gehört, war allgemein bekannt, und wer, wie der Kläger, eine jüdische Frau gegen den Willen seiner Angehörigen heiraten will, mußte besonders dazu gedrängt werden, sich über das Rasseproblem zu unterrichten.«

Das Reichsgericht erkannte aber mit dieser und der am gleichen Tage verkündeten Entscheidung zu dem oben behandelten Fall des Kammergerichts den Bedeutungsirrtum als Anfechtungsgrund an und nahm als Stichtag für den Beginn der Anfechtungsfrist den 15. April 1933 an. Das Eis war höchstrichterlich gebrochen. Mit der Anerkennung des Irrtums über die Bedeutung der jüdischen gegenüber der arischen Rasse als Grund zur Eheanfechtung und der Verlagerung der Erkenntnis in die Zeit nach der Machtübernahme hatte das höchste deutsche Gericht im Kern die Argumentation des Nationalsozialismus übernommen. Der weitere Weg der Rechtsprechung war damit vorgezeichnet.

Am 5. November 1934 erläuterte das Oberlandesgericht Celle eingehend, wie sich dieser Erkenntnisprozeß abgespielt und welche Widerstände er zu überwinden gehabt hatte, so daß nur von alten Parteimitgliedern eine frühe Kenntnis der Bedeutung der Rassenverschiedenheit angenommen werden könne.

»Allen anderen Menschen wurde von den verschiedensten Seiten das Programm der NSDAP als mit den wissenschaftlichen Forschungen, den geschichtlichen Vorgängen und den Tatsachen nicht in Einklang stehend dargestellt. Sie sahen es immer wie-

102

der als Gegenstand heftigster Kritik im Brennpunkt politischen Kampfes stehen. Sie beschäftigten sich nicht mit ihm, um zu einer klaren Erkenntnis zu gelangen, sondern beschränkten sich auf eine oberflächliche Kenntnisnahme oder suchten durch Gegenargumente, die ihnen von allen Seiten dargeboten wurden und die sie wahllos aufgriffen, ihre inneren Zweifel zu beseitigen, die unter der Wucht leidenschaftlicher Propagandareden doch hier und da aufgetreten waren. Erst durch die eindringliche, sachlichwissenschaftliche Aufklärung der letzten eineinhalb Jahre ist die Erkenntnis des Rasseproblems in weiteste Bevölkerungskreise gedrungen.«

Bei dem Kläger war – verständlich nach diesen Anfechtungen – diese Erkenntnis

»erst in dem Augenblick vollkommen, als (er) nach der nationalen Revolution und seinen (!) Eintritt in die SA. sachliche und eindringliche Aufklärung erhielt«.

Mit seinem Urteil vom 8. Mai 1935 schwenkte auch das Kammergericht auf die Anfechtungslinie ein. Zur Frage der Frist weist es darauf hin,

»daß die früheren antisemitischen Strömungen vielfach nur religiösen Charakter hatten und auch nur geringe Verbreitung im Volke gefunden haben. Dem Volk in seiner großen Masse war das Rassenproblem unbekannt.«

Das gänzlich verwandelte Kammergericht – es ist der 20. Zivilsenat, der mit den früheren Entscheidungen nicht befaßt war – hebt zu einer Hymne über die erfolgreiche Durchsetzung dieser Gedanken an, wie sie in einem Urteil nichts verloren hatte:

»Der Leidensweg der vierzehn Kampfjahre mußte durchschritten werden, bis der Führer aus kleinsten Anfängen das Volk in seiner Gesamtheit hinter sich gebracht hatte. Viele bekannten sich zu ihm nicht in voller Überzeugung von der Richtigkeit aller Punkte des Parteiprogramms, sondern weil sie dies oder jenes für erstrebenswert hielten, während sie anderem gleichgültig gegenüberstanden. Gerade die nationalsozialistische Rassenlehre hat den heftigsten Widerstand gefunden. Die jüdische Presse, zahlreiche Geistliche und alle anderen politischen Parteien bekämpften sie am schärfsten, verzerrten und verspotteten sie.«

Der Leidensweg dessen, der bekämpft und verspottet wurde, sich aber endlich glorreich durchsetzte, war dem Leser des Neuen Testaments bekannt. Die Ähnlichkeit ist nicht rein zufällig, mag sie auch unbewußt in das Urteil eingeflossen sein.

Das Reichsgericht brachte es in seinem Urteil vom 22. August 1935 fertig, einer Anfechtung in einem Fall stattzugeben, in dem ungeklärt blieb, ob die Ehefrau überhaupt jüdischer Abstammung war. Der Kläger hatte behauptet, seine Ehefrau sei das uneheliche Kind eines jüdischen Viehhändlers, der die bei den Eltern des Viehhändlers angestellte Kindesmutter vergewaltigt habe. Erwiesen war diese Verwandtschaft nicht, es kam auch ein nichtjüdischer Vater in Betracht. Zu klären war das nicht mehr, weil beide möglichen Väter nicht mehr lebten. Was blieb, war die Ungewißheit. Das aber genügte dem Reichsgericht. Nach einem »*erweiterten Begriff der persönlichen Eigenschaft*« liege ein erheblicher Irrtum auch vor, »*wenn der rassische Ursprung einer Person insofern in ein unaufklärbares Dunkel gehüllt ist*«.

Allmählich ebbten diese Verfahren ab. Die Anfechtungsfrist des § 1339 BGB war zwar auf ein Jahr verlängert worden, aber auch diese Frist war inzwischen abgelaufen. Die Nürnberger Rassengesetze verboten zwar Ehen zwischen Ariern und Juden, brachten aber nichts zur erleichterten Ehescheidung oder Anfechtung für Rassenmischehen. Das Ehegesetz trat in Kraft.[84] § 37 EheG übernahm im wesentlichen die Anfechtungsmöglichkeit des früheren Rechts. Das Oberlandesgericht Nürnberg mußte sich Anfang 1939 mit einem Anfechtungsfall befassen, in dem, wie üblich, der Kläger selbstverständlich längst wußte, mit wem er verheiratet war und was es bedeutete, eine Jüdin zur Frau zu haben. Eigentlich gab es rechtlich keine Möglichkeit zur Anfechtung mehr. Das Gericht aber wußte einen Ausweg:

»Nachdem (der Kläger) sich einmal mit den Nürnberger Geset-zen abgefunden und die Ehe durch die Fortsetzung des ehelichen Verkehrs bestätigt hatte, hätte eine Klage auf Grund des früheren § 1333 BGB wohl kaum einen Erfolg versprochen. Erst das neue EheG und die neuen Umstände infolge des Pariser Attentats er-möglichen die Aufhebung. Nach Entdeckung seines Irrtums über die Bedeutung der jüdischen Rasse im Zusammenhang mit den Entwicklungen des Pariser Attentats hat er nicht zu erkennen ge-geben, daß er die Ehe fortsetzen will.«

Die »neuen Umstände infolge des Pariser Attentats«, also des Attentats des Juden Herszel Grynszpan auf einen An-gehörigen der deutschen Botschaft in Paris, waren die Reichspogromnacht vom 9./10. November 1938 und die darauf folgenden »durchgreifenden Maßnahmen« gegen die deutschen Juden. Man muß es für möglich halten, daß das Gericht mit diesem Urteil sogar beiden Seiten helfen wollte. Es muß nicht als hämischer Seitenhieb gemeint gewesen sein, wenn es heißt:

»Niemand hat ein Interesse an der Aufrechterhaltung dieser Ehe, weder die Parteien selbst, noch der Staat, noch die Volksgemein-schaft. Kinder sind nicht vorhanden, und Mischlinge sind durch die Fortsetzung der Ehe nicht erwünscht.[85] Der Mann ist erst 34 Jahre alt, er kann eine arische Frau heiraten und von ihr arische Kinder bekommen. Die Frau erhält ihre Selbständigkeit zurück, und die Auswanderungsmöglichkeit wird ihr dadurch wohl er-leichtert.«

Man wüßte gerne, ob ihr wenigstens das gelungen ist.
    Auf das Attentat von Paris hob schließlich auch das Oberlandesgericht München in seinem Urteil vom 11. De-zember 1939 ab. Der Kläger, »ein bekannter Schriftsteller«, gab an, erst im Herbst 1938 sei ihm »dies Wissen«, nämlich die »volle Kenntnis über die Folgen und Auswirkungen der fremden Rassezugehörigkeit seiner Ehefrau … geworden«. Das Gericht wollte ihm trotz der Aufklärung über die Bedeu-

tung der Judenfrage glauben, »*daß er auch nach den Nürnberger Gesetzen die Bedeutung des Umstandes für seine Ehe verkannt hat, daß seine Frau Volljüdin ist*«. Es berücksichtigte dabei,

> »daß der Kläger in langjähriger guter, kindergesegneter Ehe lebte und somit hoffen konnte, daß diese sich aufrechterhalten ließe. Das änderte sich aber mit den Herbstereignissen des Jahres 1938. Infolge der frevelhaften Mordtat des Juden Grünspan und der hierdurch ausgelösten Volksbewegung ergingen eine ganze Reihe von gesetzlichen Vorschriften. Diese stellten nicht etwa bloß eine Verschärfung der Judengesetzgebung dar, sondern eine einschneidende Änderung, die unmittelbar die Ausschaltung der Juden aus jeder und sei es auch nur wirtschaftlichen Gemeinschaft der Deutschblütigen bezweckt.«

Erst jetzt, da die Fortsetzung der Ehe mit einer Jüdin, wie das Oberlandesgericht anerkennt, sein ganzes wirtschaftliches Dasein als Schriftsteller unmöglich gemacht hätte, konnte er die »*Auswirkung der Fremdrassigkeit seiner Ehefrau*« ganz erkennen.

> »Er hat daraus sofort die Folgerungen gezogen: Anfang Januar 1939 hat er ja in die Trennung von der Beklagten und in deren und seiner Kinder Auswanderung gewilligt.«

Daß die Tat eines Einzelgängers, wie Herszel Grynszpan es war, irgend etwas zur Erkenntnis der Bedeutung der Rassenverschiedenheit hätte beitragen können, hat sicher auch das Gericht in München nicht geglaubt. Eine Volksbewegung hatten trotz erheblicher propagandistischer Bemühungen die Schüsse vom 7. November 1938 nicht ausgelöst. Die sogenannte »Reichskristallnacht« war von Anfang bis Ende eine gesteuerte Aktion der NSDAP und ihrer Hilfstruppen. Die anschließend produzierten Gesetze »legalisierten« den letzten großen wirtschaftlichen Raubzug gegen die deutschen Juden. Aus der »*Gemeinschaft der Deutschblütigen*« waren sie spätestens seit den Nürnberger Gesetzen ausgeschlossen, und von der Rechtsprechung des Dritten Reiches auch sonst. Neu war daran im Herbst 1938 nichts. Die Anfechtung hätte im Falle dieses bekannten Schriftstellers, wer immer es gewesen sein mag, keinen Erfolg haben dürfen. Vielleicht entsprach dennoch der Ausgang dieses Prozesses den damaligen Interessen beider Teile. Vielleicht war es aber auch eine große Schurkerei, zu der die Justiz mit einem eindeutigen Fehlurteil Beihilfe leistete.

Und da Haman sah, daß Mardochai ihm
nicht die Kniee beugte, noch vor ihm nieder-
fiel, ward er voll Grimms.
Und er verachtete es, daß er an Mardochai
allein sollte die Hand legen; denn sie hatten
ihm das Volk Mardochais angesagt; sondern
er trachtete, das Volk Mardochais, alle Juden,
so im ganzen Königreich des Ahasveros waren, zu vertilgen.

(Das Buch Esther 3, 5 und 6)

7. Kapitel

Ein weiteres trauriges Kapitel von Preisgabe der Rechtsprechung an den NS-Staat wurde im Mietrecht geschrieben. Auch hier geht es um das Zusammenleben von Menschen mit all seinen Problemen, zu denen die Justiz als Ultima ratio ein Urteil als Lösung finden soll.

Ein »*Direktor eines großen Tapetenunternehmens und Parteigenosse*« hatte im März 1937 eine Wohnung in einem Mehrfamilienhaus in Köln gemietet, es sich vor dem Einzug aber anders überlegt und den Vermieter darum gebeten, ihn aus dem Mietverhältnis zu entlassen. Dieser sagte zu, sobald er einen Ersatzmieter gefunden habe, sei das Mietverhältnis beendet, bis dahin müsse aber die Miete gezahlt werden. Das war für den Tapetendirektor lästig und teuer, entsprach aber der Rechtslage.

Als dieser erfuhr, daß der Vermieter inzwischen eine andere Wohnung in dem Mehrfamilienhaus an ein jüdisches Ehepaar vermietet hatte, sah er seine Chance gekommen und focht den Mietvertrag wegen arglistiger Täuschung und wegen Irrtums an, außerdem sah er in dem jüdischen Mitmieter einen Mangel der Mietsache. Es sei für ihn unzumutbar, mit Juden unter einem Dach zu wohnen. Als der Vermieter die ausstehenden Mieten einklagte, wies das Landgericht die Klage mit eben dieser Begründung ab.

Das Oberlandesgericht Köln durchschaute, daß der zahlungsunwillige Mieter seine Bedenken gegen die jüdischen Mitmieter nur vorgeschoben hatte, und relativierte das Argument, das es dem Beklagten ohnehin nicht abnahm, erheblich:

»Es ist zweifellos zutreffend, daß jeder deutsche Volksgenosse bestrebt sein soll und heute auch bestrebt ist, die Gemeinschaft mit Juden nach Möglichkeit zu meiden. Die gänzliche Aufhebung einer jeden solchen Gemeinschaftlichkeit ist aber z. Z. nicht durchführbar und wird – solange Juden in Deutschland leben – vielleicht auch niemals durchführbar sein. Es ist daher in jedem Einzelfall zu prüfen, ob und unter welchen Voraussetzungen eine lockere Beziehung zu Juden noch tragbar und mit den Pflichten eines rassebewußten Volksgenossen vereinbar ist.«

Im Falle des Tapetendirektors sah das Gericht das Wohnen in einem Mehrfamilienhaus, in dem *»unter sonst arischen Mietern auch eine jüdische Familie wohnt«*, nicht als unzumutbar an. Es war der Auffassung,

»daß unter Umständen der hier obwaltenden Art bei einem großen Teil der Volksgenossen nicht die Auffassung vorherrscht, es sei für einen deutschen Volksgenossen schlechterdings unzumutbar, mit einem Juden unter einem Dache zu wohnen«.

Wer, wie der Beklagte, das anders sehe, müsse seinen Vertragspartner vorher darauf hinweisen. Mit dieser Entscheidung fing sich das Oberlandesgericht Köln eine harte Kritik des Mietrechtlers Kiefersauer ein. Das Gericht habe die Bedeutung der Rassenfrage für den Volksgenossen verkannt. Zwar sei die Einstellung zum Rassenproblem zunächst eine persönliche Angelegenheit jedes einzelnen.

»Der Rassengedanke als solcher aber bildet die tragende Idee der nationalsozialistischen Bewegung. Die Aufklärungsarbeit der NSDAP ist deshalb bemüht, den deutschen Volksgenossen von der Notwendigkeit rassischer Einstellung des deutschen Volkes zu überzeugen. Daß heute in weiten Kreisen die Bedeutung des Rassenproblems noch nicht erkannt wird, ist eine nicht zu leugnende Tatsache.«[86]

Von weitreichender Bedeutung war Kiefersauers Schlußbemerkung zur *»Idee der Hausgemeinschaft«*:

»Dem rassebewußten Volksgenossen kann aber ein solches Zusammenleben mit Nichtariern nicht zugemutet werden. Für ihn besteht subjektiv keine Gemeinschaft mit jüdischen Hausgenossen. Darüber hinaus aber kann vom nationalsozialistischen Standpunkt aus eine *Hausgemeinschaft* überhaupt *nur zwischen deutschen Volksgenossen* anerkannt werden. Die Idee der Hausgemeinschaft

... gibt daher bereits nach geltendem Recht *jedem deutschen Volks-genossen* das *Recht,* das Zusammenleben mit Juden im gleichen Haus *abzulehnen.*«

In einem anschließenden Verfahren ging es noch einmal um diesen nie abgewohnten Mietvertrag, nämlich um die Restmiete für die letzten beiden Monate vor Einzug des Er-satzmieters. Hier hatte das Landgericht Köln als Berufungs-gericht freie Hand und billigte am 11. Mai 1938 dem Mieter ein Recht zur fristlosen Kündigung wegen des jüdischen Mitbewohners zu. Es klopfte zuerst mit holprigen Propa-gandasprüchen dem beklagten Parteigenossen gleichsam auf die Schulter:

»Der Rassengedanke ist tragende Idee der nationalsozialistischen Bewegung und durchdringt alle Lebensverhältnisse, ganz beson-ders aber die Lebensverhältnisse des Beklagten als Mitglied der NSDAP. Als solches gehört er zu den rassebewußten Volksgenos-sen, denen ein Zusammenleben mit Nichtariern nicht zugemutet werden kann ... Es muß die Tatsache genügen, daß der Volksgenos-se sich zum Rassenstandpunkt bekennt und deshalb das Zusam-menwohnen mit Juden in einem Hause ablehnt. Etwas anderes kann von dem Beklagten als einem Mitgliede der NSDAP nicht er-wartet werden. Da der Rassengedanke die tragende Idee der natio-nalsozialistischen und ganz Deutschland beherrschenden Bewe-gung ist, stellt es keineswegs eine Sorglosigkeit des Beklagten dar, daß er seine Einstellung zum Rasseproblem dem Kläger gegenüber bei der Anmietung nicht hervorgehoben hat.«

Folglich sei es Sache des Vermieters,

»ohne Aufforderung darüber aufzuklären, ob in dem Hause, in dem er Räume vermietet, Nichtarier Räume inne haben würden, bzw. vor Abschluß eines Mietvertrages mit einem Nichtarier die übrigen Mieter von einer solchen Absicht vorher zu verständigen«.

Dem folgt die wörtliche Übernahme der Anmerkung von Kiefersauer:

»Dies ist der Vermieter der Idee einer vertrauensvollen Haus-gemeinschaft schuldig, da es für einen rassebewußten Volksge-nossen subjektiv eine Gemeinschaft mit jüdischen Hausgenossen nicht gibt und vom nationalsozialistischen Standpunkt eine Hausgemeinschaft nur zwischen deutschen Volksgenossen oder dem deutschblütigen Artverwandten anerkannt werden kann. Die Idee der Hausgemeinschaft gibt daher bereits nach geltendem Recht jedem deutschen Volksgenossen das Recht, das Zusammenleben mit Juden im gleichen Hause abzulehnen.«

Damit war auch schon vorgezeichnet, wie Mietverhältnisse mit jüdischen Mietern vorzeitig beendet werden konnten. Allerdings galt der gesetzliche Mieterschutz. Nach § 2 des Mieterschutzgesetzes konnte der Vermieter eine Aufhebung des Mietverhältnisses nur verlangen, wenn sich der Mieter einer erheblichen Belästigung des Vermieters oder eines Hausbewohners schuldig gemacht hatte.

Das Amtsgericht Halle löste das Problem in seinem Urteil vom 18. August 1938 über die Hausgemeinschaft. Diese erfordere, daß Vermieter und Mieter gleichermaßen »*von demselben Geiste und denselben Zielen durchdrungen sind, wie sie von dem nationalsozialistischen Staate vertreten werden*«. Eine wahre Hausgemeinschaft sei »*mit Personen jüdischer Herkunft wegen des bestehenden Rassenunterschiedes schlechterdings unmöglich*«. Um diese Hausgemeinschaft herzustellen, müsse folglich der Vermieter berechtigt sein, jüdische Mieter auszuschließen und zur Räumung aufzufordern. Jetzt mußte noch die Einordnung in das Mieterschutzrecht gefunden, dem jüdischen Mieter also eine erhebliche Belästigung vorgeworfen werden. Dazu reichte dem Amtsgericht in Halle die mangelnde Einsicht des Mieters in die Notwendigkeit:

»Leistet ein solcher Mieter jüdischer Abstammung dem Räumungsverlangen des Vermieters keine Folge, und lehnen die Mieter arischer Abstammung eine Hausgemeinschaft mit ihm ab, so stört er damit die zwischen dem Vermieter und den anderen Mietern arischer Abstammung bestehende Hausgemeinschaft und macht sich durch sein weiteres Wohnenbleiben diesen gegenüber einer erheblichen Belästigung im Sinne des § 2 MietSchG schuldig.«

Man muß sich dabei klarmachen, daß das erste Räumungsverlangen des Vermieters auch aus der Sicht des Amtsgerichts Halle nur politisch motiviert und rechtlich nicht begründet war. Durch die Weigerung, dieser unberechtigten Aufforderung zu folgen, wandelte sich das berechtigte Wohnen zu einem belästigenden Wohnenbleiben und damit zu einem Kündigungsgrund. Diese Begründung machte Schule und führte zu noch weitergehenden Überlegungen der Mietgerichte.

Das Amtsgericht Charlottenburg gab am 3. September 1938 der Räumungsklage einer Gemeinnützigen Wohnungsbaugenossenschaft statt, die die erhebliche Belästigung darin sah,

»daß der jüdische Beklagte im Gegensatz zu 46 anderen jüdischen Mietern, welche ihre Wohnungen bereits freiwillig geräumt haben, sich beharrlich weigert, im Wege freier Vereinbarung das Mietverhältnis aufzulösen, obwohl eine Hausgemeinschaft des Beklagten als Juden mit den nur noch aufgenommenen arischen Mietern bei der ausgesprochenen Feindschaft des Judentums zum deutschen Volke nicht möglich ist, auch die arischen Mieter über diesen für sie unerträglichen Zustand dauernd Beschwerde führen«.

Das wurde vom Gericht bestätigt. Ähnlich das Amtsgericht Schöneberg in einem Urteil vom 16. September 1938, in dem es auf die Bedeutung der Hausgemeinschaft für den Luftschutz verwies:

»Ihre außerordentliche Bedeutung dürfte heute besonders klar werden. Ihre Stellung im Luftschutz ist bei den möglichen Auswirkungen der feindlichen Luftkriegsführung auf die zivile Bevölkerung dafür besonders kennzeichnend. Die wirksame gegenseitige Unterstützung der Hausgenossen untereinander in Notzeit setzt eine wahre Hausgemeinschaft voraus. Die Gemeinschaft ist für den Widerstandswillen und die Widerstandskraft des Volkes in schwerer Zeit von nicht zu überschätzender Bedeutung und damit ein wesentliches Element der deutschen Volksgemeinschaft. Die Begründung und Erhaltung der Hausgemeinschaft dient daher der deutschen Volksgemeinschaft ... Der Jude gehört nicht zur deutschen Volksgemeinschaft. Der jüdische Mieter kann infolge seiner persönlichen Eigenschaft als Jude keine Hausgemeinschaft bilden. Eine Hausgemeinschaft mit ihm kann gerade in schweren

Zeiten des Kampfes des deutschen Volkes die ihr gestellte Aufgabe nicht erfüllen. Der Jude verhindert damit als Mieter die Bildung einer alle Hausbewohner umfassenden Gemeinschaft.«

Darin sah das Gericht das nach dem Wortlaut des § 2 des Mieterschutzgesetzes erforderliche Verschulden. Dem mochte das Landgericht Berlin nicht folgen; denn:

»Die Tatsache, daß ein Jude ein (!) Fremdkörper innerhalb der deutschen Hausgemeinschaft darstellt und ihm die innere Einstellung zu einer Gemeinschaft mit Deutschen fehlt, beruht auf einer Eigenart der jüdischen Rasse, also einer erbbiologischen Tatsache, nicht jedoch auf einem Verschulden des jüdischen Volkes oder des einzelnen Juden.«

Für das Berliner Gericht konnte das Problem nur radikal gelöst werden. Nicht die Auslegung der Mieterschutzbestimmungen konnte die Antwort bringen, sondern die grundsätzliche Nichtanwendung dieser Vorschriften auf jüdische Mieter. Das war zwar rechtlich unhaltbar, aber was machte das schon, wenn man im rechten Glauben war. Tatsache war, daß durch den Mieterschutz die Auflösung von Mietverträgen erschwert wurde ohne Ansehung der Person des Mieters. Dazu das Landgericht Berlin im Urteil vom 7. November 1938:

»Dies aber steht der weltanschaulichen Forderung entgegen, daß *alle* Gemeinschaftsverhältnisse mit Juden möglichst schnell beendet werden müssen. Die Anwendung des MietSchG auf jüdische Mieter ist deshalb abzulehnen.«

Denn – die Formel kennen wir inzwischen:

»Eine Gemeinschaft mit Juden wird von deutschen Volksgenossen grundsätzlich abgelehnt, und zwar sowohl das Zusammenwohnen mit Juden, wie überhaupt *jede* Art von Gemeinschaft. Dies ist durch die nationalsozialistische Bewegung im deutschen Volk fest verankert und nicht nur ein Programmsatz, bei dem erst bestimmt wird, wann er durchgeführt wird, sondern ein *Rechtssatz*, der bereits jetzt gilt.«

Das Landgericht setzte die »*weltanschauliche Forderung*« über das Gesetz. Daß die Nürnberger Gesetze und die anderen gegen die Juden gerichteten staatlichen Regelungen die Mietverhältnisse mit Juden bis jetzt unangetastet gelassen hatten, war für das Landgericht Berlin ebenfalls kein Argument. Nicht mehr ganz drei Tage vor der Reichspogromnacht schrieb es ahnungsvoll:

»Es ist nicht richtig, daß die Stellung der Juden durch die Nürnberger Gesetze endgültig geregelt worden ist. Die Nürnberger Gesetze waren nur ein Anfang. Die Entwicklung ist aber noch nicht beendet. Auch die Ansicht, daß jede einzelne Maßnahme gegen die Juden nur von der Regierung angeordnet werden könne, ist nicht zutreffend. Wollte man dem beitreten, so würde eine Auslegung der Gesetze zuungunsten der Juden nicht stattfinden dürfen und die Juden hierdurch besonders geschützt sein. Es liegt auf der Hand, daß das nicht der Sinn der Sache ist.«

Man muß, so grotesk es anmutet, diesem Berliner Gericht, das anscheinend genauer wußte, was Sinn der Sache war, Roland Freisler entgegenhalten. Dieser Fanatiker unter den Nazijuristen hatte 1933 in seinem Aufsatz über »Recht, Richter und Gesetz« vor richterlichem Übereifer und vorauseilendem Gehorsam gewarnt:

»Deshalb kann es nie Aufgabe des Richters sein, dem Gesetz entgegen zu entscheiden, auch dann nicht, wenn er das geschriebene Gesetz als unvereinbar mit nationalsozialistischer Auffassung hält. Der einzelne Richter kann nicht wissen, ob seine Auffassung von gegebenen Notwendigkeiten, von richtigen oder unrichtigen Lösungen schwebender Fragen, vom Geboten des Nationalsozialismus im einzelnen die des Führers ist. Und er kann darüber hinaus nicht wissen, warum der Führer diese oder jene Frage bisher noch nicht der Lösung entgegengeführt hat, die sie betreffenden Normen also so belassen hat, wie sie sie vorfanden.«[87]

Das stramme Urteil des Landgerichts Berlin wurde in der »Juristischen Wochenschrift« veröffentlicht wie auch die auf der gleichen Linie, wenn auch weniger radikal, liegenden Urteile der Berliner Amtsgerichte Charlottenburg und Schöneberg, der Amtsgerichte Nürnberg oder Hamburg-Altona. Von abweichenden Entscheidungen, in denen die Belästigung durch jüdische Mieter oder das Verschulden verneint wurden, sind nur einige als abschreckende Beispiele mittelbar überliefert.[88] Das gilt auch für das Urteil des Amtsgerichts Spandau vom 1. Oktober 1938, das die Aufhebung des Mietverhältnisses mit einem jüdischen Mieter verweigerte und dabei ausführte:

»Der Führer und die übrigen zuständigen Reichsstellen haben bisher noch kein Gesetz und keine Verordnung erlassen, nach denen für die jüdischen Mieter das MietSchG keine Anwendung findet.«[89]

Das Nürnberger Gericht war sogar noch weiter gegangen und hatte das Zivilrecht sozusagen als weltanschauungsfreien Raum reklamiert und in seinem Urteil vom 6. Mai 1938 standhaft geschrieben:

»Öffentlich-rechtliche Bestimmungen politischer Art sind aber hier, wo es sich um ein bürgerlich-rechtliches Mietsverhältnis handelt, nicht anwendbar.«[90]

Diese »Frechheit« und die Entscheidung des Landgerichts Berlin, das die Meinung vertreten hatte, wenn schon die Nürnberger Gesetze zur Kündigung von jüdischen Mietern berechtigten, dann hätte der Vermieter innerhalb angemessener Frist diese Möglichkeit wahrnehmen müssen, riefen »Das Schwarze Korps«, die Zeitschrift der SS, auf den Plan. Unter der Überschrift »So fördert man die Entjudung« ging das Blatt in der Ausgabe vom 3. November 1938 mit den Richtern rüde ins Gericht. Zu dem Berliner Urteil hieß es u. a.:

»Im übrigen kann aber die Zeitfrage rechtlich gar keine Rolle spielen. Wichtiger als die Frage, wann ein Jude fliegt, ist *daß* er überhaupt fliegt. Wäre es anders, so müßten wir nun die jüdischen Flöhe bis zum Sankt-Nimmerleins-Tag in unserem Pelz dulden, und jeder Jude, der irgendwo wohnt oder irgendwo beschäftigt oder beteiligt ist, könnte sagen: habt ihr mich ein Jahr nach den Nürnberger Gesetzen nicht hinausgeworfen, so könnt ihr mich jetzt überhaupt nicht mehr hinauswerfen! Wobei alle Beteiligten sich darüber im klaren wären, daß die Richter, die *heute* noch solche Entscheidungen fällen, im Jahre 1936 erst recht nicht daran gedacht hätten, sich im nationalsozialistischen Sinne zu betätigen.«

Daß im übrigen ausgerechnet ein Richter aus der »Stadt der Reichsparteitage« so entschieden hatte, vermerkte das »Schwarze Korps« besonders übel:

»Dies sagt, wie bemerkt, ein ›nationalsozialistisches‹ Gericht in Nürnberg, in der Gauhauptstadt Julius Streichers. Wir müssen aber bei aller Hochachtung, die wir vor dem unabhängigen Richterstand empfinden, doch feststellen, daß diese Urteilsbegründung geradezu eine Verspottung der nationalsozialistischen Weltanschauung darstellt. Diese Weltanschauung fordert die Bildung von Hausgemeinschaften, der Juden natürlich nicht angehören können, und irgendein Amtsrichter wagt es, diese Forderungen zu verspotten: Mieter und Vermieter hätten es sich vor 1933 überlegen sollen, ob Juden und Arier unter einem Dach wohnen können!«

Zu der vom Amtsgericht Nürnberg eingeforderten Trennung von Zivilrecht und Politik wird die SS deutlich:

»Das heißt auf deutsch: die Partei kann mir lange etwas vom Primat der Politik erzählen; ich, der Amtsrichter Müller oder Schulze, bin da ganz anderer Meinung.

Hätten wir uns bei der Entjudung Deutschlands wie überhaupt bei der steten Durchführung der nationalsozialistischen Revolution immer nur an das gehalten, was uns die verzopfte Rechtsreaktion gnädigst zubilligte, so ständen wir noch da wie im Februar 1933. Die Entwicklung wird auch über sie hinwegschreiten.«

Die Botschaft wurde schließlich auch in Nürnberg gehört und verstanden. Am 26. November 1938 gab das Amtsgericht Nürnberg ausdrücklich die bisherige Rechtsprechung auf und entschied, daß der gesetzliche Mieterschutz für jüdische Mieter nicht gelte. Obwohl das Mieterschutzgesetz aus der Weimarer Zeit stammte, schrieb dieser Nürnberger Richter:

»Das MietSchG ist nach dem Willen des nationalsozialistischen Gesetzgebers die gesetzliche Verwirklichung der Volksgemeinschaft auf dem Gebiete des Wohnungswesens. Es ist auf diesem Gebiete der gesetzliche Ausdruck der Forderung des Parteiprogramms: ›Gemeinnutz geht vor Eigennutz‹. «

Nachdem der Richter damit den Mieterschutz für die nationalsozialistische Ideologie vereinnahmt hatte, fuhr er in seiner Begründung fort:

»Da das MietSchG also bestimmt ist, der Gemeinschaft des deutschen Volkes zu dienen, kann es nur für diejenigen gelten, die zur Gemeinschaft des deutschen Volkes gehören oder doch sich in diese Gemeinschaft blutmäßig einordnen können. Es würde daher dem Zweck, den der nationalsozialistische Gesetzgeber mit der Beibehaltung und Erweiterung des Gesetzes verfolgt hat, widersprechen, wenn seine Schutzbestimmungen auf Personen angewandt werden, die außerhalb der Gemeinschaft des deutschen Volkes stehen und auch nie zu ihr gehören können.

Dies ist bei Juden der Fall. Sie stehen nach ihrer Rasse und ihren sittlichen Anschauungen in unüberbrückbarem Gegensatz zum deutschen Volk. Der Gesetzgeber hat diesen Ausschluß aus der deutschen Volksgemeinschaft auch eindeutig zum Ausdruck gebracht: Juden können am politischen, kulturellen und wirtschaftlichen Leben des deutschen Volkes nicht teilnehmen.«

Damit kam das Gericht zu dem Ergebnis, daß der Mieterschutz jüdischen Mietern zu verweigern sei; denn:

»Die gegenteilige Auffassung ist mit dem Sinn und Zweck des Gesetzes und mit dem gesunden Rechtsempfinden des Volkes, das beim heutigen Stand der Judenfrage einen solch weitgehenden Schutz der Juden unverständlich finden würde, nicht mehr zu vereinbaren.«

Obwohl damit alles gesagt war, legte der Nürnberger Richter noch einmal nach und schrieb:

»Jeder Deutsche findet die Anwesenheit von Juden in dem von ihm bewohnten Hause als lästig; es ist ihm peinlich, mit ihm zusammenzutreffen oder gar mit ihm in Verbindung treten zu müssen.«

Das »Schwarze Korps« dürfte zufrieden gewesen sein. Das Urteil soll übrigens nicht der Amtsrichter Müller oder Schulze geschrieben haben, sondern möglicherweise der Nürnberger Amtsgerichtsrat Theodor Hauth, der sich unter einem anderen Gesetzgeber später auch noch um die Rechtsprechung der Bundesrepublik Deutschland verdient machen sollte.[91] Er hat es allerdings, als ihm dieses Urteil vorgehalten wurde, bestritten.

Die Forderung, den Mieterschutz für Juden abzuschaffen, war sicherlich populär, sie war im schlimmsten Sinn des Wortes volkstümlich. Das Landgericht Berlin hatte sie mit markigen Worten in seinem Urteil umgesetzt. Aber die Verhältnisse auf dem Wohnungsmarkt ließen die unverzügliche und umfassende Entrechtung jüdischer Mieter nicht zu. Wohin denn mit den aus den Wohnungen hinausgeworfenen Juden? Das hatte auch der nationalsozialistische Gesetzgeber zu beachten, der am 30. April 1939 das *»Gesetz über die Mietverhältnisse der Juden«* erließ.[92] Das Ziel der *»Ausscheidung der Juden aus deutschen Wohnstätten«* war klar definiert.[93] Der jüdische Mieter genoß entgegen den Vorstellungen des Landgerichts Berlin Mieterschutz, allerdings nur, sofern nicht der Vermieter durch eine amtliche Bescheinigung nachwies, daß die anderweitige Unterbringung sichergestellt war. Der Jude sollte nicht auf der Straße sitzen. Wohin sollte er aber? Als Gegenstück schuf das Gesetz einen Vermietungszwang für jüdische Vermieter. Sie mußten auf Verlangen der Gemeinde Juden als Mieter aufnehmen und hatten keine Kündigungsmöglichkeit. Damit war nicht nur die Rassenreinheit der Hausgemeinschaft erreicht, sondern man hatte nebenher auch gleich eine Konzentration der Juden in jüdischen Häusern. Das konnte bei den weiteren Maßnahmen, von denen das Landgericht Berlin so ahnungsvoll gesprochen hatte, von Nutzen sein.

Und was wurde mit den Wohnungen in vormals jüdischen Häusern, die nach dem Erlaß dieses Gesetzes den Eigentümer wechselten, was Anfang 1939, wenige Monate nach der »Kristallnacht«, Notare und Grundbuchämter über alle Maßen beschäftigte? Hier mußte der Erwerber wenigstens für einige Zeit Unbequemlichkeiten in Kauf nehmen. Die »Amtliche Begründung« sah das Problem durchaus:

»Es ist zu erwarten, daß zahlreiche Grundstücke, die zur Zeit noch Juden gehören, im Laufe der Zeit veräußert werden … Hierdurch würden in gleichem Maße, in dem die Entjudung des Grundbesitzes fortschreitet, die Kündigungsmöglichkeiten gegenüber jüdischen Mietern vergrößert, aber die Unterbringungsmöglichkeiten räumungspflichtiger Juden verringert. Um an diesen wachsenden Unterbringungsschwierigkeiten die Durchführung der Maßnahmen zur Ausscheidung der Juden aus deutschen Wohnstätten nicht scheitern zu lassen, muß daher in Kauf genommen werden, daß diejenigen Räume, die von Anfang an zur Unterbringung von Juden bestimmt sind, dieser Bestimmung zunächst weiter erhalten bleiben, wenn das Grundstück in das Eigentum eines Nichtjuden übergeht.«[94]

Das sprachlich verrohte und auch verrohende Wort »*Entjudung*« läßt an Schädlingsbekämpfung, Entlausung u. ä. denken. Tatsächlich war in Deutschland lange vor 1933 im Gespräch über Juden von »Schädlingen, Parasiten, Ungeziefer«, von »Ansteckungsgefahr, Ausmerzen und Herausschneiden« die Rede. Das zentrale Wort »Entjudung« reichte bis zu Karl Eugen Dühring, einem der »Väter« des deutschen Antisemitismus, zurück. Auch solche, die sich gegenüber dem Jargon der Nazis erhaben wähnten, gingen mit dem Wort um. Ein deutscher Schriftsteller vertraute 1933 seinem Tagebuch den Satz an: »*Daß die übermütige und vergiftende Nietzsche-Vermauschelung Kerr's ausgeschlossen ist, ist am Ende kein Unglück; auch die Entjudung der Justiz am Ende nicht.*« (Thomas Mann am 10. 4. 1933)

Es hatte alles seine Ordnung. Das Zusammenwirken von juristischer Literatur, veröffentlichter Rechtsprechung, süffisant-bedrohlicher Urteilsschelte durch die SS und dem letztlich »ausgleichend« eingreifenden Gesetzgeber ist schon eindrucksvoll. Die Einstimmung auf das nationalsozialistische Gedankengut hatte sich auch bei der Justiz durchgesetzt, so daß es einer förmlichen Abstimmung nicht mehr bedurfte. Dennoch fällt auf, daß die zum Teil extrem aus dem Geist des Nationalsozialismus formulierten Urteile in ihrer Diktion kaum an den Josua-Beschluß des Kammergerichts heranreichen. Ein letztes Beispiel kann hier vielleicht etwas Ausgleich schaffen.

Das sogenannte Blutschutzgesetz, also das »*Gesetz zum Schutze des deutschen Blutes und der deutschen Ehre*« vom 15. September 1935,[95] das wichtigste der Nürnberger Gesetze, stellte den außerehelichen Geschlechtsverkehr »*zwischen Juden und Staatsangehörigen deutschen oder artverwandten Blutes*« unter Strafe. Die Präambel lautete:

»Durchdrungen von der Erkenntnis, daß die Reinheit des deutschen Blutes die Voraussetzung für den Fortbestand des Deutschen Volkes ist, und beseelt von dem unbeugsamen Willen, die Deutsche Nation für alle Zukunft zu sichern, hat der Reichstag einstimmig das folgende Gesetz beschlossen, das hiermit verkündet wird.«

Auf Rassenschande stand Gefängnis oder Zuchthaus, allerdings nur für den beteiligten Mann. 1938 ging es beim Reichsgericht um die Frage, ob ein deutscher Jude, der schon vor den Nürnberger Rassengesetzen mit einer nichtjüdischen deutschen Frau befreundet gewesen war und die Beziehung auch nach 1935 fortgesetzt hatte, wegen Rassenschande bestraft werden konnte, wenn diese intimen Treffen nicht in Deutschland, sondern in der Tschechoslowakei stattgefunden hatten. Die Tat »*außerehelicher Verkehr zwischen einem Juden und einer Staatsangehörigen deutschen Blutes*« war im Ausland begangen worden:

Die junge Frau arbeitete als Verkäuferin in einem Konsumladen in einer schlesischen Kleinstadt. Wegen ihrer Beziehungen zu dem jüdischen Mann verlor sie ihren Arbeitsplatz, sie war ständigem Gerede, Beschimpfungen und Bedrohungen ausgesetzt, das Leben wurde ihr zur Hölle gemacht. Im Sommer 1935 verließ sie ihren Heimatort und zog zu Verwandten in der Tschechoslowakei. Dort wurde sie regelmäßig von ihrem jüdischen Freund besucht. Sie wollten heiraten, brauchten nach dem 15. September 1935 hierzu aber eine Ausnahmegenehmigung, die auch beantragt, aber selbstverständlich nie erteilt wurde.[96]

Das Reichsgericht urteilte am 14. Oktober 1938:

»Eine Tat wird im strafrechtlichen Sinne da begangen, wo entweder der Täter die den strafbaren Erfolg herbeiführende Tätigkeit entfaltet oder wo der strafbare Erfolg, nämlich die Verletzung oder Gefährdung der Person, der Einrichtung oder des Rechtsgutes eintritt, deren Schutz die Strafbestimmung zu dienen bestimmt ist.«

Das entsprach einhelliger Rechtsmeinung, so hatte das jeder Jurist gelernt. Jetzt mußte das auf die Besonderheiten der Rassenschande angewandt werden.

»Das BlutSchG bezweckt nun nicht in erster Linie, die einzelne Staatsangehörige deutschen oder artverwandten Blutes zu schützen. Sie ist in der Regel an der strafbaren Handlung als freiwillig Mitwirkende beteiligt und nicht als die Verletzte im Sinne der Strafbestimmung des § 5 BlutSchG anzusehen. Gegenstand des Schutzes ist vielmehr, wie der Vorspruch des Gesetzes mit aller Klarheit sagt, das im deutschen Volke kreisende, zu ständiger Vermischung bestimmte deutsche Blut als ein lebendiger Organismus. Gerade diese Zusammenfassung des deutschen Volkes, der Rasse, zu einer blutgebundenen Einheit ist der Grundgedanke und Ausgangspunkt des Gesetzes. Aus einer solchen Anschauung und Zielsetzung folgt aber zwingend, daß das deutsche Staatsvolk als blutmäßig einheitlicher ›Organismus‹ regelmäßig unmittelbar verletzt oder gefährdet wird, wenn an einem seiner Glieder, nämlich einer Staatsangehörigen deutschen Blutes, Rassenschande begangen wird.«

»Das im deutschen Volke kreisende, zu ständiger Vermischung bestimmte deutsche Blut als ein lebendiger Organismus.« Man faßt es nicht. Irgend etwas muß den hohen Richtern des Jahres 1938 die Sinne vernebelt haben, daß sie derartigen Schwachsinn nicht nur am Stammtisch äußern, sondern als Urteil zu Papier bringen konnten.

Wo war da noch ein Unterschied zu der nur noch sexualpathologisch zu erklärenden Bemerkung Julius Streichers, schon bei einem einzigen Beischlaf eines Juden mit einer Arierin seien die vaginalen Schleimhäute durch den artfremden Samen derartig »imprägniert«, daß diese Frau für alle Zeit unfähig sei, reinblütige Arier zu gebären.[97] Auf gleicher Ebene lagen zwei allen gläubigen Nationalsozialisten geläufige Aufrufe zur Reinerhaltung der Rasse. Der eine war als höchste Verpflichtung der Menschheit schlechthin formuliert:

»Nein, es gibt nur ein heiligstes Menschenrecht, und dieses Recht ist zugleich die heiligste Verpflichtung, nämlich, dafür zu sorgen, daß das Blut rein erhalten bleibt, um durch die Bewahrung des besten Menschentums die Möglichkeit einer edleren Entwicklung dieser Wesen zu geben.

Ein völkischer Staat wird damit in erster Linie die Ehe aus dem Niveau einer dauernden Rassenschande herauszuheben haben, um ihr die Weihe jener Institution zu geben, die berufen ist, Ebenbilder des Herrn zu zeugen und nicht Mißgeburten zwischen Mensch und Affe.«

Der andere warnte mit beschwörenden Worten, die tiefe Einblicke in das Seelenleben des Verfassers erlaubten, vor der Rassenschande mit *»dem Juden«*:

»Der schwarzhaarige Judenjunge lauert stundenlang, satanische Freude in seinem Gesicht, auf das ahnungslose Mädchen, das er mit seinem Blute schändet und damit seinem, des Mädchens, Volke raubt. Mit allen Mitteln versucht er die rassischen Grundlagen des zu unterjochenden Volkes zu verderben. So wie er selber planmäßig Frauen und Mädchen verdirbt, so schreckt er auch nicht davor zurück, selbst im größeren Umfange die Blutschranken für andere einzureißen. Juden waren und sind es, die den Neger an den Rhein bringen, immer mit dem gleichen Hintergedanken und klaren Ziele, durch die dadurch zwangsläufig eintretende Bastardierung die ihnen verhaßte weiße Rasse zu zerstören, von ihrer kulturellen und politischen Höhe zu stürzen und selber zu ihren Herren aufzusteigen.«

So stand es in Hitlers »Mein Kampf«.[98] Darüber konnte vielleicht auch ein ganzer Senat des Reichs- oder des Kammergerichts den Verstand verlieren. Andererseits wurde über Menschenschicksale entschieden. Wie immer die Verhältnisse waren, wie stark auch die Suggestionskraft der ständigen Propaganda, des pausenlosen Getrommels und Gehetzes gegen die Juden war, wie sehr auch in manchen Bereichen die Justiz von Partei und Staat unter Druck gesetzt worden sein oder sich zumindest unter Druck gefühlt haben mag, es bleibt die ratlose Frage, was die Richter des Jahres 1938 dazu bewogen hat, nicht nur im Ergebnis im Sinne der herrschenden Anschauung zu entscheiden, sondern in den Begründungen auch deren Jargon zu übernehmen. Vielleicht hilft ein Blick auf die Verhältnisse im Sommer 1938 weiter.

Und Haman sprach zum Könige Ahasveros:
Es ist ein Volk zerstreuet und teilet sich unter
alle Völker in allen Ländern deines Königreichs, und ihr Gesetz ist anders denn aller
Völker, und tun nicht nach des Königs
Gesetzen; es ziemt dem Könige nicht, sie also
zu lassen.

(Das Buch Esther 3, 8)

8. Kapitel

Was in diesem großen und bedeutenden Jahr 1938 in der
großen Politik geschah, soll hier nur in Stichworten er-
örtert werden. Hitler war, keine Frage, in den Augen
der Volksgenossen bis tief in den Sommer dieses Jahres
außenpolitisch außerordentlich erfolgreich. Die perfekt
arbeitende Propagandamaschine machte das jedem klar.
Die schwelende und von Hitler systematisch angeheizte
Sudetenkrise mag auf die Stimmung gedrückt haben.
Kriegslüstern war die Bevölkerung in ihrer Mehrheit
nicht.

Über die Behandlung der Juden wurde in der Öffentlichkeit nicht mehr diskutiert. Ein allgemeines Desinteresse
dürfte die Lage am besten beschreiben. Es gab die gericht-
lichen Auseinandersetzungen über den Mieterschutz von
Juden, die aber über den Kreis der Betroffenen hinaus
für die Bevölkerung kaum von Interesse waren. Daß die
Approbationen jüdischer Ärzte mit dem 30. September
1938 erloschen,[99] berührte wohl nur noch einige der
ehemaligen Patienten. Berufsverbote dieser Art kannte
man. Demnächst würde es die Rechtsanwälte treffen.[100]
Ändern konnte man es nicht, den Volksgenossen betraf es
auch nicht unmittelbar. Dem für die Kassenärztliche Ver-
einigung zuständigen Reichsamtsleiter Grote war das nicht
genug. Er wies am 5. August 1938 darauf hin, daß von den
6 949 Berliner Ärzten immer noch 1 561 Juden seien, also
22,5%; bei den Berliner Kassenärzten mache der Anteil
sogar 27,4% aus. Das zeige, daß die bisherige gesetzliche
Regelung »niemals eine Endlösung der für das Volk so hochwich-
tigen Frage der Ausschaltung der Juden aus dem ärztlichen Beruf«
sein könne.[101]

Da war die Ankündigung des »Volkswagens« schon von
größerer Bedeutung. Bei der Jubiläumsfeier der zum IG-

Farben-Konzern gehörenden Farbenfabriken Bayer in Leverkusen sprach am 1. August 1938 der früher in Unehren von dieser Firma geschiedene Robert Ley vom »*Sozialismus der Tat*«. Er kündigte den KdF-Wagen an, der 990 Mark kosten und zu Wochenraten von 5 Mark für jedermann erschwinglich sein sollte. Prophetisch rühmte er den durch den Führer vorangetriebenen Autobahnbau:

Als der Führer und Reichskanzler den Bau der Reichsautobahnen begonnen habe, hätten die Kritiker gesagt, daß das ein Werk ausschließlich für die Reichen sei. Heute sehe man aber ein, wie gut es sei, daß dieses große Bauwerk schon begonnen worden sei, denn wo solle man in zehn Jahren allein den Verkehr der sechs Millionen Volkswagen unterbringen, die bis dahin durch die neue Fabrik in Fallersleben fertiggestellt sein würden?[102]

Am 2. August 1938 feierte Berlin das Richtfest der nach den Plänen von Albert Speer gebauten monumentalen Reichskanzlei. In Berlin feierte Diplomingenieur Günther Leunig den Geburtstag seines Sohnes ohne Namen. Er hatte den am 2. August 1937 geborenen Sohn Ragnar nennen wollen. Dem Standesbeamten kam der Name fremd vor, das Landgericht lehnte ihn ab, weil der Vorname nicht erkennen lasse, ob er männlich oder weiblich sei. Der Vater ließ sich mit seiner weiteren Beschwerde gegen diesen Beschluß vom 2. November 1937 Zeit bis zum 25. Juli 1938.

In Berlin eröffnete Reichspropagandaminister Joseph Goebbels am 5. August 1938 die Rundfunkausstellung, auf der auch Fernsehgeräte gezeigt wurden, die etwa 800 RM kosten sollten. Ein Pfund Butter kostete zu der Zeit 1,60 RM, der Durchschnittsbruttolohn in der Industrie betrug in der Stunde 0,81 RM. Goebbels kündigte die Entwicklung von Autoradios und von Kleinradios zum Preis von 35 RM an. Der bekannte Volksempfänger kostete damals 59 RM.

Ebenfalls am 5. August wies das Kammergericht die noch keine zwei Wochen alte Beschwerde des Berliner Diplomingenieurs zurück mit der Begründung, der Vorname Ragnar sei nach deutschem Sprachempfinden fremd und daher nicht zuzulassen.

Das war nach den Grundlagen, die der 1b-Senat gut einen Monat zuvor in seinem Beschluß zu dem Vornamen Josua gelegt hatte, keine Überraschung. Allerdings ließen sich bei einem derartig lupenrein nordischen Vornamen keine Ausfälle gegen die Juden im allgemeinen oder eine biblische Person im besonderen anbringen. Gleichwohl ist die Begründung bemerkenswert.

Sie beginnt mit einem programmatischen Vorspruch, wie er in den Präambeln zu den Gesetzen des Dritten Reiches üblich geworden war. Der Rechtsfindung wurde gleichsam die dem Recht entrückte Urquelle vorangestellt:

»Der Nationalsozialismus und die von nationalsozialistischen Gedankengängen beherrschte Personenstandsführung betrachtet jedoch den Menschen nicht mehr als Einzelwesen, sondern als Teil des lebendigen Volksganzen, ›aus ihm hervorgegangen, in ihm verwurzelt und ihm dauernd verpflichtet‹.«

Dem folgt der neue Obersatz:

»Es ist nicht jeder Vorname einzutragen, der dem Vater geeignet erscheint, sondern grundsätzlich nur ein solcher, der sich als Name (Unterscheidungsmerkmal) darstellt, der dem Geschlecht des Kindes und der Staatsangehörigkeit des Vaters entspricht und der nicht gegen die staatliche Ordnung, die gute Sitte, deutsches Sprachempfinden und den deutschen Geist verstößt.«

»Deutsches Sprachempfinden« und »deutscher Geist« waren als Maßstab neu. Damit war die Beschränkung auf deutsche Vornamen für deutsche Kinder schon fast zum Prinzip geworden. Zumindest ließ sich die beim Josua-Beschluß noch begründungslos in der Luft hängende oberste Richtlinie »Deutsche Kinder, deutsche Vornamen« nunmehr

130

zwanglos aus diesem zweckgerichtet ergänzten Obersatz ableiten. Das war der Vorzug höchstrichterlicher Rechtsprechung.

»Ragnar« war kein deutscher Name. Er war, wie das Kammergericht richtig schrieb, nordischen Ursprungs und wurde in nordischen Ländern als Jungenname gebraucht. Da in dem bekannten Erlaß des Innenministers vom 14. April 1937, wie unverbindlich für das Gericht er auch sein mochte, gerade solche nordischen nichtdeutschen Vornamen wie Björn, Knut, Sven und Ragnhild als unerwünscht bezeichnet worden waren, war das Ergebnis für »Ragnar« absehbar.

Nach den schon geläufigen Überlegungen, daß »in der Geschichte Deutschlands ... Träger dieses Namens nicht bekannt geworden« sind, sticht das Kammergericht bei den weiteren, für die Entscheidung wiederum unerheblichen Überlegungen der Hafer. Wenn es um die – in diesem Beschluß sehr viel zurückhaltender formulierte – Frage ging, ob ein ursprünglich ausländischer Vorname nicht mehr oder kaum noch als fremd empfunden wurde, also eingedeutscht war, konnte es auf die Etymologie des Namens nicht ankommen. Die schönste sprachliche Herleitung konnte das Eingedeutschtwordensein nicht ersetzen. Dennoch ging das Gericht auf den Einwand des Vaters ein, der Name »Ragnar« sei eigentlich deutsch und gehe auf das gotische »ragin« zurück, »Ragnar« komme also von »Raginar« oder »Raganhar«. Dazu das Kammergericht: »Raganhar« habe sich schon vor unvordenklichen Zeiten zu »Rein(h)er« verwandelt. Dieser Name sei in Deutschland gebräuchlich und eintragungsfähig, zu einem Rückgriff auf »die längst entschwundene, im Volke unbekannte Urform« bestehe keine Veranlassung.

»Das wäre dasselbe, wie wenn ein Vater seinen Sohn statt Werner: Wernicho, statt Konrad: Kunule oder statt Adolf: Atili nennen wollte.«

In Österreich wurde am 8. August 1938 mit dem Bau des Konzentrationslagers Mauthausen begonnen. Auf dem Obersalzberg hielt Hitler am 10. August 1938 eine Generalskonferenz ab. Er trug dort in einer dreistündigen Rede seinen »*unabänderlichen Entschluß*« vor, noch im Jahre 1938 die Tschechoslowakei zu zerschlagen. Gereizt durch die Bedenken, die wenige Tage zuvor der Chef des Generalstabs, General Ludwig Beck, in einer Denkschrift erhoben hatte, und den Einwand eines anwesenden Generals, die westlichen Befestigungen könnten im Falle eines Krieges höchstens drei Wochen gehalten werden, schrie er:

»Ich sage Ihnen, Herr General, die Stellung wird nicht drei Wochen, sondern drei Jahre gehalten!«[103]

Eine Kopie des Ragnar-Beschlusses des Kammergerichts findet sich in den Akten des Reichsministeriums des Innern. Sie wurde am 10. August 1938 an Ministerialrat Dr. Globke verfügt.[104] Veranlaßt hat Globke, soweit feststellbar, hierauf nichts. Auch die leicht gewagte Anspielung auf den Vornamen des Führers hatte keine Konsequenzen.

An diesem Mittwoch, dem 10. August 1938, wurde in Nürnberg, der Stadt der Reichsparteitage, mit dem Abbruch der Synagoge begonnen. Der Frevel an jüdischen Gotteshäusern begann nicht erst im November. Es geschah auch nicht bei Nacht und Nebel, sondern im Rahmen eines glanzvoll inszenierten Parteifestes. Nürnberg folgte hier den Spuren von München. Dort, in der Hauptstadt der Bewegung, hatte man schon am Morgen des 9. Juni 1938 mit dem Abbruch der Synagoge in der Herzog-Max-Straße begonnen. Laut »Stürmer« war das »*aus verkehrstechnischen Gründen*« notwendig geworden.[105] Die zur Synagoge gehörenden Nebengebäude blieben vom Abriß verschont, weil sie gebraucht wurden. Dort wurde die Hauptabteilung Sippenamt des »Rasse- und Siedlungs-Hauptamtes« der SS untergebracht, ab 1940 war dort das Hauptquartier des »Lebensborn e.V.«.

In Nürnberg wurden keine verkehrstechnischen Gründe mehr vorgeschoben. Hier ging es ums Ganze, wie es in der Stadt des »Stürmer« nicht anders zu erwarten war. Julius Streicher, verantwortlich für den »Stürmer« und Gauleiter Frankens, hielt die Festrede zum Abbruch der Nürnberger Synagoge. Er holte weit aus, sprach von der Vertreibung der Juden aus der Stadt 1349 und der Errichtung der Synagoge genau 500 Jahre später und fuhr fort:

»Ich prophezeie hier: Es wird niemals der Augenblick kommen, auch nicht in 500 Jahren, an dem jemand, der meinen Namen trägt, den Juden die Pforten zu einer neuen Synagoge öffnen wird. Es kommt die Zeit, in der einmal die Judenfrage in der ganzen Welt radikal gelöst werden wird, weil die Menschheit keinen anderen Ausweg mehr findet. Heute brechen wir hier eine Synagoge ab und niemals wieder wird sie errichtet werden. In dieser Stadt wollen wir arbeiten und darüber wachen, daß das deutsche Blut und die deutsche Seele rein erhalten bleiben; denn wenn der Jude in Deutschland noch einmal die Macht erringen würde, dann wäre es mit dem deutschen Volke für immer vorbei. – Wir leben in einer großen Zeit. Die Saat, die wir gesät haben, geht auf. Die Würfel sind gefallen.«[106]

Es gereicht nicht zum Trost, gehört aber auch dazu: Der »Berufsantisemit« Julius Streicher hatte in seinem Machtbereich schon vor November 1938 mit einer höchst persönlichen Arisierung begonnen, bei der er jüdische Geschäftsleute gezwungen hatte, ihr Vermögen zu 10% des Verkehrswerts zu veräußern. Vom Obersten Parteigericht wurde er 1940 deshalb wegen Korruption verurteilt und als Gauleiter beurlaubt. Den »Stürmer« durfte er weiterhin herausgeben. Im Nürnberger Prozeß zum Tode verurteilt, wurde er am 16. Oktober 1946 gehenkt.

Nürnberg, das offizielle, braune Nürnberg, ließ sich in der Presse als »erste deutsche Stadt ohne Synagoge« feiern, mußte aber diesen Wettlauf mit München rasch aufgeben und öffentlich zurückstecken.[107]

Die britische Palästina-Kommission beendete ihre Arbeit unverrichteterdinge. Sie hatte versucht, die Möglich-

Ausführung des Präsentiergriffes.

**RdErl. d. RFſſuChdDtPol. im RMdJ.
v. 17. 8. 1938 — O-Kdo A (3) Nr. 123-2/38.**

(Bereits durch Funkspruch mitgeteilt.)

(1) Bei einigen Dienststellen sind Zweifel entstanden, wie der Griff „Präsentiert das — Gewehr" auszuführen ist. Der Griff wird bisher sowohl in zwei, als auch in drei Zeiten geübt.

(2) Um eine einheitliche Handhabung zu gewährleisten, bestimme ich, daß der Präsentiergriff in zwei Zeiten ausgeführt wird, und zwar folgendermaßen:

Tempo 1: Die rechte Hand schwingt das Gewehr senkrecht vor die Mitte des Leibes, die linke Hand fängt es nahe dem Unterring so auf, daß der Lauf nach rechts zeigt, Daumen senkrecht am Schaft, Unterring etwa in Kragenhöhe.

Tempo 2: Die rechte Hand umfaßt den Kolbenhals, die vier Finger geschlossen von vorne, der Daumen ist dem Leibe zugekehrt. Beide Hände drehen den Lauf dem Leibe zu usw. (s. Anl. 1 zum RdErl. v. 31. 8. 1936 — III S I b 1 Nr. 2/36, Ziff. 11a, vorletzter Absatz)[1].

(3) Ich ersuche, mit dem Einüben des Griffes ab sofort zu beginnen und dafür zu sorgen, daß die zum Reichsparteitag in Nürnberg abgeordneten Formationen den Griff bis dahin einwandfrei beherrschen.

An alle Pol.-Behörden (außer Kripo).
— RMBliV. S. 1345.

[1]) Nicht veröffentl.

Personenstandsangelegenheiten.

Vornamen.

**RdErl. d. RMdJ. v. 18. 8. 1938
— I d 42 X/38-5501 b*).**

A. Richtlinien über die Führung der Vornamen.

(1) Bei der Wahl von Vornamen bestehen Beschränkungen nur nach Maßgabe der folgenden Bestimmungen.

(2) Bezeichnungen, die ihrem Wesen nach keine Vornamen sind, dürfen nicht gewählt werden. Insbesondere kommen anstößige oder sinnlose Bezeichnungen, aber auch Familiennamen als Vornamen nicht in Frage. Die Verbindung mehrerer Vornamen zu einem Vornamen ist zulässig, ebenso die Verwendung der Abkürzung eines Vornamens als selbständiger Vorname.

(3) Kinder deutscher Staatsangehöriger sollen grundsätzlich nur deutsche Vornamen erhalten. Es dient der Förderung des Sippengedankens, wenn bei der Wahl der Vornamen auf in der Sippe früher verwendete Vornamen zurückgegriffen wird. Dabei werden besonders auch solche Vornamen in Frage kommen, die einem bestimmten deutschen Landesteil, aus dem die Sippe stammt, eigentümlich sind (z. B. Dierk, Meinert, Uwe, Wiebke).

(4) Nichtdeutsche Vornamen dürfen für Kinder deutscher Staatsangehöriger nur zugelassen werden, wenn ein besonderer Grund dies rechtfertigt (z. B. Zugehörigkeit zu einem nichtdeutschen Volkstum, Familienüberlieferung, verwandtschaftliche Beziehungen). Zu den nichtdeutschen Vornamen rechnen nicht die seit Jahrhunderten in Deutschland verwandten Vornamen ursprünglich ausländischer Herkunft, die im Volksbewußtsein nicht mehr als fremde Vornamen angesehen werden, sondern völlig eingedeutscht sind (z. B. Hans, Joachim, Peter, Julius, Elisabeth, Maria, Sofie, Charlotte). Nichtdeutsche Vornamen sind dagegen auch solche nordischen Vornamen, die in Deutschland ungewohnt und ungebräuchlich sind (z. B. Björn, Sven, Ragnhild).

*) Sonderabdrucke dieses RdErl. nebst Anl. können bei umgehender Bestellung von Carl Heymanns Verlag, Berlin W8, Mauerstr. 44, bezogen werden. Sammelbestellungen erwünscht.

(5) Juden, die deutsche Staatsangehörige oder staatenlos sind, dürfen nur die in der Anlage aufgeführten Vornamen beigelegt werden; anderen deutschen Staatsangehörigen dürfen diese Vornamen nicht beigelegt werden. Soweit Juden andere als die in der Anlage aufgeführten Vornamen führen, müssen sie ab 1. 1. 1939 zusätzlich einen weiteren Vornamen führen, und zwar männliche Personen den Vornamen Israel, weibliche Personen den Vornamen Sara; der zusätzliche Vorname ist im Rechts- und Geschäftsverkehr stets zu führen, sofern es dort üblich ist, den Namen anzugeben (s. §§ 1, 2 und 3 der 2. VO. zur Durchf. des Ges. über die Änderung von Familiennamen und Vornamen v. 17. 8. 1938 (RGBl. I S. 1044). Geringfügige Abweichungen in der Schreibweise eines jüdischen Vornamens lösen die Verpflichtung zur Annahme des Zusatznamens nicht aus.

(6) Fremde Staatsangehörige sind in der Wahl von Vornamen frei; anstößige und sinnlose Bezeichnungen dürfen jedoch nicht gewählt werden.

(7) Der Standesbeamte kann bei der Anmeldung der Geburt eines Kindes die Vorlage der Heiratsurkunde der Eltern, erforderlichenfalls auch weitere Urkunden verlangen, wenn bestimmte Tatsachen Zweifel an der behaupteten Abstammung erwecken.

B. Änderung von Vornamen.

(8) Anträge auf Änderung eines Vornamens sind nach den im RdErl. v. 8. 1. 1938 (RMBliV. S. 69) gegebenen Vorschriften für die Bearbeitung von Anträgen auf Änderung eines Familiennamens zu behandeln, soweit nicht nachstehend etwas anderes bestimmt ist.

(9) Zur Entscheidung über einen Antrag auf Änderung eines Vornamens ist die untere Verw.-Behörde zuständig. Wird gegen ihre Entscheidung Dienstaufsichtsbeschwerde erhoben, so entscheidet hierüber die höhere Verw.-Behörde. Wird gegen die Entscheidung der höheren Verw.-Behörde weitere Beschwerde erhoben, so behalte ich mir die Entscheidung hierüber vor. Ich werde mich dabei auf die Prüfung beschränken, ob die für das Verfahren gegebenen Vorschriften beachtet sind.

(10) Auch Anträgen auf Änderung eines Vornamens darf nur entsprochen werden, wenn ein wichtiger Grund sie rechtfertigt. Danach erscheinen die Anträge gerechtfertigt, in denen Adoptiveltern nach der Adoption die Änderung des Vornamens ihres Adoptivkindes beantragen, um dieses enger mit ihrer eigenen Sippe zu verknüpfen oder seine Verbindung mit der Vergangenheit zu lösen.

(11) Berechtigt erscheinen auch Anträge, in denen nichtjüdische Träger eines in der Anlage aufgeführten Vornamens eine Vornamensänderung, gegebenenfalls auch durch Hinzufügung eines deutschen Vornamens, beantragen. Auch Anträgen von Juden auf Änderung von nicht in der Anlage aufgeführten Vornamen in solche, die darin verzeichnet sind, ist zu entsprechen, sofern sie vor dem 1. 10. 1938 gestellt werden. Dabei ist zu beachten, daß auch die Streichung eines Vornamens eine Vornamensänderung bedeutet.

(12) Von der Vornamensänderung hat die untere Verw.-Behörde nach der Aushändigung der Genehmigungsurkunde dieselben Stellen zu benachrichtigen, die nach dem RdErl. v. 8. 1. 1938 (RMBliV. S. 69) von der Änderung eines Familiennamens in Kenntnis zu setzen sind. Geht bei der Ortspol.-Behörde nach § 2 Abs. 2 der 2. VO. zur Durchf. des Ges. über die Änderung von Familiennamen und Vornamen v. 17. 8. 1938 (RGBl. I S. 1044) die Anzeige eines Juden ein, daß er ab 1. 1. 1939 den zusätzlichen Vornamen Israel oder Sara führt, so hat sie hiervon der Staatspol.-Stelle Kenntnis zu geben. Ist der Jude nach der polizeilichen Strafliste bestraft, so ist auch die Krim.-Pol.-Stelle und das Strafregister zu benachrichtigen.

(13) Die Verwaltungsgebühr für die Änderung eines Vornamens beträgt 5 *RM* bis 500 *RM*. In den Fällen des Abs. (10) wird sie nicht erhoben. Im übrigen gilt Abs. 21 der RdErl. v. 8. 1. 1938 (RMBliV. S. 69) entsprechend.

C. Widerruf von Vornamensänderungen.

(14) Für den Widerruf von Vornamensänderungen gilt der RdErl. über den Widerruf von Namensänderungen v. 23. 3. 1938 (RMBliV. S. 545) mit der Maßgabe entsprechend, daß die im RdErl. v. 8. 1. 1938 (RMBliV. S. 69) bezeichneten unteren Verw.-Behörden für den Widerruf zuständig sind.

(15) Eine Vornamensänderung ist regelmäßig nur dann zu widerrufen, wenn sie von einem Juden zur Verschleierung seiner jüdischen Abstammung beantragt worden ist; insbesondere also, wenn ein in der Anlage aufgeführter Vorname durch einen anderen Vornamen ersetzt worden ist.

D.

(16) Die Standesbeamten erhalten auch durch die Zeitschrift für Standesamtswesen Kenntnis von diesem RdErl.

An die Landesregierungen (außer Österreich), die Behörden der allgemeinen und inneren Verwaltung, die Gemeinden und Gemeindeverbände.

Nachrichtlich an den Reichsminister der Justiz, den Stellvertreter des Führers, den Reichsstatthalter (österreichische Landesregierung) in Wien durch Abdruck.
— RMBliV. S. 1345.

Anlage.

Verzeichnis der jüdischen Vornamen.

a) Männliche Vornamen.

Abel, Abieser, Abimelech, Abner, Absalom, Ahab, Ahasja, Ahasver, Aliba, Amon, Anschel, Aron, Asahel, Asaria, Ascher, Asriel, Assur, Athalja, Awigdor, Awrum;

Bachja, Barak, Baruch, Benaja, Berel, Berl, Boas, Bud;

Chaggai, Chai, Chajim, Chamor, Chananja, Chanoch, Chaskel, Chawa, Chiel;

Dan, Denny;

Efim, Efraim, Ehud, Eisig, Eli, Elias, Elihu, Eliser, Eljakim, Elan, Enoch, Esau, Esra, Ezechiel;

Faleg, Felbisch, Feirel, Feitel, Freiwel, Feleg;

Gad, Gdaleo, Gedalja, Gerson, Gideon;

Habakuk, Hagai, Hemor, Henoch, Herodes, Hesekiel, Hillel, Hiob, Hosea;

Isaac, Isai, Isachar, Isboseth, Isidor, Ismael, Israel, Itzig;

Jachiel, Jaffe, Jakar, Jakubiel, Jecheskel, Jechiel, Jehu, Jehuda, Jehustel, Jeremia, Jerobeam, Jesaja, Jethro, Jiftach, Jizchak, Joab, Jochanan, Joel, Jomteb, Jona, Jonathan, Josia, Juba;

Kainan, Kaiphas, Kaleb, Korach;

Laban, Lazarus, Leew, Leiser, Levi, Lewel, Lot, Lupu;

Machol, Maim, Malchisua, Maleachi, Manasse, Mardochai, Medzel, Menachem, Moab, Mochain, Mordeschai, Mosche, Moses;

Nachschon, Nachum, Naftali, Nathan, Naum, Nazarly, Nehab, Nehemia, Nissim, Noa, Nochem;

Obadja, Orew, Oscher, Osias;

Peisach, Pinchas, Pinkus;

Rachmiel, Ruben;

Sabbatai, Sacher, Sallum, Sally, Salo, Salomon, Salusch, Samaja, Sami, Samuel, Sanbel, Saubil, Saul, Schalom, Schaul, Schemil, Schmul, Schneur, Schoachana, Scholem, Sebulon, Semi, Sered, Sichem, Sirach, Simson;

Teit, Tewele;

Uti, Uria, Uriel;

Zadel, Zedekia, Zephanja, Zeruja, Zewi.

b) Weibliche Vornamen.

Abigail;

Baschewa, Beile, Bela, Bescha, Bihri, Bilha, Breine, Brieme, Brocha;

Chana, Chawa, Cheiche, Cheile, Chinke;

Deiche, Detwaara, Driesel;

Egele;

Faugel, Feigle, Feile, Frahchen, Fradel, Frommet;

Geilchen, Gelea, Ginendel, Gittel, Gole;

Habaffe, Hale, Hannacha, Hitzel;

Jachet, Jachewad, Jedidja, Jente, Jezabel, Judis, Jyske, Jyttel;

Keile, Kreindel;

Lane, Leie, Libsche, Libe, Liwie;

Machle, Matzel, Milleele, Mindel;

Nacha, Nachme;

Peirche, Pesschen, Pesse, Pessel, Pirle;

Rachel, Rause, Rebetta, Rechel, Reha, Reichel, Reisel, Reitzge, Reizsche, Rinkti;

Sara, Scharne, Scheinbel, Scheine, Schewa, Schlämche, Semche, Simche, Slowe, Sprinze;

Tana, Telze, Tirze, Treibel;

Zerel, Zilla, Zimle, Zine, Zipora, Zirel, Zorthel.

keiten einer Teilung des britischen Mandatsgebiets in Palästina zwischen Arabern und Juden zu prüfen.

Am Abend des 10. August startete eine Lufthansa-Maschine zu einem Transatlantikflug. Sie erreichte New York nach knapp 25 Stunden am 11. August 1938. »*Bravourleistung unserer Fliegerei*« notierte Goebbels zwei Tage später in sein Tagebuch.

An diesem Donnerstag wurde in Gelsenkirchen Esther Luncke geboren.

Die »*Zweite Verordnung zur Durchführung des Gesetzes über die Änderung von Familiennamen und Vornamen*« wird am 17. August 1938 erlassen.[108] Ihr folgt am 18. August der entsprechende Runderlaß des Reichsministers des Innern, der die »*Richtlinien über die Führung der Vornamen*« und als Anlage das »*Verzeichnis der jüdischen Vornamen*« enthält.[109] Von nun an ist alles anders.

Die Durchführungsverordnung hatte als einziges Ziel die Markierung der deutschen Juden mit Hilfe der Namen. Bei dieser Gelegenheit wurde in den Richtlinien über die Führung der Vornamen auch noch das seit längerem ungeklärte Problem aufgegriffen, wie die Vornamen für nichtjüdische deutsche Staatsangehörige zu reglementieren seien. In der Begründung steht zu diesem Teil der Regelung kein Wort. Alles drehte sich um die »Enttarnung« der angeblich unter deutschen oder deutsch klingenden Namen versteckten Juden.

Für die Juden gab es ein unentrinnbares Namensghetto. Entweder hatten sie bereits einen Vornamen aus dem Verzeichnis der jüdischen Vornamen, oder es mußte der Vorname Sara bzw. Israel hinzugesetzt werden. Für neugeborene jüdische Kinder deutscher Staatsangehörigkeit war die Namenswahl auf die Liste jüdischer Vornamen beschränkt. Das bleibt noch näher zu betrachten.

Nichtjüdischen deutschen Staatsangehörigen durften nach Ziff. 5 der »Richtlinien« die typisch jüdischen Vornamen, die in dem Verzeichnis versammelt waren, nicht beigelegt werden. Das verstand sich nach der Logik der auf reinliche Scheidung bedachten Richtlinie von selbst.

Kinder deutscher Staatsangehöriger sollten grundsätzlich nur deutsche Vornamen erhalten.

Dazu hieß es in Ziff. 4:

»Nichtdeutsche Vornamen dürfen für Kinder deutscher Staatsangehöriger nur zugelassen werden, wenn ein besonderer Grund dies rechtfertigt (z. B. Zugehörigkeit zu einem nichtdeutschen Volkstum, Familienüberlieferung, verwandtschaftliche Beziehungen). Zu den nichtdeutschen Vornamen rechnen nicht die seit Jahrhunderten in Deutschland verwandten Vornamen ursprünglich ausländischer Herkunft, die im Volksbewußtsein nicht mehr als fremde Vornamen angesehen werden, sondern völlig eingedeutscht sind (z. B. Hans, Joachim, Peter, Julius, Elisabeth, Maria, Sofie, Charlotte). Nichtdeutsche Vornamen sind dagegen auch solche nordischen Vornamen, die in Deutschland ungewohnt und ungebräuchlich sind (z. B. Björn, Sven, Ragnhild).«

Verordnung nebst Richtlinie und Kammergericht waren jetzt, wie immer die Wechselwirkung zustande gekommen sein mochte, gleichgerichtet. Aus dem rechtlich unverbindlichen Erlaß vom April 1937 war in Verbindung mit der Durchführungsverordnung zum Gesetz vom 5. Januar 1938 eine hinreichend stabile Grundlage für die Entscheidung über weitere Namensfälle geworden. Der Vorname Esther hatte danach kaum noch eine Chance.

Das ist
Mein Volk.
Das sich zerstreut
unter die Völker
und sitzt im Tor.

Auf den Steinen
der Wildgesichtige
richtet sich auf, die Länder
läßt er ruhen, das Gold
geht mit Flammen
über sein Haupt, er hört mich:

Komme ich um,
so komme ich um, ich erschrak,
deine Herrlichkeit mit
Blitzen jagt durch den Himmel,
das springende Blut
der Trompeten
baut mein Haus.

(Johannes Bobrowski , Eszther, 1963)

9. Kapitel

Noch aber hatte das Kammergericht nicht entschieden. Die »Richtlinien« vom 18. August mit den Zwangsnamen für Juden und den Vorschriften über die Vornamen für nicht-jüdische Deutsche erschienen im Reichsministerialblatt am 24. August 1938. Zu dieser Zeit hatte zwar der Standesbeamte in Gelsenkirchen sich schon mit dem Vornamen für Esther Luncke beschäftigt, aber bis zum Kammergericht war es noch ein weiter Weg. Inzwischen steuerte Deutschland nach dem Willen Hitlers auf einen Krieg wegen der Sudetenfrage zu.

Am 18. August erklärte der Generalstabschef des Heeres, Ludwig Beck, seinen Rücktritt, nachdem seine Warnungen vor einem Eroberungskrieg Hitlers nicht gehört worden waren. Goebbels, in Militärfragen äußerst unsicher, aber fest im Glauben an den Führer, notiert am 19. und 22. August 1938 in sein Tagebuch:

»Der Führer erzählt uns von den Westbefestigungen. Bis zum Eintritt des Frostes werden sie fertig sein. Dann sind wir vom Westen aus unangreifbar. Frankreich kann dann nichts mehr machen. Damit reift die Lösung der mitteleuropäischen Probleme. Jedenfalls haben wir dann den Rücken frei.«

»Wir dürfen diese Völker, vor allem die Tschechen u. ä. Gelichter nicht hochpäppeln, wir werden sie vielmehr einmal herausdrücken. Wir wollen nicht diese Völker, wir wollen ihr Land.«

Außenpolitik muß nicht selten zur Ablenkung dienen. Hier ging es aber um ernstgemeinte Expansion. Zudem gab es auch innenpolitisch Unruhe. Die Fuldaer Bischofskonferenz verabschiedete am 19. August 1938 einen Hirtenbrief, mit dem sie sich mit deutlichen und mutigen Worten gegen die Diskriminierung der katholischen Kirche wandte. So deutlich hatte der Episkopat, der Hitler in der Vergangen-

140

heit sehr weit entgegengekommen war, noch nicht geredet. Der Hirtenbrief der in Fulda versammelten Bischöfe an die deutschen Katholiken sollte am Sonntag, dem 28. August 1938, in allen Kirchen beim Hauptgottesdienst verlesen werden.[110] Die Bischöfe warfen ihren nationalsozialistischen Gegnern vor, die »*Ausrottung des Christentums überhaupt*« und die Einführung eines Glaubens anzustreben, »*der mit dem wahren Gottesglauben und dem christlichen Glauben an ein Jenseits nicht das Geringste mehr zu tun hat*«. Weiter hieß es:

»Daß aber nicht nur gegen die Kirche, sondern gegen das Christentum als solches der Kampf geht, haben wiederum eindeutige Kundgebungen bewiesen. Schon die Ablehnung des Alten Testaments liegt in dieser Linie. Dazu hat man das Christentum als greisenhaft verkalktes Überbleibsel einer überwundenen Zeitperiode und als völlig wertlos und ohnmächtig in der Gegenwart bezeichnet. Abgesehen davon, wurde von Rasse und Blut her behauptet, die Persönlichkeit und das Leben Jesu Christi widersprechen der Artung des deutschen Menschen, wie auch die Hauptlehren des von ihm verkündeten Glaubens, insbesondere das Dogma von der Erbsünde und der Erlösung, vom Lohn und Strafe nach dem Tode, vorderasiatischer Aberglaube seien, den man den germanischen Stämmen aufgezwungen habe, indem man sie hinterrücks überfiel.«[111]

Die Ablehnung des Alten Testaments durch den NS-Staat war aufs engste verknüpft mit der rigorosen und hemmungslosen Ablehnung alles Jüdischen. Hier also hätten die Bischöfe auch ein Wort gegen den staatlichen Antisemitismus finden können, wenn ihnen die Gemeinsamkeit des Bedrohtseins über alle theologischen Grenzen hinaus wichtig genug gewesen wäre. Der Abbruch der Münchner und insbesondere der mit großem Getöse gefeierte Abbruch der Synagoge in Nürnberg waren Signale, die hätten aufrütteln müssen. Es galt nicht nur die Sorge, daß dort, wo man Bücher verbrennt, eines Tages auch Menschen verbrannt werden, es war auch zu befürchten, daß das Fanal des Frevels an jüdischen Gotteshäusern auf christliche Kirchen überschlug.[112] Aber auch die Kirche dachte an sich und ihre »geliebten Diözesanen« zuerst.

Goebbels war erbost über diesen »*unverschämten Hirtenbrief*«[113] und ließ ihn beschlagnahmen. Am gleichen Tage notierte er auch: *»Im Lande herrscht schwere Unruhe wegen der Lage. Alles spricht vom Krieg.«* Zugleich ging die Propagandahetze auf allen Wellen weiter.

Am 1. September war Goebbels bei Hitler auf dem Berghof im Berchtesgadener Land. Er klammerte sich an das »Genie« des Führers.

»Der Führer selbst ist gut beisammen. Er glaubt nicht, daß London eingreift und ist fest zum Handeln entschlossen. Er weiß, was er will und geht geradewegs auf sein Ziel los. Eine dumpfe Stimmung liegt über dem Lande. Alles wartet, was kommt.«

Der Reichsparteitag »Großdeutschland« begann am 5. September in Nürnberg. Der Abbruch der Synagoge war schwieriger als erwartet, so daß ein Pioniersprengkommando das »Ärgernis« restlos beseitigen mußte.[114] In seiner Schlußrede vom 12. September 1938 auf dem Nürnberger Parteitag hatte Hitler aller Welt noch einmal gedroht, daß das neue selbstbewußte Deutsche Reich es nicht länger hinnehmen werde, wenn in der Tschechoslowakei dreieinhalb Millionen Sudetendeutschen das Selbstbestimmungsrecht vorenthalten werde. Die weitere Entwicklung bis zum Münchener Abkommen vom 30. September 1938 ist bekannt. Die Erpressung Hitlers hatte gesiegt, England und Frankreich hatten zu Lasten der Tschechoslowakei nachgegeben. Zwar war Hitler durch dieses Nachgeben der Vorwand genommen worden, diesen Nachbarstaat zu zerschlagen. Aber aufgeschoben war nicht aufgehoben.

Die Stimmung in Deutschland war gegen einen Krieg. Beim Vorbeizug einer motorisierten Division in Berlin wandte sich das Publikum schweigend ab. Auch innenpolitisch war also dieser – fürs erste – vermiedene Krieg die bessere Entscheidung. Goebbels triumphierte am 1. Oktober in seinem Tagebuch:

»Gestern: die öffentliche Weltmeinung ist wie umgedreht. Alles atmet auf, daß die große, gefährliche Krise vorbei ist. Wir sind alle auf einem dünnen Drahtseil über einen schwindelnden Abgrund gegangen. Nun haben wir aber wieder festen Boden unter den Füßen. Das ist doch ein schönes Gefühl. Das ganze Ausland schwimmt in Wonne. Das Wort ›Friede!‹ ist auf aller Lippen. Die Welt ist von einer rasenden Freude erfüllt. Deutschlands Prestige ist ungeheuerlich gewachsen. Jetzt sind wir wirklich wieder eine Weltmacht. Nun heißt es: rüsten, rüsten!«[115]

Der Einmarsch der deutschen Truppen in die sudetendeutschen Gebiete begann am 1. Oktober 1938. Deutschland und die Schweiz vereinbarten, daß in die Pässe ausreisewilliger Juden zukünftig ein »J« einzustempeln sei. Der Schweizer Bundesrat stimmte dem am 4. Oktober 1938 zu. Der Große Faschistische Rat Italiens verbot am 6. Oktober 1938 die Eheschließung zwischen Juden und nichtjüdischen Italienern. Die Besetzung der sudetendeutschen Gebiete war am 10. Oktober abgeschlossen. Am 21. Oktober erteilt Hitler die *»Weisung zur Erledigung der Resttschechei«*.[116]

Die Richtlinie vom 18. August 1938, die, soweit es um deutsche Vornamen für deutsche Kinder ging, praktisch den Erlaß vom 14. April 1937 übernahm, regelte nun förmlich, was das Kammergericht in seinem Beschluß vom 1. Juli 1938 zu »Josua« als Richtschnur schon ohne überzeugende Begründung postuliert hatte. Damit waren weitere Namensentscheidungen stark vereinfacht. Tiefgründige Überlegungen über die rechtliche Qualität dieser Richtlinie waren nicht zu erwarten. Anlaß hätte bestanden. Die aus dem Gesetz über die Änderung von Familiennamen hergeleitete Verordnung bezog sich nur auf Juden und verwies auf die Richtlinie auch nur im Hinblick auf die Liste jüdischer Vornamen, regelte also für nichtjüdische Deutsche nichts. In diesem Punkt hingen die Richtlinien gleichsam in der Luft. Daß der Minister dabei den Erlaß vom 14. April 1937 nur durch die fast wortgleichen Richtlinien vom 18. August 1938 ersetzt hatte, machte die Sache nicht besser. Hätten die Richter die seltsame Entstehungs-geschichte jenes Erlasses gekannt, wären sie vielleicht nachdenklicher geworden. Die rechtliche Qualität war nach rechtsstaatlichen Maßstäben – aber die hatten kein Gewicht mehr – nur geringfügig gestiegen. Gleichviel: bei der Prüfung des Vornamens Esther konnte das Kammer-gericht nunmehr in folgenden Schritten vorgehen:

Die auf Juden beschränkten Vornamen aus dem Ver-zeichnis vom 18. August 1938 durften nichtjüdischen deutschen Staatsangehörigen nicht beigelegt werden. Das war ein absolutes Verbot. Der Name Esther war in dem Verzeichnis nicht enthalten, so daß seine Zulässigkeit nach Ziff. 3 und 4 der Richtlinien zu prüfen war.

Nach Ziff. 3 sollten Kinder deutscher Staatsangehöriger grundsätzlich nur deutsche Vornamen erhalten. War Esther in diesem Sinne ein deutscher Vorname? Eindeutig nein. Er war zwar indoeuropäischen Ursprungs, indoger-manisch sagte man damals, aber damit noch kein »deut-scher« Vorname. Auf die sprachliche Herkunft konnte es nicht ankommen, weil sonst das ausdrückliche Verbot nor-discher Vornamen, die deutschen Namen etymologisch zweifellos noch näher waren als ein babylonisch-per-sisches Wort, keinen Sinn gegeben hätte. Man hätte sonst auch spanische oder französische oder, horribile dictu, sla-wische Namen zulassen müssen, die alle zur indoeuropäi-schen Sprachfamilie gehörten. Esther war also ein nicht-deutscher Vorname.

Dann blieb nur noch die Fiktion der Richtlinien, wo-nach »völlig eingedeutschte« Vornamen wie deutsche Vornamen zu behandeln waren.

Die Frage war also nur noch, ob der Vorname Esther in diesem Sinne *»völlig eingedeutscht«* war.

War er in Deutschland stark verbreitet, dann sprach das dafür, daß er nicht mehr als fremd empfunden wurde. Je länger und stärker ein solcher Name im Gebrauch war, desto mehr hatte sich die ursprüngliche Fremdheit abge-schliffen. Das Kammergericht konnte mit einem souve-ränen Blick über die deutsche Namenslandschaft leicht zu

144

dem Ergebnis kommen, daß »Esther« zu selten vorkam, um nicht noch fremd zu wirken. »*Völlig* eingedeutscht« war dieser Name sicherlich nicht. Eine Volksbefragung war 1938 nicht möglich, das Kammergericht konnte von sich aus, ohne daß ihm das heute vorzuwerfen wäre, beurteilen und damit endgültig entscheiden, wie es mit der Verbreitung und der Bewertung des Vornamens Esther im Volksbewußtsein stand. Mit wenigen Sätzen konnte so die Zulassung des von Pfarrer Luncke für seine Tochter gewünschten Vornamens Esther abgelehnt werden.

Das hätte auch den Regeln der richterlichen Kunst entsprochen. Der Sachverhalt war unter die Rechtsvorschriften zu subsumieren. Jeder Satz mußte dem Ziel einen Schritt näher führen. Überflüssiges war zu vermeiden.

Denn wo du wirst zu dieser Zeit schweigen,
so wird eine Hilfe und eine Errettung von
einem anderen Ort her den Juden entstehen, und du und deines Vaters Haus werdet umkommen. Und wer weiß, ob du nicht
um dieser Zeit willen zur königlichen
Würde gekommen bist?

(Das Buch Esther 4, 14)

10. Kapitel

Womit mußte Pfarrer Luncke rechnen? Wenn er die Entwicklung gerade der letzten Wochen aufmerksam verfolgt hatte, mußte ihm klar sein, daß er nicht gewinnen konnte. Er gehörte aber zu den Menschen, die es wissen wollten. Vielleicht hatte er auch Vertrauen in die Richter in Berlin, die am berühmtesten der deutschen Obergerichte, dem Kammergericht, gewiß über den kleinlichen Schikanen des nationalsozialistischen Alltags standen und nur nach Recht und Gesetz urteilen würden.

Was hatte Pfarrer Luncke beim Kammergericht zu erwarten? Wer waren die drei Richter, die sich seit einigen Wochen mit der Akte »Esther Luncke« befaßt hatten?

Nach einer Auskunft des Kammergerichts[117] bestand der 1b-Senat im Jahre 1938 aus den Richtern Julius Spankus, Dr. Ernst Stephan und Dr. Claus Seibert.[118] Allerdings ist der Beschluß des Senats zu dem Vornamen Ragnar von den Richtern Spankus, Ecker und Dr. Seibert unterzeichnet. Zumindest bei dieser Entscheidung vom 5. August 1938 hatte Ecker dem 1b-Senat angehört.

Daran konnte er sich nach dem Kriege nicht mehr erinnern. Der aus Niedermendig stammende Kammergerichtsrat Josef Ecker hatte sich bereits im Dezember 1945 beim Landgericht Koblenz beworben. Er war schon einige Jahre Senatspräsident beim dortigen Oberlandesgericht, als er am 11. Oktober 1951 in einem Melde- und Fragebogen angab, er sei von April 1933 bis September 1938 beim 3. Zivilsenat und von Oktober 1938 bis September 1939 beim 1b-Senat des Kammergerichts tätig gewesen.[119] Dort hatte er aber schon Anfang August den Ragnar-Beschluß unterschrieben. Eindeutig zu klären ist das wohl nicht mehr. 1946 ließen sich die Personalakten Eckers nicht ermitteln. Nach Angabe des Kammergerichts

waren sie »*durch die Kriegsereignisse vernichtet worden*«.[120]
Das verwundert, da die Personalakten der übrigen Richter den Krieg überlebt haben und archiviert sind. Eckers
Erinnerung jedenfalls trügt. Daß er auch schon am Josua-
Beschluß vom 1. Juli 1938 mitgewirkt hat, läßt sich allerdings nicht belegen. Seine Beteiligung am Beschluß vom
28. Oktober 1938 zum Vornamen Esther ist zumindest
möglich. Vorsichtshalber werden wir aber auch den Kammergerichtsrat Dr. Ernst Stephan in die weitere Betrachtung einbeziehen müssen, der im Oktober 1938 ebenfalls
dem 1b-Senat angehörte, da wir nicht genau wissen, in
welcher Besetzung der Senat den Fall Esther verhandelt
hat.

Der Kammergerichtsrat *Dr. Ernst Stephan* wurde am
28. März 1883 in Cottbus als Sohn eines Gymnasialpro-
fessors geboren. Er war evangelisch, verheiratet und hatte
drei Kinder. Der Schwiegervater war Geheimer Justizrat
und Kammergerichtsrat. Stephan bestand die erste juristische Staatsprüfung am 12. Dezember 1904 mit Aus-
zeichnung, das Assessorexamen am 30. August 1909 mit
»gut«. Am 1. April 1912 begann er als Landrichter in
Cottbus, ab März 1916 nahm er am Weltkrieg teil. 1919
trat er der Deutschnationalen Volkspartei bei. Mit knapp
42 Jahren wurde er am 1. März 1925 zum Kammergericht berufen. Zur Zeit des Esther-Beschlusses war er
55 Jahre alt. Ausweislich der Akten gehörte er nicht der
NSDAP an.

Trotz seiner außergewöhnlich guten Examina lassen
die dienstlichen Beurteilungen von 1936 und 1938 einen
– möglicherweise krankheitsbedingten – Leistungsabfall
erkennen. Seine Bewertung fiel 1936 nur noch durch-
schnittlich aus. »*Für hochqualifizierte Arbeit in einem Spezial-
senat nicht völlig ausreichend*«, hieß es da. Trotz früherer
glänzender Befähigung werde es ihm jetzt schon recht
schwer, sich in eine neue Spezialmaterie hineinzufinden.
Zur Person schrieb sein damaliger Senatspräsident:

»Freundlicher, etwas weicher Charakter, leicht unsicher und nachgebend. Politisch nicht organisiert oder hervortretend, aber nach vielen Privatgesprächen nicht ablehnend gegenüber dem heutigen Reiche.«

Die höhere Reichsjustizbehörde merkte 1936 trocken an:

»Dr. Stephan hat früher Besseres geleistet. Er ist politisch zuverlässig.«

Zwei Jahre später fiel die Beurteilung besser und wohlwollender aus. Der Vorsitzende des 1b-Senats Julius Spankus schrieb am 2. November 1938:

»Stephan ist ein tüchtiger und fleissiger Richter, dessen Befähigung über den Durchschnitt hinausgeht. Er besitzt gute Rechtskenntnisse sowie ein gesundes, praktisches Urteil. Seine Arbeiten erledigt er mit grossem Fleiß und Geschick gewissenhaft und pünktlich. Seine Leistungen sind als gute zu bezeichnen.
Durch sein liebenswürdiges und verbindliches Wesen ist er ein geschätztes Mitglied des Senats.
Gegen seine politische Zuverlässigkeit bestehen keine Bedenken.«

Der Kammergerichtsrat *Josef Ecker* wurde am 8. November 1887 als Sohn eines Fabrikanten in Niedermendig geboren. Er war katholisch und seit 1921 mit einer Fabrikantentochter verheiratet. Die Ehe war kinderlos. Das erste Staatsexamen legte er 1910 in Köln ab, das zweite 1915 in Berlin. Beide bestand er mit »ausreichend«. Nach dem Assessorexamen nahm er am Weltkrieg teil mit Einsätzen in Polen, Litauen und der Ukraine. Nach Stationen bei den Amtsgerichten Neuwied und Coburg, dem Landgericht Neuwied und dem Oberlandesgericht Frankfurt am Main wurde er schließlich ab 15. September 1930 mit 42 Jahren zum Kammergericht nach Berlin berufen. 1935 machte er eine Reise in die USA. Zur Zeit des Esther-Beschlusses war er 50 Jahre alt. Nach eigenen Angaben gehörte er nicht der NSDAP an. Sein Gehalt als Kammergerichtsrat gab er 1946 gegenüber den französischen Besatzungsbehörden mit schwankend zwischen 630 und 675 RM netto an.

Julius Spankus war 1938 Präsident des 1b-Senats und zugleich Vizepräsident des Kammergerichts und damit für die Personalfragen dieses Gerichts zuständig. Er wurde am 28. Januar 1879 als Sohn eines Kaufmanns in Weilburg a. d. Lahn geboren. Er war evangelisch, seit 1918 mit der Tochter eines Großkaufmanns verheiratet, eine Tochter wurde am 20. April 1920 geboren. Das Referendarexamen bestand Spankus am 23. Dezember 1901 in Kassel mit »gut«, die zweite Staatsprüfung am 26. September 1907 mit »ausreichend«. Er nahm nicht am Ersten Weltkrieg teil. Von Juni 1914 bis Oktober 1920 war er am Landgericht Frankfurt, danach am dortigen Oberlandesgericht. Schon 1920 wurde er als *»außergewöhnlich beanlagt, ... mit scharfem, gesundem und praktischem Urteil und einer seltenen Arbeitskraft«* bewertet. Fast die gleichen Worte erscheinen in der Beurteilung des Jahres 1929 wieder. Dort ist die Rede von einem *»außergewöhnlich gut beanlagt(en) Richter mit umfassenden gediegenen Kenntnissen im Zivil- und Strafrecht, scharfem praktischem Urteil und eine(r) seltenen Arbeitskraft«.* Zugleich wurde er zum Reichsgerichtsrat und zum Senatspräsidenten vorgeschlagen.[121] Das wiederholte sich 1930 und 1932. Am 1. Mai 1933 trat Spankus in die NSDAP ein (Mitgliedsnummer 3 442 728). Er gehörte einigen gleichsam berufsbedingten Organisationen des NS-Staates an und war außerdem förderndes Mitglied der SS seit August 1933. Am 1. Dezember 1933 wurde er im Alter von 54 Jahren Landgerichtspräsident in Kassel. Mit Wirkung zum 15. Februar 1936 wurde er zum Vizepräsidenten des Kammergerichts berufen und erhielt dort den Vorsitz eines Zivilsenats. Ab 1. April 1936 war er Vorsitzender des Justizprüfungsamtes beim Kammergericht. Zur Zeit des Esther-Beschlusses war er 59 Jahre alt.

Kurz vor der Berufung zum Kammergericht schrieb Spankus, noch aus Kassel, an das Reichsjustizministerium. Er war zu dieser Zeit als Vizepräsident des Kammergerichts schon im Gespräch. Der Gauleiter von Kurhessen hatte

Ernst Stephan

schon Ende November 1935 dem Justizminister bestätigt,
daß nach Rücksprache mit Staatssekretär Dr. Roland Freisler »*gegen die politische Zuverlässigkeit des Herrn Spankus keinerlei Bedenken bestehen*«.[122] Hierüber scheint der Minister
Spankus informiert zu haben. Spankus reagierte mit einem
Schreiben vom 29. November 1935, in dem es sozusagen
um die »Rechtfertigung« der unerfreulich hohen Mitgliedsnummer bei der Partei geht:

»Nach meiner Mitgliedskarte, die die Nummer 3 442 728 trägt,
bin ich am 1. Mai 1933 in die N.S.D.A.P eingetreten. Tatsächlich
war meine Anmeldung bereits am 1. März 1933 erfolgt. Bei der
Ortsgruppe in Frankfurt a. M. war sie jedoch bis Oktober 1933 in
Verlust geraten.[123]

Ich gestatte mir noch, mit der Bitte um demnächstige Rück-
gabe eine Bescheinigung der Kreisleitung in Frankfurt a. M. vom
13. Mai 1933 vorzulegen, aus der sich ergibt, daß ich bereits seit
Januar 1932 mit der Bewegung sympathisiert und diese öfters

Julius Spankus

Claus Seibert

durch Geldspenden unterstützt habe. Auch dürfte Ihnen … aus Mitteilungen des Herrn Oberbürgermeisters Dr. Krebs – Frankfurt bekannt sein, daß ich von 1927 bis zum Umbruch als Mitglied des Strafsenats des Oberlandesgerichts in Frankfurt a. M. stets mit Erfolg für eine gerechte Behandlung der Mitglieder der N.S.D.A.P. eingetreten und deshalb in den Tageszeitungen unter Namensnennung wiederholt angegriffen und beschimpft worden bin.«[124]

In der ersten Beurteilung seiner Tätigkeit am Kammergericht hieß es u.a., er bringe den von ihm betreuten Beamten und Angestellten »*kameradschaftliche Gesinnung und menschliches Verständnis*« entgegen und sei

»ein offener, gerader und aufrechter Charakter und besonders geeignet, in der Rechtspflege des nationalsozialistischen Staates führend zu wirken«[125].

1938 wurde er zum Oberlandesgerichtspräsidenten vorgeschlagen u.a. mit der Begründung:

»Ein sicheres, stets würdiges Auftreten, eine aufrechte und aufrichtige, stets von echt nationalsozialistischem Geist getragene Gesinnung, zeichnen ihn aus. Sein offener, tadelloser Charakter, sein gewinnendes, kameradschaftliches Wesen machen ihn zusammen mit seiner fachlichen Tüchtigkeit zum Führer in der Rechtspflege, ganz besonders zum Oberlandesgerichtspräsidenten, geeignet.«[126]

Dr. Claus Seibert[127], evangelisch, wurde am 4. Juni 1902 in Saarbrücken als Sohn des Königlichen Landrichters Gustav Eduard Seibert und dessen Ehefrau Elisabeth, geb. Dill, geboren. Der Vater wurde später Vizepräsident des Oberlandesgerichts Hamm. Die Mutter wurde unter dem Namen Liesbet Dill eine in ihrer Zeit berühmte und viel gelesene Schriftstellerin, die über hundert Romane verfaßte.[128] Nach einer in diesen Kreisen sicherlich nicht unproblematischen Scheidung heiratete sie 1905 Karl Rudolf Arnold von Drigalski, einen der bedeutendsten Schüler Robert Kochs, der von 1901 bis 1904 dem Kochschen Institut für Infektionskrankheiten zugeteilt und insbesondere in der Typhusbekämpfung in Lothringen und an der Saar leitend tätig war. Claus Seibert und sein Bruder blieben beim Vater.

Seibert studierte in Tübingen und war in einem studentischen Korps aktiv. Von Juli bis Oktober 1920 stand er in einem Studentenbataillon in Passau, das dem I. Bayerischen Schützenregiment zugeteilt war. Er bestand das erste Staatsexamen am 2. Juli 1923 in Hamm mit »gut«, die große Staatsprüfung am 20. Mai 1927 mit »vollbefriedigend« und konnte am nächsten Tag als Gerichtsassessor in Berlin beginnen. Am 1. Mai 1933 trat er in die NSDAP ein (Mitgliedsnummer 2 594 807). Am 16. März 1934 wurde er dort Landgerichtsrat. Noch als Landgerichtsrat wurde er Anfang 1936 als Hilfsrichter zum Kammergericht abgeordnet,[129] dessen 1b-Senat er spätestens ab 1938 angehörte.

Otto Palandt[130] hatte den damals 35 Jahre alten Richter als Kommentator für seinen 1937 erstmals erschienenen »Kurzkommentar« gewonnen. Seibert hatte schon früh regelmäßig kleinere Beiträge in juristischen Fachzeitschriften veröffentlicht und dadurch auf sich aufmerksam gemacht. Er war und blieb ein Meister der kleinen Form, dessen Beiträge fast nie trocken, eher stark feuilletonistisch waren. Bereits im Februar 1933 erschien in der Deutschen Richterzeitung, in der solcherlei selten zu lesen war, ein Beitrag über Seiberts Reiseeindrücke von ausländischen Gerichten[131], der nebenher zeigte, daß der junge Jurist in Portugal, England und Dänemark gewesen war. Zur Zeit des Esther-Beschlusses war Seibert 37 Jahre alt und werdender Vater.[132]

Vom 16. August 1943, als Seibert längst nicht mehr beim Kammergericht, sondern Soldat war, stammt die Beurteilung des Kammergerichtspräsidenten, die allenfalls den Stand vom Sommer 1939 wiedergeben konnte. Dort hieß es u. a.:

»Kammergerichtsrat Dr. Seibert ist erheblich über dem Durchschnitt befähigt. Seine Leistungen in der Praxis haben von Anfang an den erfreulichen Ergebnissen beider Staatsprüfungen entsprochen. Er besitzt vortreffliche, wissenschaftlich vertiefte Rechtskenntnisse, praktischen Blick und ein sicheres Urteil. Bei größter Gründlichkeit und Durchdringung des Stoffs erledigt er seine Dienstgeschäfte flott und gewandt. Sein aussergewöhnlicher Fleiss und Diensteifer verdienen volle Anerkennung. Sein Vortrag ist klar und sicher, seine schriftliche Ausdrucksweise gut. Besondere Kenntnisse besitzt er auf dem Gebiet der freiwilligen Gerichtsbarkeit, die er im Zivilsenat 1b des Kammergerichts in weit überdurchschnittlichen Leistungen praktisch gut angewendet hat ... Er spricht fliessend englisch und französisch und hat sich auch im internationalen Recht Kenntnisse erworben.

Kammergerichtsrat Dr. Seibert ist sehr gewandt, tritt sicher auf und verfügt über ansprechende, gewinnende Umgangsformen. Dr. Seibert ist ein wertvoller Charakter, verantwortungsbewusst und überzeugungstreu. Er ist ein zuverlässiger und überzeugter Nationalsozialist, der seine Einsatzbereitschaft für die Bewegung als Mitarbeiter in der Ortsgruppe der Partei und als Blockwalter der NSV beweist.«[133]

Die fachliche Beurteilung war überragend. Die politische Kennzeichnung als »*zuverlässiger und verantwortungsbewußter Nationalsozialist*« stellte sicher, daß er kein Regimegegner war, entsprach aber ansonsten dem Ritual für solche Beurteilungen. Die als Beleg angeführte Einsatzbereitschaft betraf eher unbedeutende Nebensächlichkeiten.

Alle vier Richter hatten 1934 den neuen Amtseid auf Hitler geleistet:

»Ich schwöre. Ich werde dem Führer des Deutschen Reiches und Volkes, Adolf Hitler, treu und gehorsam sein, die Gesetze beachten und meine Amtspflichten gewissenhaft erfüllen, so wahr mir Gott helfe.«[134]

Zum 1b-Senat des Kammergerichts gehörten also im Oktober 1938 ein Senatspräsident, der kein alter Kämpfer war, aber der »Bewegung« steile Sprünge in seiner bis 1933 stockenden Karriere verdankte, zwei der NSDAP eher zurückhaltend gegenüberstehende Kammergerichtsräte konservativer bzw. katholisch-konservativer Gesinnung und ein wesentlich jüngerer Richter, der anscheinend ebenso ungebrochen in die Partei eingetreten war, wie er durch eifriges und prägnantes Publizieren auf sich aufmerksam gemacht und dank beachtlicher Bildung und Weltläufigkeit alles unterlassen hatte, was seiner steil nach oben weisenden Karriere hätte Abbruch tun können. Aus keiner dieser Biographien läßt sich erraten, wer Berichterstatter beim Josua-Beschluß vom 1. Juli 1938 mit seinen unerträglichen antisemitischen Tiraden gewesen ist. Die Entscheidung war ebenso von dem Richterkollegium insgesamt zu verantworten, wie der unmittelbar bevorstehende Beschluß vom 28. Oktober 1938, in dem es um den Namen Esther ging.

Esther ist schlank wie die Feldpalme,
Nach ihren Lippen duften die Weizenhalme
Und die Feiertage, die in Juda fallen.

Nachts ruht ihr Herz auf einem Psalme,
Die Götzen lauschen in den Hallen.

Der König lächelt ihrem Nahen entgegen –
Denn überall blickt Gott auf Esther.

Die jungen Juden dichten Lieder an die
                                    Schwester,
Die sie in Säulen ihres Vorraums prägen.

(Else Lasker-Schüler, Esther, 1912)

11. Kapitel

Das Kammergericht schickt in seinem Beschluß vom 28. Oktober 1938 voraus, es habe »*zu der Frage, welche Vornamen einem deutschen Kinde arischen Blutes beigelegt und in welchem Umfange Vornamen ausländischer, namentlich jüdischer Herkunft verwendet werden können*«, bereits am 1. Juli 1938 im Josua-Beschluß Stellung genommen, inzwischen sei diese Frage gesetzlich geregelt. Gemeint ist damit der Runderlaß vom 18. August 1938 – alles andere als ein Gesetz. Diese »*Richtlinien über die Führung der Vornamen*« werden vom Kammergericht umfassend wiedergegeben. Der Leser wird über die rechtliche Ausgangslage einwandfrei unterrichtet. Daß das Kammergericht sich alsbald von dieser Ausgangslage entfernen und den rechtlichen Grund unter den Füßen verlieren wird, ist zunächst nicht zu erkennen.

Der Obersatz, daß deutsche Kinder grundsätzlich nur deutsche Vornamen erhalten durften, stand nunmehr fest. Nichtdeutsche Vornamen waren nur bei Vorliegen eines besonderen Grundes zuzulassen. Deutschen Vornamen standen »*völlig eingedeutschte*« Vornamen gleich. Keinesfalls kamen für nichtjüdische Deutsche Vornamen in Betracht, die in dem Exklusiv-Verzeichnis der für Juden reservierten Vornamen enthalten waren.

Da, wie das Kammergericht systematisch korrekt zu Anfang feststellt, »Esther« in diesem Verzeichnis jüdischer Vornamen nicht enthalten ist, gehört »Esther« nicht zu den verbotenen Namen.[135] Sprachlich war der Name Esther, wie das Kammergericht aus dem Büchlein von Gerhard Kessler entnommen hatte, »*babylonisch-persischen, demnach arischen Ursprungs*«,[136] mithin ausländischer Herkunft, so daß es in der Darstellung der rechtlichen Ausgangslage richtig heißt:

»Als ein nichtdeutscher Vorname ist er gemäß den Vorschriften des Runderlasses für deutsche arische Kinder nur zulässig, wenn er entweder als Vorname ursprünglich ausländischer Herkunft seit Jahrhunderten in Deutschland verwendet worden ist, im Volksbewußtsein nicht mehr als fremder Vorname angesehen wird und völlig eingedeutscht ist, oder wenn ein besonderer Grund dies rechtfertigt. Weder die eine noch die andere Voraussetzung kann hier als gegeben anerkannt werden.«

Die Kette »*seit Jahrhunderten in Deutschland verwendet – im Volksbewußtsein nicht mehr als fremd angesehen – völlig eingedeutscht*« will weniger drei kumulativ zu fordernde Merkmale vorgeben, sondern beschreibt den Werdegang eines Vornamens, der am Ende dieses Prozesses »*völlig eingedeutscht*« ist. Zwei der drei Elemente waren im Grund überflüssig, ein »*völlig eingedeutschter*« Name war ohne sie überhaupt nicht vorstellbar. Es war deshalb auch bei der richterlichen Anwendung dieses Satzes überflüssig, sich mit der Frage auseinanderzusetzen, wie lange ein Name in Deutschland gebräuchlich und warum er ein üblicher Vorname geworden war. »*Völlig eingedeutscht*« – und nur das – war die Frage. Man mußte, um es mit Luther zu sagen, dem Volk aufs Maul schauen. Ein Blick in die Namenslandschaft, und das Gericht durfte zu dem wohl richtigen Ergebnis kommen, daß »Esther« nicht »*völlig eingedeutscht*«, weil im Volksbewußtsein noch als fremd angesehen, war. Ein Rest an Fremdheit genügte ja, um das »*völlig*«, also restlos, »*eingedeutscht*« zu verneinen. Das war ganz einfach.

Nicht für das Kammergericht. Es fragt, da es diesen Vornamen nun einmal auch in Deutschland gibt, warum das so ist. Die Antwort, sie mag ausfallen, wie sie will, ist für die Entscheidung unerheblich, wie auch sogleich deutlich wird:

»Der Vorname Esther ist, was als gerichtsbekannt gelten darf, nicht deshalb in Deutschland gebräuchlich geworden, weil er etwa schon im Altertum unter den arischen Völkern Vorderasiens ein allgemein verbreiteter Name war, über dessen Herkunft man sich keine Gedanken machte.«

Das soll wohl heißen – klar formuliert ist der Satz nicht –, daß diejenigen, die irgendwann einmal in Deutschland den Vornamen Esther als erste ihren Kindern gegeben haben, sich keine Gedanken über dessen Herkunft gemacht haben. Wenn es aber schon unter den arischen Völkern Vorderasiens den Namen Esther gegeben hätte, was wäre denn noch über die Herkunft nachzudenken gewesen? Und: was würde es unter dem Gesichtspunkt *»völlig eingedeutscht«* helfen, wenn ein solcher Vorname schon im Altertum unter den arischen Völkern Vorderasiens allgemein verbreitet, in Deutschland aber im Jahre 1938 nicht eingedeutscht war? Die Frage des Gerichts war erkennbar sinnlos. Die Zahl der aus dem Altertum überlieferten vorderasiatisch-arischen Vornamen ist begrenzt und im wesentlichen beschränkt auf die Namen von Herrschern und Heerführern. Keiner davon ließ sich als eingedeutscht bezeichnen, kein Darius, Kyros, Xerxes oder Artaxerxes hätte vor einem deutschen Standesamt des Jahres 1938 eine Chance gehabt, wo sogar Björn nicht zugelassen war. Die Frage der vorderasiatisch-arischen Vorbenutzung stellte sich mithin in Wahrheit nicht. Die Frage des Kammergerichts war auch gar nicht ernst gemeint, sie war nur vorgeschoben, um zum Namen Esther die Richtung festzulegen:

»Der Name ist vielmehr deshalb in Aufnahme gekommen, weil ihn eine ganz bestimmte geschichtliche Persönlichkeit erstmalig getragen hat.«

Das ist so nicht richtig. Esther war ein Name aus der Bibel, nur daher war er ursprünglich bekannt. Die Menschen wußten, daß es in der Bibel ein Buch Esther gab, das von einem schönen Mädchen handelte, das das Wohlgefallen eines persischen Königs gefunden hatte und schließlich zur Königin Esther erhoben worden war. Esther war also für die Menschen früherer Zeiten ein biblischer Name und die »Titelheldin«, die bereit war, sich für ihr bedrängtes Volk zu opfern. Ob diese Menschen glaubten, daß es diese

Königin Esther als geschichtliche Persönlichkeit auch wirklich gegeben hatte, oder ob sie wußten, daß sie historisch nicht nachzuweisen und die schöne Geschichte von Esther, ihrem König und der glücklichen Rettung ihres jüdischen Volkes nur so etwas wie ein Märchen war, tat nichts zur Sache. Die »*geschichtliche Persönlichkeit*«, will sagen, die Geschichtlichkeit der biblischen Esther spielte bei der Namenswahl keine Rolle. Aber das Kammergericht sucht seinen Weg, sich mit der biblischen, wenngleich ungeschichtlichen Esther auseinanderzusetzen:

»In einem solchen Falle kommt es aber, wenn jetzt einem deutschen Mädchen ein derartiger Vorname beigelegt werden soll, nicht auf den sprachwissenschaftlichen Ursprung dieses Namens an, sondern vielmehr entscheidend darauf, wer die erste Trägerin dieses Namens gewesen ist, welche geschichtliche Bedeutung ihr zukommt.«

Daß es auf den sprachwissenschaftlichen Ursprung des Namens überhaupt nicht ankam, wußte das Kammergericht. Es hatte sich hierzu im Ragnar-Beschluß vom 5. August 1938 eindeutig geäußert. Ob ein Name von der Bevölkerung als fremd empfunden wurde oder ob er »*völlig eingedeutscht*« war, hing allein von dem über Jahrzehnte oder, wie die Richtlinien meinten, Jahrhunderte gewachsenen Verhältnis der Bevölkerung zu einem solchen Namen ab. Wenn man sich daran gewöhnt hatte, einem bestimmten Namen als Vornamen im Kreis der Verwandten, Freunde und Bekannten zu begegnen, dann wurde er eines Tages vertraut, war nicht mehr fremd, man dachte sich nichts mehr bei dem Namen, weil er inzwischen »*eingedeutscht*« war. Bei dieser Entwicklung eines Namens im Gebrauch der Bevölkerung war der unbefangene Umgang mit ihm von weitaus größerem Gewicht als der erste Träger des Namens und dessen geschichtliche Bedeutung. Die Gewöhnung an Vornamen war selbst ein historischer Prozeß, hing aber von dem Urteil der Historiker über den ersten Träger eines Namens nicht ab.

Häufig waren der erste Träger oder die erste Trägerin eines Namens überhaupt nicht auszumachen. Viele Namen ließen sich mit geschichtlichen Persönlichkeiten nicht in Verbindung bringen, weil alle ihre Träger erfreulich unauffällig geblieben waren. So war der im Runderlaß als »*völlig eingedeutscht*« hervorgehobene Vorname Charlotte, eine Weiterentwicklung aus dem französischen »Charles«, zeitweilig ein Modename, ohne daß es vorher eine prominente Charlotte gegeben hätte. »Christian«, seit Jahrhunderten als Vorname gewählt, bedeutete ursprünglich ein Bekenntnis zum Christentum (Christianus sum) und ging nicht auf einen bestimmten Namenspatron zurück.

Die Suche des Kammergerichts nach der geschichtlichen Bedeutung des ersten Namensträgers führte auch aus einem weiteren Grund in die Irre. Wenn ein Name »*völlig eingedeutscht*« war, konnte ihm die möglicherweise abschreckende geschichtliche Bedeutung des ersten Trägers dieses Namens nicht mehr entgegengehalten werden, wie umgekehrt die grandioseste historische Bedeutung einem Vornamen nicht den Weg ebnen konnte, wenn er nicht »*völlig eingedeutscht*« war.

Das Kammergericht verengt die schon unsinnige Frage nach der geschichtlichen Bedeutung der ersten Trägerin des Vornamens Esther noch weiter und fragt

»vor allem, ob und welche Bedeutung sie gerade für das Deutschtum gewonnen hat«.

Gewißlich keine, das war klar. Aber mit dieser Frage steuerte das Gericht auf eine Sackgasse zu. Der Vorname Julius zum Beispiel gehörte zu den von den Richtlinien als »*völlig eingedeutscht*« genannten Namen. Der Name war gebräuchlich geworden, weil zwar nicht der erste Träger dieses Namens, aber immerhin der bedeutendste aus dem Geschlecht der Julier, Julius Caesar, diesen Namen zum Bildungsgut der Humanisten und zum Bestandteil der Geschichtsbücher gemacht hatte. Seine geschichtliche Bedeutung überstrahlte die aller anderen Römer, sie war so übermächtig, daß sein Eigenname Caesar sich zum Herrschertitel »Kaiser« entwickelte. Über seine Bedeutung *»gerade für das Deutschtum«* freilich ließ sich wenig sagen. Die wenigen überlebenden Kelten dürften eine eher ungünstige Meinung von ihm gehabt und auch die Germanen links und rechts des Rheins werden ihn eher als Plage gefürchtet haben. Auch Theodor Mommsens geniales Werk über die römische Geschichte, in dem Julius Caesar als überragende Gestalt geschildert wurde, begründete keine Bedeutung Caesars gerade für das Deutschtum. Dennoch war der Name Julius üblich geworden und wurde nicht mehr als fremd empfunden. Julius Spankus, der Präsident des 1b-Senats, konnte das bestätigen.

Es bleibt ein Rätsel, weshalb das Kammergericht sich derart verirrt hat, wo doch die Vorgabe der Richtlinien einfach genug war. Das Absurde an der Gedankenführung dieses Beschlusses ergibt sich gerade aus dem Kontrast zu den Richtlinien. Wenn dort beispielsweise die Vornamen Sofie und Maria als unbedenklich, weil *»völlig eingedeutscht«*, vorgestellt werden, das Kammergericht aber auch hier nach der Bedeutung der ersten Trägerinnen dieser Namen fragen würde, wie es nach der ersten »Esther« und deren Bedeutung gerade für das Deutschtum fragt, dann wird das deutlich. Lange bevor es eine Trägerin des Namens Sophia, von dem sich »Sofie« herleitet, gab, gab es dieses griechische Wort für Weisheit. Die legendären heiligen Sophien waren für das Deutschtum ohne Belang. Maria, die Mutter Jesu, war für alle Christen von überwältigender Bedeutung, aber für das Deutschtum?

Das Kammergericht hatte sich verrannt. Nun mußte es diesen Irrweg weitergehen und sich konkret mit der biblischen Esther beschäftigen, so abwegig das auch war. Zu seiner Exegese des Buches Esther leitete das Gericht mit den Worten über:

»Die geschichtliche Trägerin des Namens Esther ist eine Frau, von der das Buch ›Esther‹ im Alten Testament handelt. Hiernach

165

war Esther eine Vollblutjüdin, die ursprünglich den jüdischen Namen Hadassa führte (Buch ›Esther‹ Kap. 2 V. 5,7). Der Name Hadassa ist übrigens in dem erwähnten Runderlaß in der Form ›Hadasse‹ als weiblicher jüdischer Vorname zugelassen.«

Eine geschichtliche Esther hat es nicht gegeben.[137] Schon dieser Einstieg des Gerichts ist irrig. Daß der Name Hadasse in der Namensliste jüdischer Vornamen enthalten war, der Name Esther hingegen nicht, mußte nichts für die Entscheidung besagen, konnte aber zumindest nicht gegen den Vornamen Esther ins Feld geführt werden.

Die Versangabe zeigt, daß man eine Bibel auf dem Arbeitstisch hatte, sehr wahrscheinlich eine Luther-Bibel, wie sie sich auch heute noch in der Bibliothek des Kammergerichts findet. Neben der deutschen Übersetzung Martin Luthers zogen die Richter bei ihrem Ausflug ins Alte Testament ein weiteres Werk zu Rate, das die scheinbar ernsthafte Beschäftigung mit dem biblischen Text als schwer erträglichen Taschenspielertrick entlarvt. Beschränken wir uns aber zunächst auf die Gegenüberstellung dessen, was das Kammergericht aus dem Buch Esther herausliest und was wirklich dort geschrieben steht.

»Diese Hadassa wurde unter dem arischen Namen Esther sowie unter bewußter Verschweigung ihrer jüdischen Herkunft durch ihren jüdischen Verwandten und Pflegevater Mardochai an den königlichen Hof in Susa in Persien gebracht und dem König Ahasveros (Xerxes) als Dirne zugeführt, d. h. verkuppelt.«

Zum besseren Verständnis muß man die Vorgeschichte kennen. Der König Ahasveros – darunter ist der persische Großkönig Xerxes, der Verlierer der Schlacht bei Salamis, zu verstehen[138] – hatte die bisherige Königin Vasthi verstoßen. Danach suchten seine Beamten im ganzen Land eine junge Frau für ihn. Zu diesem Zweck holten sie Hunderte von Jungfrauen aus dem ganzen Reich zusammen, um sie nach entsprechender zeremonieller Vorbereitung durch den Obereunuchen Hegai nach und nach dem König vorzustellen. »*Und wenn eine des Abends hineinkam, die ging des Morgens von ihm in das andere Frauenhaus.*« Dort mußte sie warten, ob sie ein weiteres Mal zum König gerufen wurde. In der Hauptstadt Susa lebte auch Esther, um die sich nach dem Tod der Eltern ihr Cousin Mardochai kümmerte. Esthers Vater war Mardochais Onkel gewesen. Mardochai gehörte der Oberschicht der in der persischen Diaspora verbliebenen Juden an. Das Mädchen war jung und schön. Der König ließ junge und schöne Mädchen suchen. Es ergab sich:

»Da nun das Gebot und Gesetz des Königs laut ward und viel Dirnen zuhaufe gebracht wurden gen Schloß Susan unter die Hand Hegais, ward Esther auch genommen zu des Königs Hause unter die Hand Hegais, des Hüters der Weiber.«

Esther wurde – wie die anderen jungen Mädchen – genommen, geholt, nicht zugeführt. Der König hatte es befohlen. Mardochai wurde nicht gefragt. Er hätte das Abholen seiner Pflegetochter noch nicht einmal verhindern können. Also ist die Behauptung, er habe von sich aus Esther zum König *gebracht* und sie mit ihm verkuppelt, unwahr. Sie findet im Buch Esther keine Stütze.

Richtig ist, daß Esther auf Wunsch oder Befehl von Mardochai nicht sagte, daß sie Jüdin war. Das Versteckspiel hätte aber nichts getaugt, wenn Mardochai sie wirklich dem König zugeführt hätte, da jeder wußte, daß Mardochai Jude war. Diese Stelle in der Esther-Geschichte ist in der Tat nicht ganz klar. Wir wissen, daß nach dem Buch Esther diese junge Jüdin, von der der König angeblich nicht wußte, daß sie Jüdin war, das Wohlgefallen des Königs fand und zur Königin erhoben wurde. Die Historiker sind sicher, daß das unmöglich geschehen sein kann, weil die Achämenidenkönige ihre Gemahlinnen nur aus sieben noblen Familien des Landes wählen durften.[139] Auch das ist ein Umstand, der es nahegelegt hätte, den Text nicht allzu wörtlich zu nehmen. Aber das Kammergericht fährt fort:

»Es gelang ihr, durch ihre körperlichen Reize, die Gunst des willensschwachen und sinnlichen Königs zu erringen und schließlich Königin zu werden.«

Ein Blick auf das Original:

»Und sie war eine schöne und feine Dirne.
Und der König gewann Esther lieb über alle Weiber, und sie fand Gnade und Barmherzigkeit bei ihm vor allen Jungfrauen. Und er setzte die königliche Krone auf ihr Haupt und machte sie zur Königin an Vasthis Statt.«[140]

In der uns sprachlich näheren Gemeinsamen Bibelübersetzung von 1982 heißt es über Esther schlicht: »*Das Mädchen war sehr schön.*« Als »*schönes und feines Mädchen*« wird sie in der Fassung der Luther-Bibel von 1975 beschrieben.[141] Der Bedeutungswandel des Wortes »Dirne« zum Negativen hatte sich 1938 längst vollzogen, so daß bei der indirekten Wiedergabe des Bibeltextes das zeitgemäßere »Mädchen« an dessen Stelle zu setzen war, sollte es nicht mißverständlich wirken. Aber wie verschieden man ein und dieselbe Geschichte mit wenigen Worten darstellen kann! Es mag sein, daß Esther sich, da sie schon einmal in der Nähe des Königs war, um seine Gunst bemühte. Nur wird davon nichts gesagt. Der Text stellt sie eher passiv dar. Das alles hört sich – in der Bibel – sehr zart und zärtlich an. Die vom Kammergericht angeführten Bibelstellen tragen die abwertende Darstellung nicht. Das Gericht geht erkennbar unlauter mit dem biblischen Text um.

»Unter ständiger Beratung durch Mardochai wußte sie den König zu bestimmen, daß er seinen Ratgeber und Minister, den Arier Haman, – der die gefährliche Wühlarbeit des Judentums im persischen Reiche erkannt hatte und deshalb zur Rettung des Staates energisch dagegen einschreiten wollte –, entfernte und hinrichten ließ und an seiner Statt den Juden Mardochai in diese Stellung einsetzte. Esther ließ sich sogar von dem König das Haupt Hamans, ›des Judenfeindes‹ geben.«

Bei der extremen Verkürzung in diesem Satz droht der Zusammenhang verlorenzugehen. Jede Verkürzung ist zugleich Interpretation. Wir müssen uns daher diesen Teil der Geschichte, der durch den Kontrast Haman–Mardochai geprägt ist, genauer ansehen.

Zu Beginn der Geschichte ist Haman oberster Ratgeber des Königs, also das, was man aus »Tausendundeiner Nacht« als Großwesir kennt. Am Ende wird er auf Geheiß des Königs gehenkt und Mardochai sein Nachfolger. Für den jüdischen Erzähler des Esther-Buches ist Haman der Schurke im Stück, da er den König zu einem Befehl veranlaßt, aufgrund dessen an einem bestimmten Tag sämtliche Juden im Reich des persischen Großkönigs, das von »*Indien bis Kusch*«[142] reichte, ermordet werden sollen. Dieser staatlich verordnete Massenmord ist das, was das Kammergericht staatstragend-euphemistisch mit »*energisch dagegen einschreiten*« beschreibt.

Bei Haman hält es das Kammergericht für richtig, den »*Arier*« hervorzuheben, um den Kontrast zu dem Juden Mardochai zu steigern. Nun könnte man sich denken, daß in einem »arischen« Reich wie dem der Achämeniden die engsten Berater des Königs und damit die einflußreichsten Männer selbstverständlich ebenfalls Perser oder Meder, in diesem Sinne also Arier, sein mußten. Das ist nicht abwegig, schließt dann aber die spätere Ernennung des Juden Mardochai zum Nachfolger Hamans aus. Wenn diese Vermutung für Haman als Arier nicht trägt, müssen wir uns mit dem bescheiden, was uns und auch den Richtern am Kammergericht der biblische Text berichtet. Dort wird Haman als »*Sohn Hammedathas*« und als »*Agagiter*« eingeführt. Die Bedeutung ist umstritten. Der jüdische Zuhörer der Geschichte war damit aber im Bilde. Agag war der aus den Büchern Mose überlieferte König der Amalekiter, der Erzfeinde Israels, die seinerzeit unter Josua auf dem Sinai vernichtend geschlagen worden waren.[143] Auch in der fast restlos mit dem Buch Esther übereinstimmenden Überlieferung dieser Geschichte durch Flavius Josephus ist Haman ein Amalekiter.[144] War er aber Amalekiter, wenn auch – wie die Juden – fernab von seiner Heimat, dann war er kein Arier. Wie auch immer: das Buch Esther, nach dem das Kammergericht Vers für Vers vorging, enthielt kein einziges Wort, aus dem auf Haman, den Arier, hätte geschlossen werden können. Auch hier opfert das Kammergericht den redlichen Umgang mit dem Text seiner vorgeplanten Dramaturgie.

Was aber hat es mit der vom Gericht angesprochenen *»gefährlichen Wühlarbeit des Judentums«* auf sich und was war – laut Esther-Buch – der Anlaß für den von Haman gewünschten und beim König durchgesetzten Mordbefehl?

Mardochai, der Jude, der Zugang zum königlichen Hof hatte, sich also auch bei Hofe eines gewissen Ansehens erfreute, hatte ein Komplott von Hofbeamten gegen den König aufgedeckt und über Esther dem König gemeldet. Die Schuldigen wurden hingerichtet und der Vorfall in die amtliche Chronik eingetragen. Der in einem solchen Fall naheliegende großzügige Dank des Königs war ausgeblieben. Mit freundlicher Distanz zu dem Text darf man sagen: Er mußte aus Gründen der dramatischen Steigerung an dieser Stelle ausbleiben.

Haman, über dessen Verdienste das Buch nichts berichtet, wird erster Minister des Königs. Nach dem Befehl des Königs ist es geboten, vor Haman niederzuknien. Allein Mardochai verweigert diese im Orient seinerzeit übliche Demutsgebärde, die Proskynese.[145] Gefragt, warum er dem Befehl des Königs nicht gehorche und Haman diese Ehrbezeigung verweigere, antwortet Mardochai: »Weil ich Jude bin.«[146] Ob das als grundsätzliche Ablehnung solcher »Unterwerfung« unter einen Menschen gemeint oder gezielt auf die Verweigerung gegenüber einem Amalekitersproß zu verstehen ist, tut hier nichts zur Sache. Haman ergrimmt über diese Beleidigung, beschränkt sich aber nicht darauf, Mardochai zu bestrafen oder sich an ihm zu rächen, sondern erstreckt seine Rache auf Mardochais Volk, die Juden im Reich. Er trachtete, *»alle Juden, so im ganzen Königreich des Ahasveros waren, zu vertilgen«*. Das soll,

170

wie ein Losentscheid ergibt, am dreizehnten Tag des Monats Adar geschehen.[147]

Ohne königlichen Befehl ist die persönliche Rache nichts. Der verweigerte Kniefall Mardochais läßt sich als Casus belli schlecht vorbringen. Der jüdische Erzähler weiß, wovon er spricht, wenn er Haman zu seinem König sagen läßt:

»Es ist ein Volk, zerstreut und teilt sich unter alle Völker in allen Ländern deines Königreichs, und ihr Gesetz ist anders denn aller Völker, und tun nicht nach des Königs Gesetzen; es ziemt dem König nicht, sie also zu lassen. Gefällt es dem König, so lasse er schreiben, daß man sie umbringe.«

Welches Volk Haman meint, wen er verdächtigt und wen er mit königlichem Befehl umbringen lassen will, sagt er nicht. Von Juden ist hier keine Rede. Allerdings von der Besonderheit, daß im großen persischen Reich ein Volk ist, das anders ist, seine eigenen Gesetze hat und die königlichen Gesetze nicht befolgt. Das ist von dem jüdischen Erzähler nicht ohne Stolz formuliert, soweit es die Treue zur religiösen Eigenart meint. Der zweite Vorwurf, Nichtbefolgung der königlichen Gesetze, wird bis auf die Verweigerung der Proskynese im Esther-Buch nicht bestätigt. Von der vom Kammergericht erwähnten »gefährlichen Wühlarbeit des Judentums« ist nichts zu sehen. Hätte es sie gegeben, dann wäre sie von Haman sicherlich drastisch angeprangert worden, da er ja einen möglichst gewichtigen Vorwand brauchte, um seine verletzte Eitelkeit zu rächen. Von Juden spricht Haman bei seiner Anklage gegen ein zu vernichtendes Volk nicht. Das läßt sich aus der Dramaturgie dieser hinreißend aufgebauten Geschichte erklären, doch war dieser Zugang dem Kammergericht sicherlich verschlossen. Tatsache bleibt: die »Rettung des Staates« stand nicht zur Debatte, die »gefährliche Wühlarbeit des Judentums« als Anlaß für die von Haman geforderte Vernichtung der Juden ist eine Erfindung des Kammergerichts.

Da Haman dieses aus dem Jahre 1938 stammende Argument der »*gefährlichen Wühlarbeit*« nicht zu Gebote steht, ergänzt er seinen Antrag mit einem eher sachlichen Argument, das erfahrungsgemäß Berge versetzt; er sagt:

»Gefällt es dem König, so lasse er schreiben, daß man sie umbringe; so will ich zehntausend Zentner Silber darwägen unter die Hand der Amtsleute, daß man's bringe in die Kammer des Königs.«

In der modernen Übersetzung liest sich das geschäftsmäßiger:

»Wenn der König einverstanden ist, soll der Befehl erlassen werden, sie zu töten. Ich werde dann in der Lage sein, den Verwaltern der Staatskasse 350 Tonnen Silber auszuhändigen.«[148]

Ahasveros verzichtet auf das Geld und überläßt Silber und das Schicksal der Juden Haman. Der Mordbefehl, reichseinheitlich zu vollstrecken am dreizehnten des Monats Adar, wird mit reitenden Boten durch das ganze Reich verbreitet. Sein im Esther-Buch überlieferter Wortlaut ist für das Weitere bedeutsam:

»Und die Briefe wurden gesandt durch die Läufer in alle Länder des Königs, zu vertilgen, zu erwürgen und umzubringen alle Juden, jung und alt, Kinder und Weiber, auf *einen* Tag … und ihr Gut zu rauben.«

Es ging um einen langfristig geplanten Massenmord an einer Minderheit, nicht etwa um einen spontan aufflammenden und massenhysterisch sich ausbreitenden Pogrom. Das war so schwer vorstellbar, daß der berühmte evangelische Theologe Hermann Gunkel in seiner mitten im Ersten Weltkrieg erschienenen Monographie über Esther u. a. schrieb:

»Ein solcher Mordbefehl des persischen Staates mag den in sicheren Staatsverhältnissen lebenden modernen Gelehrten lange Zeit als ganz undenkbar erschienen sein; aber die jüdischen Pogrome in Rußland wie die Armeniermorde in der Türkei belehren uns, daß solche Staatspolitik leider auch heutzutage nicht unmöglich ist … Nun mag es freilich mehr als zweifelhaft bleiben, ob der persische Staat jemals einen solchen allgemeinen Mordbefehl gegen die Juden der Diaspora ausgegeben hat – von den Juden im alten Juda ist hier wie im ganzen Buch überhaupt keine Rede –; aber es genügt auch zum Verständnis des Buches, daß das Judentum Grund hatte, ein solches Verfahren zu fürchten.«[149]

Die Juden in Susa hatten Grund zur Furcht. Sie erfuhren alsbald von diesem Mordbefehl, der ihnen immerhin einige Monate Zeit ließ, die Vernichtung von sich und von den Juden im ganzen persischen Reich abzuwenden. Esther wird von Mardochai über den Vernichtungsbefehl unterrichtet. Über einen Mittelsmann läßt er sie bitten, sich beim König für ihr Volk, die Juden, zu verwenden. Esther lehnt zunächst ab, weil es bei Todesstrafe verboten ist, sich dem König ungerufen zu nähern. Mardochai beharrt auf seinem Wunsch und läßt ihr mit drohendem Unterton bestellen, auch sie sei als Jüdin von diesem Mordplan bedroht; daß sie im Königspalast lebe, werde sie nicht retten.

»Denn wo du wirst zu dieser Zeit schweigen, so wird eine Hilfe und Errettung von einem anderen Ort her den Juden entstehen, und du und deines Vaters Haus werdet umkommen. Und wer weiß, ob du nicht um dieser Zeit willen zur königlichen Würde gekommen bist?«

Das bringt die Wende. Esther bittet, daß alle Juden in Susa für sie drei Tage fasten, nichts essen und nichts trinken sollen, weder Tag noch Nacht, auch ihre Zofen, keine Jüdinnen, sollten es so halten, dann werde sie zum König gehen, entgegen dem Gesetz: *»'abadtî 'abadtî – Komme ich um, so komme ich um.«* Ein Zurück gibt es jetzt nicht mehr. Esther ist bereit, sich für ihr Volk zu opfern.

Für Haman nimmt das Unheil seinen Lauf. In einer schlaflosen Nacht findet Ahasveros in der Chronik den Bericht über Mardochais Warnung vor dem Anschlag gegen den König. Er stellt fest, daß dieser für seinen rettenden Hinweis nicht belohnt worden ist. Das will er bei nächster Gelegenheit nachholen. Der eitle Haman glaubt, er selbst solle geehrt werden, und schlägt dem König eine besonders aufwendige Ehrung vor, die nun Mardochai zuteil wird. Die erste Demütigung Hamans. Esther wird Audienz beim König gewährt. Bei einem Gastmahl, bei dem der König sie ausdrücklich als »Königin Esther« anspricht – der Erzähler dieser perfekt aufgebauten Geschichte hat jede Nuance ausgekostet –, unterrichtet sie den König über den Mordplan gegen ihr Volk, das – und damit auch sie – »vertilgt, erwürgt und umgebracht« werden soll. Erst dadurch erfährt Ahasveros, daß Esther Jüdin ist. Er erfährt auch, daß Haman, der »niederträchtige Haman«, Urheber des Vernichtungsbefehls ist, und läßt ihn hängen. Haman stirbt an dem Galgen, den er für Mardochai bestimmt hatte. Engster Berater des Königs und Minister wird nun Mardochai. Esther erhält Hab und Gut des hingerichteten Haman, sein Haus.[150]

Damit aber war der Vernichtungsbefehl gegen die Juden noch nicht aus der Welt. Der Widerruf eines königlichen Befehls war nicht möglich. Der König ermächtigt aber Mardochai zu einem Gegenbefehl im Namen des Königs, der das Spiegelbild ist zu dem von Haman erwirkten Befehl gegen die Juden,

»darin der König den Juden Macht gab, in welchen Städten sie auch waren, sich zu versammeln und zu stehen für ihr Leben und zu vertilgen, zu erwürgen und umzubringen alle Macht des Volks und Landes, die sie ängsteten, samt den Kindern und Weibern, und ihr Gut zu rauben«.

Das war das königlich verbriefte Recht zur Notwehr gegen die geplante Vernichtung. Es wurde allerdings mehr daraus. Zunächst

»versammelten sich die Juden in ihren Städten in allen Landen des Königs Ahasveros, daß sie die Hand legten an die, so ihnen übelwollten. Und niemand konnte ihnen widerstehen; denn ihre Furcht war über alle Völker gekommen …

174

Also schlugen die Juden an allen ihren Feinden eine Schwert-
schlacht und würgten und brachten um und taten nach ihrem
Willen an denen, die ihnen feind waren.«

Dabei halfen ihnen im ganzen Land die Fürsten und Statt-
halter des Königs und die hohen Beamten. – Das mußte
auch für die Juristen beim Kammergericht ein klarer Fall
von Notwehr sein. Der rechtswidrige Angriff gegen die
Juden war durch den ersten Befehl des Königs auf den Tag
genau vorgegeben. In diesem Sinne war er gegenwärtig;
denn die Juden wehrten sich aufgrund des zweiten königlichen Befehls genau an dem für ihre Vernichtung vorgesehenen Tag. Abweichend von diesem Befehl – das hebt
der Erzähler ausdrücklich hervor – legten sie aber nicht
Hand an Hab und Gut derer, die sie erschlugen. Außerhalb der Hauptstadt, im ganzen Land, kamen die Juden
zusammen

»und standen für ihr Leben, daß sie Ruhe schafften vor ihren
Feinden, und erwürgten ihrer Feinde fünfundsiebzigtausend,
aber an ihre Güter legten sie ihre Hände nicht«.

Der König gewährt Esther noch einen zweiten Tag, an dem
auf Esthers Geheiß die bereits getöteten zehn Söhne Hamans aufgehängt wurden und in Susa weitere 300 Mann
den Juden zum Opfer fielen, »aber an ihre Güter legten sie ihre
Hände nicht«.
  Das hat nicht nur alle Kommentatoren des Buches
Esther stark beschäftigt. Daß es dieses Gemetzel in der
Geschichte Persiens nicht gegeben hat, ist dabei eher
nebensächlich, darf aber nicht ganz vergessen werden. Für
die hier interessierende Bewertung durch das Kammergericht ist es auch unergiebig, daß der zweite Tag, an dem
ohne Rechtfertigung durch Notwehr die Leichen der
Söhne Hamans geschändet und weitere 300 Mann getötet
werden, nur hinzuzerählt wird, um zu erklären, weshalb
das Purimfest in Susa einen Tag später gefeiert wurde als
im restlichen Reich.[151] Auch das dreimal hervorgehobene
»aber an ihre Güter legten sie ihre Hände nicht«, obwohl die

Plünderung im Gegendekret ebenso gestattet war wie im ursprünglichen Mordbefehl gegen die Juden, macht es nicht viel besser. Gemetzel bleibt Gemetzel.

Das konnte anders zu bewerten sein, wenn es in Notwehr geschah. Das läßt sich für den ersten Tag begründen. Der gegen die Juden gerichtete Mordbefehl, der im gleichen Augenblick wirksam werden sollte, in dem die Gegenwehr der Juden einsetzte, paßt in dieses Bild. Dafür spricht auch der Text, wonach Opfer ihre »*Feinde*« waren, jene, »*die ihnen feind waren*«. Noch deutlicher wird das durch die Wendung »*standen für ihr Leben*«, was später mit »*um ihr Leben zu verteidigen*« übersetzt wurde.[152] Aus der Sicht des Erzählers war es ein gerechtfertigter, vom König förmlich gestatteter gewaltiger Präventivschlag, an dessen Durchführung sich maßgeblich auch die persische Verwaltung beteiligte. Für den zweiten Tag ist das umstritten. Er hat denn auch die Gelehrten immer wieder beschäftigt. Das Zedlersche Universallexikon von 1734 macht es sich dabei etwas zu leicht, wenn es argumentiert:

»Die Jüden standen vor ihr Leben, daß sie Ruhe schafften vor ihren Feinden, und erwürgten ihrer Feinde 75 000. Wie es nun überhaupt so seyn sollen und ergangen ist, so mag doch wohl hier und dar, wie bey dergleichen unglückseligen Umständen zu gehen pflegt, insonderheit das Maß der unvermeidlichen Nothwehr überschritten, und dem Trieb der Rach-Gierde nachgegangen worden sein.«

Ein solches Bild einer wehrhaften jüdischen Minderheit in einem Staat, der am Schluß sogar für die Juden eintrat, widersprach so sehr der Leidenserfahrung dieses Volkes, daß es als literarischer Traum um so kräftiger ausgemalt werden mußte. Das wurde auch vor 1945 von den Theologen durchaus verstanden, aber überwiegend als zu blutrünstig kritisiert. Viele neigten dabei dazu, Ursache und Wirkung zu verwechseln. Judenverfolgung, Judenmord war auch im Altertum grausame Wirklichkeit. Dagegen stellten die Juden im Buch Esther einen Traum. Hermann Gunkel schrieb 1916:

»Juden-Pogrome sind damals eine leidige Wirklichkeit; aber ein solcher umgekehrter Pogrom gegen all die Völker, die das Judentum bedrängen, ist nichts als ein blutiger Traum rachedürstiger Seelen!«[153]

In einer Zeit, in der eine solche *»leidige Wirklichkeit«* sehr nah war, mochte auch manchen ein ungutes Gefühl beschleichen, wenn er an die höchst theoretische Gegenwehr, an Rache und Vergeltung der Juden, dachte. Freilich waren sich die Mächtigen im Jahre 1938 ihrer Sache viel zu sicher, um sich mit derartigen Gedanken zu plagen.

Das Gegendekret mit seinen problematischen Folgen hätte sich selbstverständlich erübrigt, wenn es dem König möglich gewesen wäre, seinen Mordbefehl gegen die Juden einfach aufzuheben. Das war aber, wie erzählt wird, nicht möglich.[154] Das Verhängnis für alle Beteiligten ist ursächlich mit dieser staatsrechtlichen Unmöglichkeit verbunden. Auch hier muß der kritische Betrachter Ursache und Wirkung auseinanderhalten.

Das Kammergericht faßt zusammen:

»Demnächst benutzten Esther und Mardochai ihre Macht und ihren Einfluß bei dem König dazu, um mehr als 75000 Perser und damit die arische Führerschicht des Landes ermorden zu lassen und auf diese Weise dem Judentum die herrschende Stellung im Staate zu verschaffen. Die Juden machten den Gedenktag dieses Ereignisses ›zu einem Tage des Wohllebens und der Freude‹ und feiern ihn auch noch heute als Purimfest.«

Daß mit der Erhebung Mardochais zum obersten Ratgeber des Königs nach dieser Geschichte der jüdische Einfluß deutlich zugenommen hatte, war eindeutig; daß das Judentum damit zugleich die *»herrschende Stellung im Staate«* errungen hätte, läßt sich hieraus nicht entnehmen. Ganz abwegig ist die Zutat des Kammergerichts, mit den 75000 Opfern sei die *»arische Führungsschicht«* umgekommen. Der oberste *»Arier«*, König Ahasveros, war für das Gegendekret höchstselbst verantwortlich. Seine hohen und höchsten

177

Beamten hatten die Juden unterstützt und damit überlebt, wie das in wirren Zeiten bei Führungsschichten nicht unüblich ist.

Die »Erklärung« für das Purimfest ist der Haupt-, wenn nicht der alleinige Zweck des Buches Esther. Gefeiert wird dabei nicht Mord und Totschlag, sondern, wie es unübersehbar im Esther-Buch steht, die Ruhe, zu der die Juden endlich gekommen sind. Mardochai, der danach mit einem Rundschreiben das Purimfest einsetzt, teilt den Juden nah und fern mit, sie sollten den vierzehnten und fünfzehnten Tag des Monats Adar feiern in Erinnerung an die Tage,

> »darin die Juden zur Ruhe gekommen waren von ihren Feinden, und nach dem Monat, darin ihre Schmerzen in Freude und ihr Leid in gute Tage verkehrt war«.

Die Fülle der prachtvoll ausgeschmückten Exemplare der Esther-Rolle zeigt die Bedeutung, die diese Geschichte für die Juden hatte. Maimonides, der Arzt aus Córdoba und der berühmteste jüdische Philosoph des Mittelalters, schätzte diesen Text so sehr, daß er der Meinung war, beim Kommen des Messias würde von den biblischen Büchern neben den Büchern Mose nur noch Esther Bestand haben.[155] Umstritten war das Buch immer, bei Juden und Christen. Luther hatte eine im Laufe seiner Beschäftigung mit diesem Buch eher schwankende Abneigung.[156] Für manche gläubige Juden war befremdlich, daß in diesem Text als einzigem der Bibel Gott nicht vorkommt. Andere hielten die jüdischen Helden der Geschichte für moralisch nicht gerade vorbildlich. Schalom Ben-Chorin, 1934 aus Deutschland ausgewandert, schrieb 1938 eine theologische Streitschrift, in der er sich auf wenigen Seiten, aber um so heftiger und kritischer mit diesem Aspekt des Esther-Buches auseinandersetzt. Er nennt Esther »*eine schöne, lebenslustige, kluge Frau, die den Weg des geringsten Widerstandes wählt*«.[157] Zu dem kritischen zweiten Tag in Susa schreibt er:

»Und Esther, die ›Myrthe‹?[158] Hier zeigt sie sich von einer recht peinlichen Seite. Ein Pogromtag ist ihr zu wenig. Sie will noch einen zweiten und bekommt ihn zugebilligt. Die zehn Söhne Hamans, deren Mittäterschaft keineswegs erwiesen ist, sind zwar getötet. Aber das genügt nicht; noch die Leichen müssen gehenkt werden. Das ist Esther: zuerst skrupellos erfolgsüchtig, dann feige, zuletzt grausam. Hier muss billigerweise allerdings darauf hinge-wiesen werden, dass ihre Grausamkeit, die uns masslos erscheint, den Rechtsbegriffen ihrer Umgebung entsprach.«[159]

Auch heute noch steht Schalom Ben-Chorin dieser Esther ambivalent gegenüber.[160] In der Tat ist die Geschichte schwierig. Von alledem wußte das Kammergericht nichts oder wollte davon nichts wissen. Zum Abschluß seiner eigenwilligen Exegese des Buches Esther zieht es eine jedes Nachdenken erstickende »Autorität« heran. Es verweist in allem Ernst auf »Fritsch, Handbuch der Judenfrage«.

Theodor Fritsch hatte sich den Antisemitismus zur Lebensaufgabe gemacht. Sein *»Handbuch der Judenfrage«* war hervorgegangen aus dem 1887 erstmals erschiene-nen *»Antisemiten-Katechismus«*, einem ausgesprochen ge-schmackvollen Titel für eine Hetzschrift.[161] Das Kammer-gericht verweist auf die 33. Auflage dieses von Falsch-darstellungen strotzenden Buches. Das niedrige Niveau und der offenkundige Hetzcharakter dieses Machwerks hätten es dem Kammergericht verbieten müssen, sich darauf zu beziehen. Wer dieses Buch anfaßte, machte sich schmutzig.

Die Stelle, auf die sich der Hinweis des Kammergerichts bezieht, stammt weitgehend nicht von Theodor Fritsch, sie ist vielmehr das umfangreiche Zitat aus einem von Fritsch nicht näher bezeichneten Werk von Gunkel. Das Zitat stammt aus der 1910 erschienenen Ausgabe des mehrbändigen Handbuches »Religion in Geschichte und Gegenwart«,[162] das 1938 in einer Ausgabe von 1929[163] vorlag, in der die zitierte Stelle, allerdings nur gering-fügig, anders lautete. Die vom Kammergericht gewählte Zitierweise hätte jeden Examenskandidaten disqualifi-ziert.

Originalton Fritsch ist die Einleitung, wonach die Juden unter den Persern Vorrechte genossen, sich als höhere Menschenklasse fühlten und sich sogar weigerten – wir nähern uns Esther –, die Höflichkeitsform der Verbeugung mitzumachen. Zwischen Kniefall und Verbeugung liegen Welten. Weiter Theodor Fritsch:

»Und wenn es einzelnen Juden gelang, in hohe Stellungen zu kommen, so nahmen sie für ihre Volksgenossen Partei. Kein Wunder, daß sie Haß ernteten!«[164]

In der Esther-Geschichte waren zuerst Mißgunst und Haß gegen Mardochai und mit ihm gegen alle Juden, erst dann kamen Hamans Fall und der Aufstieg Mardochais. Hermann Gunkel beschreibt in der von Fritsch zitierten Stelle zunächst den Hauptinhalt des Buches Esther als »*eine große Judenhetze*«, also eine Hetze gegen die Juden, bei der der Pöbel nach Herzenslust mordet und plündert, während die Obrigkeit die Augen kräftig zudrückt. Er fährt fort:

»Über den Grund solchen Judenhasses sagt das Buch kein Wort: er ist dem Verfasser völlig unbegreiflich; er merkt nicht und will es nicht merken, daß das Judentum mit seinem Haß gegen alle Völker (man denke an die Unheilsweissagungen gegen die ›Heiden‹) und mit seinem religiösen Hochmut, wie mit seinem nationalen Dünkel die ›Heiden‹ aufs schwerste gereizt hat.«

Das Zitat endet:

»In dem Buch Esther spricht sich der Geist einer unterdrückten Nation aus, die ihr Elend um so bitterer empfindet, als sie voller Eitelkeit steckt und alle Angriffe ihrer übermächtigen Feinde mit glühendem Haß erwidert. Aus eigener Kraft können sie sich nicht wehren; *aber sie schielen nach der Hilfe des Staates. Sie wünschen sich, daß eine Jüdin Königin werde und ein Jude der oberste Minister!* Dann aber würden die Juden den Spieß umdrehen; dann sollten alle Judenfeinde (75 000) mit Hilfe der Obrigkeit auf einen Tag mit Weib und Kind von den Juden ausgerottet werden! – In diesem Geiste wurde und wird alljährlich ein Fest gefeiert, wo das Judentum seine Feinde, wenigstens in Gedanken, totschlüge.«[165]

Damit war auch für das Kammergericht klar, daß das Esther-Buch kein geschichtliches Ereignis berichtet. Es ging um ein Gedankenbild, einen Traum, einen bösen oder guten, je nachdem. Wie nach Auffassung eines deutschen Theologen die angemessene Verhaltensweise einer unterdrückten Nation gegenüber einem übermächtigen Feind zu sein hatte, bleibt unbeantwortet. Die unterdrückte deutsche Nation hatte Generationen von Schülern im Haß gegen diesen oder jenen Erbfeind erzogen. Das Muster war also bekannt und konnte schwerlich als Vorrecht allein der Deutschen beansprucht werden. Den Juden wurde dieses »Normalverhalten« nicht zugestanden, auch nicht von einem Theologen, der 1916 sein Buch über Esther mit dem verständnisvollen Satz beendet hatte:

»Was uns aber aus diesem Buche, besonders in dieser Zeit des Weltkrieges, eindrucksvoll entgegentritt, das ist die Erkenntnis, welch unsägliches Unglück es für ein geistig reifes Volk bedeutet, wenn es nicht in einem von ihm selber errichteten Staate leben darf. Kein größerer Schade für die Entwicklung eines Volkes als die Fremdherrschaft.«[166]

Die Zwischenbilanz des Kammergerichts ist von brutaler Bösartigkeit:

»Eine solche Persönlichkeit wie Esther, die eine derartige geschichtliche Rolle gespielt hat, und zwar nicht durch ein offenes und klares Handeln, sondern durch List, Täuschung und Mißbrauch ihrer körperlichen Reize sowie ihrer Stellung, eine solche verbrecherische Dirne jüdischer Rasse kann den deutschen Frauen unserer Zeit nichts bedeuten und kann vor allem nicht als eine Persönlichkeit angesehen werden, nach der deutsche Eltern ihrer Tochter den Namen geben.«

Diese rein literarische Esther hatte nie eine geschichtliche Rolle gespielt. Das hindert aber die Richter, die schon im Josua-Beschluß den himmelschreienden Unfug der nationalsozialistischen Rassenlehre als *»Aufklärungsarbeit«*

gepriesen haben und dieses Lob im Esther-Beschluß wiederholen werden, nicht, sie als »*verbrecherische Dirne jüdischer Rasse*« zu schmähen.[167] Dieselben Richter, die in der Vertrautheit eines engeren Kreises kaum einen prominenten Vertreter dieser Rassenlehre als satisfaktions- oder gesellschaftsfähig akzeptiert hätten, verfallen hier in den Gossenjargon des »Stürmer«. Warum?

Mit Notwendigkeiten der Entscheidung läßt sich das nicht begründen. Ganz im Gegenteil: der Ausflug in das Buch Esther war überflüssig. Für die allein entscheidende Frage, ob der Vorname Esther »*völlig eingedeutscht*« war, kam es nicht auf die moralische Beurteilung oder Verurteilung der biblischen Esther an. Schon gar nicht konnte es für die Annahme eines Namens als nicht mehr fremd von Bedeutung sein, ob die biblische Figur für die »*deutschen Frauen unserer Zeit*« als Vorbild zu empfehlen war. Wenn ein Name »*völlig eingedeutscht*« war, dann war dieser Vorgang längst abgeschlossen. Die neue Zeit mußte draußen bleiben. Sie konnte den abgeschlossenen Vorgang, ob ein Name nicht mehr als fremd empfunden wurde, nicht neu definieren. Genau das aber will das Kammergericht.

Selbst wenn der Vorname Esther, was das Kammergericht ja nicht wissen konnte, »*den deutschen Frauen unserer Zeit*« etwas bedeutete, so »kann« er nach den Worten und »darf« er nach dem Willen des Gerichts ab sofort nichts mehr bedeuten. Das Gericht verordnet eine Umwertung der Werte nach den Erfordernissen der »*neuen Zeit*«. Besonders deutlich wird das bei der Ablehnung der Familienüberlieferung, die sich jetzt anschließt.

»*Familienüberlieferung*« war nach den neuen Vorschriften, den Richtlinien vom 18. August 1938, einer der besonderen Gründe, der es ausnahmsweise rechtfertigen konnte, einen nichtdeutschen Namen zuzulassen. Systematisch stellte sich diese Frage mithin erst, wenn das Zwischenergebnis »*nichtdeutscher Vorname*« feststand. Dazu mußte im Falle Esther verneint werden, daß dieser Vorname »*völlig eingedeutscht*« war. Soweit war das Gericht, wie wir sehen werden, noch nicht. Gleichwohl greift es an dieser Stelle und damit am falschen Platz einen Einwand des Vaters auf, es sei

»lange Zeit hindurch in deutschen, christlich gesinnten Kreisen der Vorname Esther üblich gewesen und zum Teil auch heute noch gebräuchlich. Es kann nicht bestritten werden, daß sich in dieser Hinsicht in manchen Gegenden eine Familienüberlieferung gebildet hat.«

Nach den Richtlinien war Familienüberlieferung zu respektieren. Später wird der Innenminister sogar in einem ergänzenden Erlaß vorschreiben, daß bei der Anwendung der Richtlinien in diesem Punkt nicht engherzig vorgegangen werden dürfe.[168] Anders das Kammergericht:

»Dieser Tradition fehlt aber die innere Berechtigung und hat ihr von Anfang an gefehlt. Man hat diesen Namen nur gewählt, weil er eben in der Bibel vorkommt und für die Geschichte des Judentums eine gewisse Bedeutung erlangt hat. Man hat sich aber dabei nicht im geringsten klargemacht, was für eine Persönlichkeit die geschichtliche Esther in Wirklichkeit gewesen ist, daß sie vor allem auf religiösem oder sittlichem Gebiet kein Andenken von bleibendem Wert hinterlassen hat. Das Buch ›Esther‹ berichtet darüber jedenfalls nichts. Wenn diejenigen, die zuerst den Vornamen Esther für deutsche Mädchen gebraucht haben, diese Überlegungen angestellt hätten, so würde dieser Name wohl nicht eine solche Verbreitung gefunden haben. Die geschichtliche Esther ist jedenfalls kein christliches Vorbild und noch weniger ein deutsches Vorbild.«

Oben hatte es noch geheißen, der Name sei »*in Aufnahme gekommen, weil ihn eine ganz bestimmte geschichtliche Persönlichkeit erstmalig getragen hat*«, jetzt kommt das Kammergericht der Wahrheit näher, wenn es schreibt, daß der Name Esther »*eben in der Bibel vorkommt*«. Das rettet aber den Namen nicht. Die schlimme Person, als die sich Esther nach der profunden Exegese des Gerichts entpuppt hat, macht ihren Namen unmöglich. Auf Familienüberlieferung kann keine Rücksicht genommen werden, denn einer solchen Tradition fehlt, wie das Kammergericht verkündet, »*die innere Berechtigung und hat ihr von Anfang an gefehlt*«.

Das Kammergericht unterscheidet zwischen einer aus seiner Sicht berechtigten Tradition und einer, die es mangels innerer Berechtigung verwirft. Es projiziert dabei seine aus dem Hier und Heute entnommenen Wertvorstellungen, nämlich die des Nationalsozialismus, auf die Vergangenheit, in der die Vorstellungen der Menschen andere waren. Es maßt sich ein Urteil über die Motive an, aus denen heraus vor Jahrhunderten eine Familie in Deutschland vielleicht den Vornamen Esther für die Tochter gewählt hat. Es weiß, ohne hierzu irgend etwas wissen zu können, daß man sich seinerzeit »nicht im geringsten klargemacht hat, was für eine Persönlichkeit die geschichtliche Esther in Wirklichkeit gewesen ist«. Wie diese ganz und gar ungeschichtliche Esther zu sehen ist, bestimmt das Kammergericht; wer sie je anders gesehen hat, hat geirrt. Ein Vorbild jedenfalls ist die »geschichtliche Esther« nicht, »kein christliches« – auch darüber befindet das Kammergericht – »und noch weniger ein deutsches«. Diejenigen, die das in der Vergangenheit nicht erkannt und den Vornamen Esther für ihr Kind gewählt haben, sehen sich jetzt einem schlimmen Verdacht ausgesetzt:

»Das gesunde Empfinden des deutschen Volkes hat dies auch nie verkannt, und den Namen Esther mit Rücksicht auf seine erste Trägerin zumeist als einen typisch jüdischen Namen angesehen. Es wendet sich in letzter Zeit dank der von dem Nationalsozialismus geleisteten Aufklärungsarbeit auch immer mehr dagegen.«

Hier folgt ein weiterer Verweis auf Fritschs Handbuch der Judenfrage. Es bleibt unklar, was damit belegt werden soll. Die eine Stelle behandelt die jüdischen Berliner Salons am Ende des 18. Jahrhunderts, auf denen schöne Jüdinnen eine große Anziehungskraft ausübten, und es, wie Theodor Fritsch genau weiß, »nicht bloß bei der Geistreichelei und bei dem Austausch von Gedichten, wissenschaftlichen und künstlerischen Arbeiten« blieb, sondern – im Unterschied zu den Salons, in denen nur die – hoffentlich ebenfalls schönen – Nichtjüdinnen verkehrten – auch »die intimsten Beziehungen angeknüpft wurden«. Weil das Kammergericht diese Stelle für erwähnenswert hält, soll sie auch zitiert werden:

184

»Man spricht von ›schöngeistigen Buhlerinnen‹, ›schöngeisti-
gem Bordell‹, ›Kommunismus des Genusses‹. Daß sich Wüst-
linge wie Gentz und Mirabeau in solchen Kreisen wohlfühl-
ten, ist selbstverständlich. Bedenklich war, daß auch Staatsmän-
ner und Prinzen in diesen Salons verkehrten. Deshalb hat man
nicht mit Unrecht von einer *Estherpolitik* gesprochen, welche mit
Hilfe ›schöner, kluger Weiber‹ dem Judenvolk Vorteil bringen
sollte.‹«

Die andere Stelle, die das Kammergericht der Erwähnung
für wert hält, behandelt »*Estherpolitik auf dem Wiener Kon-
greß*«. Daß es dort bunt zuging, war bekannt. Fritsch weiß
Genaueres:

»Die eigentliche Arbeit geschah von ränkevollen Diplomaten hinter den Kulissen, und dabei spielte die *jüdische Estherpolitik* eine gewisse Rolle. Berliner Jüdinnen, Töchter des reichen Itzig, waren
Frauen der einflußreichen Wiener Bankiers v. Arnstein und Eske-
les geworden. Sie verstanden es, während des Kongresses ihre
Berliner ›Landsleute‹, unter anderen Hardenberg und Wilhelm
v. Humboldt, an ihr Haus zu fesseln. In ihren Salons ergingen sich
die Herren in einer mehr als vertrauensseligen Offenheit über die
geheimsten Dinge, und am nächsten Tag wußte es die österreichische Regierung. Selbst zur Weihnachts-Christbaumfeier wußten die preußischen Diplomaten, vor allem der Staatskanzler Fürst
Hardenberg, keine bessere Stätte zu finden als das Haus ihrer
jüdischen Landsmännin, der Baronin Fanny v. Arnstein.«

Nun gehörte diese Art von Salongeschwätz vielleicht zur
Diplomatie, vielleicht sollte die österreichische Seite auf
diese Weise informiert werden. Vielleicht war auch die
leichtfertige Geschwätzigkeit der preußischen Diplomaten zu beanstanden. Der Vorwurf trifft aber die Damen
des Hauses, die Jüdinnen. Das Thema eignet sich leider
nicht zu einer Satire. Was die Richter in Berlin angeht, so
sollte man gewiß Menschen nicht nach den Büchern beurteilen, die sie dann und wann heimlich lesen, wohl aber
nach denen, die sie zustimmend zitieren.

Jetzt endlich kommt das Kammergericht auf die einzig
erhebliche Frage zurück und faßt zusammen:

»Es kann deshalb keine Rede davon sein, daß der Vorname Esther, auch wenn er seit Jahrhunderten in manchen Volkskreisen Deutschlands als ein Name ursprünglich ausländischer Herkunft häufig verwendet worden sein mag, eine solche Aufnahme im Volksbewußtsein gefunden hat, daß er als völlig eingedeutscht bezeichnet werden muß, wie etwa die Vornamen Elisabeth und Maria. Er hat vielmehr wegen seiner ersten Trägerin als ein jüdischer Vorname gegolten und gilt es noch.«

Das war im Ergebnis sehr wahrscheinlich richtig und mußte hingenommen werden, wenn man den Ausgangspunkt »*deutsche Vornamen für deutsche Kinder*«, wie die Verhältnisse nun einmal waren, zu akzeptieren hatte. Die lange Reise durch die Nacht der richterlichen Esther-Exegese war unnötig, aber entlarvend. Die drei Richter hätten sich diese Enthüllung ihres Innenlebens leicht ersparen können. Es muß ihnen damals wichtig gewesen sein, sich derart zu exponieren. Aber irgendwie scheinen sie sich dennoch ihrer Sache nicht restlos sicher gewesen zu sein. Noch einmal betonen sie, daß »*völlig eingedeutscht*« im Zusammenhang zu sehen sei mit der Vorbildfunktion der ersten Trägerin eines solchen Namens.

Als strahlendes Gegenbild zu der seitenlang verdüstert dargestellten Esther wird nun die biblische Ruth in die Betrachtung einbezogen.

»Es soll hier auch auf die alttestamentliche Ruth (von Herkunft Moabiterin, durch Heirat Jüdin geworden, und zumeist als Jüdin angesehen) hingewiesen werden, deren große Treue und selbstlose Liebe im deutschen Volke immer als vorbildlich betrachtet worden ist und deshalb auch heute noch die Verwendung des Namens ›Ruth‹ als eines völlig eingedeutschten Vornamens für ein deutsches Mädchen rechtfertigen kann (vgl. Buch ›Ruth‹ des Alten Testaments Kap. 1, V. 16 und 17 [›Wo Du hingehst, da will ich auch hingehen ... Dein Volk ist mein Volk ...‹]).«

In der Tat waren deren »*große Treue und selbstlose Liebe*« eindrucksvoll. Vielen deutschen Eheleuten hatte der Pfarrer nach der Trauung dieses vertrauensvolle »*Wo Du hingehst, da will ich auch hingehen*« auf den gemeinsamen Lebensweg mitgegeben. Viele sahen darin eine dichterisch schöne und durch die Herkunft aus der Bibel erhöhte Formel für eheliche Treue, Ruths Bekenntnis zu ihrem Ehegatten.

Dennoch muß das genauer betrachtet werden. Was war an Ruth denn so anders als an Esther? Beide biblischen Bücher, Esther und Ruth, gehörten zu den feierlich vorgetragenen Festrollen, den fünf Megilloth.[169] Das wird den Berliner Richtern wenig bedeutet haben. Beide Bücher sind von hohem literarischen Rang. »*Eine der genialsten Novellen der Weltliteratur*«[170] das eine, »*das lieblichste kleine Ganze, das uns episch und idyllisch überliefert worden ist*« das andere – das Buch Ruth in den Worten Goethes.[171]

Von beiden Frauen schreibt Luther wertfrei und seiner Zeit gemäß als »Dirne«. Beide Namen waren nicht jüdisch, Esther aber Jüdin, während Ruth Moabiterin war. Eine Jüdin Ruth hätte sich für das Kammergericht sicher als Vorbild weniger geeignet. War es das?

Man muß die biblische Geschichte dieser Ruth gar nicht durch die von Vorurteilen verzerrte Brille der Berliner Richter sehen, um nachdenklich zu werden.

Da war ein Jude aus Bethlehem in das benachbarte Land der Moabiter gezogen, »*mit seinem Weibe und seinen zwei Söhnen*«, weil im jüdischen Land die Verhältnisse schlecht waren. Die Söhne »*nahmen moabitische Weiber*«, Orpa und Ruth, und starben nach gut zehn Jahren. Da mußte ein rassebewußter Zeitgenosse schon ins Grübeln kommen. Zum Glück hatten diese Mischehen keinen Nachwuchs zur Folge gehabt. Naemi, die jüdische Schwiegermutter, rät Ruth und Orpa, in ihrer Heimat Moab zu bleiben, während sie nach Bethlehem zurück will. Hier spricht Ruth die berühmten Worte:

»Wo du hin gehst, da will auch ich hin gehen; wo du bleibst, da bleibe ich auch. Dein Volk ist mein Volk, und dein Gott ist mein Gott. Wo du stirbst, da sterbe ich auch, da will ich auch begraben werden. Der Herr tue mir dies und das, der Tod muß mich und dich scheiden.«

»*Große Treue und selbstlose Liebe*«, fürwahr. Aber Liebe und Treue für wen? Nicht für den Ehemann, sondern in überwältigender Demut gelobt der jüdischen Schwiegermutter! Die vaterlandslose Moabiterin *(»Dein Volk ist mein Volk«)* verläßt das Land ihrer Ahnen und folgt dieser Jüdin nach Bethlehem. Schon bei der Erwähnung dieses Ortes deutet sich für den Kundigen noch Schlimmeres an. Zunächst aber fristet Ruth in Juda ein kärgliches Leben. Beim Ährenlesen begegnet sie Boas, einem reichen Juden. Sie kommt ihm im Gespräch näher, folgt dem Rat der Schwiegermutter, badet und salbt sich und legt sich unaufgefordert zu dem nach schwerer Arbeit ruhenden Boas. Es kommt, wie es kommen muß, die Verführerin siegt:

»Also nahm Boas die Ruth, daß sie sein Weib war. Und da er zu ihr einging, gab ihr der Herr, daß sie schwanger ward und gebar einen Sohn.«

Der Sohn erhielt den Namen Obed. Er zeugte später den Sohn Isai, das ist der neutestamentliche »Jesse«, aus dessen Wurzel Jesus stammt. Isai war der Vater Davids, des Stammvaters, die vorbildliche Ruth Davids Urgroßmutter. Jüdischer konnte es kaum ausgehen. Goethe hatte das gewußt und geschrieben, das liebliche Buch Ruth diene dem *»hohen Zweck, einem Könige von Israel anständige, interessante Voreltern zu verschaffen«.*[172] Die Kammerrichter hätten statt Theodor Fritsch etwas mehr Goethe lesen sollen.

Es muß aber, um den Gedankengängen der Berliner Richter Gerechtigkeit widerfahren zu lassen, noch etwas angefügt werden: In den Personalakten des Vizepräsidenten Julius Spankus, des Vorsitzenden des 1b-Senats, ist ein Beihilfeantrag wegen der kieferorthopädischen Behandlung seiner Tochter Ruth überliefert.[173]

Der Vorname Ruth ist gewiß ebenso schön wie Esther. Vor dem Vorurteil des Kammergerichts konnte, wenn es mit rechten Dingen zuging, keine der beiden Titelheldinnen bestehen. Das Kammergericht sah das ganz anders, weil es das ganz anders sehen wollte, ohne Rücksicht auf »geschichtliche« oder biblische oder überlieferte Wahrheit.

Jetzt ging es nur noch darum, ob ein besonderer Grund den Vornamen Esther ausnahmsweise doch rechtfertigen konnte. An dieser Stelle war der in den Richtlinien erwähnte besondere Grund der Familienüberlieferung zu erörtern. Das Kammergericht unterstellt zugunsten des Vaters Luncke, *»daß in seiner Familie eine solche Tradition bestehen mag«*. Tatsächlich bestand sie nicht.[174] Hier distanziert sich das Gericht sogar etwas von den Richtlinien, die ihm zu liberal zu sein scheinen.

»Der Runderlaß gestattet aber keineswegs die Auslegung, daß alsdann die Verwendung eines nichtdeutschen Vornamens schlechthin zulässig sein soll. Es kommt vielmehr immer auf den einzelnen Fall an.«

Auch die Familienüberlieferung bedarf des richterlichen Prüfstempels. Wo käme man sonst auch hin. Zwar *»entspricht die Pflege und Aufrechterhaltung von Familientraditionen gewiß der nationalsozialistischen Weltanschauung«*, doch ist das kein Freibrief für individualistische Namenswillkür. Das erschlagende Argument aus dem Josua-Beschluß begegnet uns hier wörtlich wieder: *»Wenn eine solche Tradition mit den Gedanken und Anschauungen der jetzigen neuen Zeit nicht mehr vereinbar ist, muß sie eben aufgegeben werden.«* Die neue Zeit hat gesiegt. Sie bestimmt alles bis in die privatesten Dinge; denn:

»Es ist aber schlechterdings mit dem gesunden Volksempfinden nicht in Einklang zu bringen, daß ein deutsches Mädchen, das in dem für Deutschland so großen und bedeutungsvollen Jahre 1938 geboren ist, den als typisch jüdisch empfundenen Namen Esther empfängt.«

Größe und Bedeutung des Jahres 1938 hatten am Tag, da dies beschlossen und geschrieben wurde, ihren Gipfel noch nicht erreicht. Es fragt sich gleichwohl, was dieser politische Glanz und Glimmer des Jahres 1938 für eine möglicherweise seit Generationen gepflegte Familienüberlieferung zu besagen hatte. War – nach der Auffassung der Richter – dieser Glanz so großartig, daß er alles überstrahlte, wie alt und ehrwürdig, wie wichtig oder unbedeutend, wie liebgewonnen und gehegt es auch war? Das Kammergericht selbst scheint von diesem Glanz erschlagen gewesen zu sein. Geschlagen mit fürchterlicher Blindheit waren die hohen Richter, wie wir heute wissen, außerdem. Es folgt noch das Argument zum Kindeswohl, das wir auch schon aus der Josua-Entscheidung kennen. Das kommende Geschlecht werde dafür kein Verständnis und das Kind in Schule und BDM mit einem solchen Namen keine Freude haben.

Solche Prognosen waren im Grunde nicht unangebracht. Es mußte schon gefragt werden, was Eltern mit einem möglicherweise anstößigen oder lächerlichen Namen ihrem Kind antaten. Hier wurde aber das Kindeswohl als Argument gegen eine evtl. Familienüberlieferung eingesetzt und vom Richterstuhl aus entschieden, daß eine Familienüberlieferung, hier des Vornamens Esther – aber das ließ sich verallgemeinern – »*durch die Ereignisse völlig überholt*« werden konnte. Dieses Überrollen gewachsener Traditionen »*durch die Ereignisse*« begleitete die Deutschen seit 1933. Die Richtlinien boten vom Wortlaut her die Möglichkeit, solche Traditionen zu bewahren. Das Kammergericht war rigoroser:

»Es kann deshalb nicht als der Sinn des Runderlasses bezeichnet werden, eine durch die Ereignisse völlig überholte Familienüberlieferung weiter aufrechtzuerhalten.«

Noch drei Gesichtspunkte handelt das Kammergericht ab. Systematisch alle neben der Sache, im Fluß der Entscheidungsgründe auch längst überholt oder unerheblich. Argumente der Art, wie sie Richtern sozusagen beim Aufräumen vor der Schlußfanfare unter die Hände kommen.

Das erste greift die Nichterwähnung des Vornamens Esther in dem Verzeichnis jüdischer Vornamen vom 18. August 1938 auf. Typisch jüdische Vornamen können auch solche nichtjüdischen Ursprungs und damit für nichtjüdische Deutsche verboten sein. Wäre es anders, dann hätten sich sämtliche Ausführungen des Kammergerichts bis zu diesem Punkt erübrigt. Aber es mußte gesagt werden:

> »Im übrigen soll darauf hingewiesen werden, daß dieser Erlaß selbst, auch wenn er gerade den Namen Esther in dem Verzeichnis jüdischer Namen nicht aufführt, auch Namen nichtjüdischen Ursprungs als typisch jüdisch erachtet.«

Das Gericht kann nicht wissen, daß der Name Esther aus der ersten Fassung dieser Namensliste gerade deshalb wieder herausgenommen worden war, weil er nach Auffassung Hitlers gerade nicht »*typisch jüdisch*« genug und auch bei arischen Deutschen anzutreffen war. Die Bemerkung weist aber auf ein Problem hin, das dem Kammergericht durchaus klar sein mußte. Es gab jetzt eine Liste typisch jüdischer Namen, die nur noch von Juden geführt werden durften, es gab auf der anderen Seite die deutschen und die nicht als nichtdeutsche Vornamen zu behandelnden Namen, ein Drittes gab es für »arische« Deutsche nicht. Vornamen, die nach der Einschätzung der Gerichte oder Standesbeamten in diese Grauzone fielen – wir kennen die Beispiele Josua, Ragnar und Esther –, verschwanden damit aus dem Namensgebrauch in Deutschland. Diese Namen waren nach dem Willen des Kammergerichts zum Aussterben verurteilt.

Zum Beweis seiner Auffassung nennt das Kammergericht den Namen Moses, dessen berühmtester und erster Träger Jude, dessen Name aber ägyptisch war. Ein gemischter Fall wie »Esther«. Dieser Name war im Verzeichnis der nur für Juden bestimmten Vornamen enthalten. Daraus konnte man folgern, daß der von der Ausgangslage her vergleichbare Name Esther vom Minister nicht für ausreichend jüdisch gehalten worden war. Das war nicht zwingend, ließ sich aber hören. Das lag selbstverständlich nicht auf der einmal eingeschlagenen Linie, daher griff das Kammergericht auch hier auf die »*geschichtliche Persönlichkeit*« zurück.

»Als geschichtliche Persönlichkeit ist Moses einer der hervorragendsten Vertreter des Judentums gewesen und in dieser Eigenschaft und unter diesem Namen in die Geschichte eingegangen. Der Name ist deshalb, obwohl nichtjüdischen Ursprungs, ein typisch jüdischer Name geworden. Auch diese Überlegung rechtfertigt es, den Namen Esther als einen typisch jüdischen zu beurteilen.«

Das Kammergericht übersieht hier den naheliegenden Gedanken, daß die Begründerin des Stammes David, wiewohl nicht Jüdin, von ähnlicher Bedeutung für das Judentum war, so daß auch der Name Ruth sehr wohl als typisch jüdisch hätte beurteilt werden können.

Mit dem zweiten Argument erledigt das Kammergericht den Hinweis auf die Bedeutung, die der Name Esther für die deutsche Musik und Literatur gewonnen haben könnte, »*so durch das Drama von Grillparzer und das Oratorium von Händel*«. Darauf läßt sich das Gericht aber nicht ein. Gerade Händel erweckt wegen seiner Werke voller jüdischer Namen Argwohn:

»Allerdings hat Händel ein Oratorium ›Esther‹ geschaffen; er ist aber auch der Verfasser der Oratorien ›Josua, Saul, Samson, Judas Maccabäus‹. Der künstlerische Wert dieser Geisteswerke für die deutsche Kultur soll nicht verkannt werden.«

Aber das Kammergericht weiß Rat. Diese Werke sind

»in einer Zeit entstanden, welche kein Verständnis für den Rassegedanken hatte. Sie können deshalb nicht den Maßstab bilden, nach dem in der heutigen Zeit die Auswahl von Vornamen von deutschen Kindern zu geschehen hat.«

Nun hatte zwar niemand verlangt, daß Händels Werke den Maßstab für die Namensgebung liefern sollten, aber es wird klar genug, worum es dem Gericht ging: Auch Händel hatte in seinem Lebenswerk geirrt. Ohne Verständnis für den Rassengedanken hatte selbst er nichts Bleibendes schaffen können. Was hätte sich zum staatlich propagierten Schwachsinn des Rassengedankens nicht alles anmerken lassen. Gewiß, dergleichen verbot sich in einem solchen Beschluß und war möglicherweise auch riskant. Nur bestand keinerlei Notwendigkeit, den Rassengedanken überhaupt in diese Erörterung einzubeziehen. Was hätten die Richter des Jahres 1938 nicht alles im Hinterkopf zu diesem »*Rassegedanken*« haben und unausgesprochen bei ihrer Entscheidung berücksichtigen können. Niemand zwang sie, sich diesen unwissenschaftlichen Unfug zu eigen zu machen.[175]

Die salvatorische Klausel, wonach durch das Verbot des biblischen Namens Esther »*der Inhalt der christlichen Religion, ihr Glaube und ihr Bekenntnis nicht angetastet werden*« könne, ist aus dem Josua-Beschluß bereits bekannt. So endet denn der Esther-Beschluß vom 28. Oktober 1938 mit der Zusammenfassung:

»Hiernach gestatten die jetzt maßgebenden gesetzlichen Bestimmungen sowohl nach ihrem Wortlaut als auch nach ihrem Sinn und Zweck nicht, deutschen Kindern arischen Blutes noch Vornamen beizulegen, die zwar sprachwissenschaftlich nichtjüdischer, sogar arischer Herkunft sind, im Bewußtsein des deutschen Volkes aber als typisch jüdisch empfunden werden. Das gilt auch für den Vornamen Esther.«

Der Name Esther sollte mit diesem Beschluß nach Überzeugung des Kammergerichts für alle Zeiten in Deutschland ausgetilgt werden, gelöscht und in spätestens einer Generation vergessen. Fiat iustitia …

Und die Briefe wurden gesandt durch die Läufer in alle Länder des Königs, zu vertilgen, zu erwürgen und umzubringen alle Juden, jung und alt, Kinder und Weiber, auf Einen Tag, nämlich auf den dreizehnten Tag des zwölften Monats, das ist der Monat Adar, und ihr Gut zu rauben.

(Das Buch Esther 3, 13)

12. Kapitel

Der am 28. Oktober 1938 gefaßte Beschluß des Kammergerichts wurde nicht sofort bekannt. Er mußte den Beteiligten noch zugestellt werden. Das dürfte bis in die zweite Novemberhälfte gedauert haben. Das Standesamt in Gelsenkirchen trug am 29. November statt Esther den Vornamen Elisabeth ein. Die Veröffentlichungen in der Fachpresse erschienen Anfang Dezember 1938. Auch die Tagespresse berichtete. So brachte die »Rheinisch-Westfälische Zeitung« am 1. Dezember eine kurze und sachliche Meldung unter der Überschrift *» Vorname ›Esther‹ nicht für arische Kinder«*. In einigen Ausgaben war noch ein wörtlich übereinstimmender Nachsatz eingefügt, mit dem für die Volksgenossen die entsprechende Moral aus der Geschichte formuliert wurde, wobei es, wie üblich, ohne Drohgebärde nicht ging:

»Es mutet eigenartig an, daß es ein *deutscher Vater* noch fertig bringt, für sein Kind einen Namen zu wählen, der nur dem ›auserwählten‹ Volk zukommt. Wir haben wahrhaftig genug schöne Mädchennamen und haben es nicht nötig, unsere Mädchen mit jüdischen Vornamen und dazu noch mit dem von dem Charakter einer ›Esther‹ zu benennen. Das Kind wird später einmal dem Standesbeamten dafür dankbar sein, daß er es verhütete, daß es einen Vornamen bekam, den es nur mit Abscheu hätte tragen können.«

Selbst in den USA wurde über den Esther-Beschluß des Kammergerichts berichtet. In der von Pfarrer Luncke zusammengestellten Pressemappe sind zwei Zeitungsausschnitte mit solchen Meldungen erhalten. Sie müssen ihm also von Lesern dieser amerikanischen Zeitungen zugeschickt worden sein. Unter der Überschrift: *»Aryan Denied Right To Name Child Esther«* (Baltimore Sun) bzw.

Vorname „Esther" nicht für arische Kinder

Eine Entscheidung des Kammergerichts in Berlin / Ein seltener Vater

Gelsenkirchen. Beim Standesamt in Gelsenkirchen hatte ein Vater die Geburt einer Tochter angemeldet, als deren Vorname er den Namen „Esther" angab. Der Standesbeamte lehnte die Eintragung dieses Namens für ein deutsches arisches Mädchen unter Berufung auf den Sinn der einschlägigen Anordnungen des Reichsministers des Innern ab. Der Vater ließ auf dem rechtsmäßigen Beschwerdeweg die Angelegenheit durch alle Instanzen gehen. Das Kammergericht in Berlin hat nun als oberste Instanz für alle Zukunft die Eintragung des Namens „Esther" für deutsche Mädchen in die Geburtenbücher abgelehnt mit dem Hinweis auf das Charakterbild, das das alttestamentliche Buch „Esther" von dieser Volljüdin entwirft. Ausnahmen können hiernach für den als ausgesprochen jüdisch geltenden Namen Esther nur noch in den bekannten, begründeten Fällen, die der Minister besonders festgelegt hat, gestattet werden. Ein solcher Ausnahmefall lag bei dem Gelsenkirchener Antrag nicht vor.

* * *

Es mutet eigenartig an, daß es ein **deutscher Vater** noch fertig bringt, für sein Kind einen Namen zu wählen, der nur dem „auserwählten" Volk zukommt. Wir haben wahrhaftig genug schöne Mädchennamen und haben es nicht nötig, unsere Mädchen mit jüdischen Vornamen und dazu noch mit dem von dem Charakter einer „Esther" zu benennen. Das Kind wird später einmal dem Standesbeamten dafür dankbar sein, daß er es verhütete, daß es einen Vornamen bekam, den es nur mit Abscheu hätte tragen können.

Einjähriges Kind bei lebendigem Leibe verbrannt. Auf entsetzliche Weise ist in der Gemeinde Ootmarsum bei Nordhorn ein einjähriges Kind der Familie Alte-Booshaar zu Tode gekommen. Die Mutter verließ für kurze Zeit die Wohnung, um aus dem Gemeindebrunnen Wasser zu holen. Das Kind, das in einem Schaukelpferd saß, ließ sie allein zurück. Beim Spielen hat nun das Kind ein Wäschestück ergriffen, das über dem Ofen zum Trocknen hing. Es fiel herunter, geriet in Flammen, und bald müssen auch die Kleider des Kindes in Brand geraten sein. Als eine Nachbarsfrau verdächtigen Rauch bemerkte, fand sie die Wohnung in Rauch und Qualm. Sie holte das bereits bewußtlose Kind heraus, das jedoch unmittelbar darauf an den Folgen der erlittenen schweren Brandwunden starb.

'Aryan' Loses Court Test Against Ban on 'Esther'

GELSENKIRCHEN, Germany, Dec. 24 (A. P.).—An "Aryan" father who wanted to give his baby daughter the name of Esther was told by the registrar of births that this Jewish name was not permitted.

Stubbornly, the father carried his application through all courts. The Berlin court gave the final verdict that the name Esther is taboo to "Aryans," on the ground that "the Old Testament showed that Esther was an undesirable ch ,acter."

» ›*Aryan‹ Loses Court Test Against Ban on ›Esther‹*« (Philadelphia Inquiror) hieß es in der Meldung der Associated
Press vom 24. Dezember 1938 aus Gelsenkirchen:

»An ›Aryan‹ father who wanted to give his baby daughter the
name of Esther was told by the registrar of births that this Jewish
name was not permitted. Stubbornly, the father carried his application through all courts. The Berlin court gave the final verdict that the name Esther is taboo to ›Aryans‹, on the ground that
›the Old Testament showed that Esther was an undesirable character‹.«[176]

Der Tag der Esther-Entscheidung war ein gewöhnlicher
Freitag im Herbst. Am Samstag, dem 29. Oktober 1938,
feierte Joseph Goebbels seinen 40. Geburtstag, aber zum
Feiern war ihm nicht zumute. Am Sonntag zuvor hatte
ihn Hitler mit seiner Frau und den drei Kindern auf den
Berghof bestellt und ihm klargemacht, daß er sein Verhältnis zu der tschechischen Schauspielerin Lída Baarová
aufgeben und diese Liebe, die es wohl wirklich war, der
Staatsräson opfern müsse.[177] Nach den Affären Fritsch
und Blomberg konnte sich das Reich keinen neuen
Skandal dieser Qualität leisten. Also verzichtet Goebbels
schweren Herzens und mit trübem Gemüt. Er zeichnet
diese Begegnung und die ihm abgezwungene Entscheidung am 24. Oktober 1938 in seinem Tagebuch auf. Danach schweigt das Tagebuch bis zum 10. November, Goebbels schweigt bis in die Nacht, in der er die »Reichskristallnacht« entfesselt, zumindest aber den letzten Anstoß
gibt.

Am Tag der Esther-Entscheidung, ungeahnt von den
Richtern beim Kammergericht, an diesem 28. Oktober
1938, trommelte die Gestapo im ganzen Reichsgebiet
rund 18 000 polnische Juden zusammen, um sie nach Polen zu deportieren. Polen hatte angekündigt, den im Ausland lebenden Juden polnischer Staatsangehörigkeit die
Pässe zu entziehen, wenn sie nicht bis zum 30. Oktober
1938 nach Polen zurückgekehrt seien.[178] Dieses Ultima-
tum nutzte das Dritte Reich zur Ausweisung der polni-

schen Juden, die zum Teil seit Jahrzehnten in Deutschland lebten und deren Kinder zwar dem Paß nach Polen, aber schon in Deutschland geboren waren.[179] Zu den Ausgewiesenen gehörten auch die Angehörigen des 1921 in Hannover geborenen Herszel Grynszpan, dessen Eltern schon seit 1911 in Deutschland lebten. 1936 war er nach Frankreich ausgewandert. Am 1. November trafen die Eltern und Grynszpans Geschwister auf dem Weg nach Łódź in dem Grenzort Zbąszyń (Bentschen) ein.[180] In Paris erhielt Herszel Grynszpan am 3. November eine Postkarte seiner Schwester Beile, die ihn über das Schicksal der Familie in dem Grenzlager unterrichtete.[181] Der Rest gehört zur Weltgeschichte:

Am 7. November 1938 ging Grynszpan mit einer geladenen Pistole in der Tasche zur deutschen Botschaft in Paris, fragte sich durch und stand schließlich vor dem ihm unbekannten Gesandtschaftsrat Ernst vom Rath, den er mit mehreren Schüssen schwer verwundete. Vom Rath starb am Nachmittag des 9. November 1938. Die Nachricht erreichte Deutschland am Abend. Hitler, Goebbels und die »alten Kämpfer« waren zu dieser Stunde in München versammelt, um »ihres« Tages, des 9. November 1923, zu gedenken. Günstiger konnten die Würfel nicht fallen. Der längst gewünschte Anlaß zum Losschlagen war da, die Meute konnte losgelassen werden. Von spontanem Volkszorn war jetzt und auch in den nächsten Tagen entgegen der Goebbelsschen Propaganda nichts zu sehen. Von Protest oder Widerstand gegen die Zerstörung Hunderter von Synagogen, gegen die Entweihung und den Diebstahl von Thoraschreinen, gegen die Plünderung von Wohnungen, gegen die Mißhandlung von jüdischen Nachbarn, gegen die gezielte Verhaftung von rund 20 000 vorzugsweise »vermögenden Juden«,[182] gegen Mord und Totschlag, von einem Aufschrei der Deutschen des Jahres 1938 war auch nichts zu vernehmen.

Der Berliner Dompropst Bernhard Lichtenberg war eine Ausnahme. Er betete am Tag danach:

»Laßt uns beten für die verfolgten nichtarischen Christen und für die Juden. Was gestern war, wissen wir, was morgen ist, wissen wir nicht, aber was heute geschehen ist, haben wir erlebt: Draußen brennt der Tempel, und das ist auch ein Gotteshaus.«[183]

Der »*Traum eines Nachgeborenen*«[184], in dem Günther B. Ginzel sieht, wie sich die Pforten des Hohen Doms zu Köln zu einer Prozession öffnen und der Kardinal einen langen Zug von Gläubigen anführt, die zusammeneilen, weil die Synagogen, die Gotteshäuser, brennen, wo es wie ein Lauffeuer durch die Stadt geht, daß die katholische Kirche den Juden hilft, wo aus dem frommen Zug die Worte »*Wer Euch angreift, greift die Schwestern und Brüder unseres Herrn an*« den verängstigten Juden wieder Mut und Hoffnung geben, dieser Traum war ein Traum.

Wir wissen nicht, wie die Berliner Richter den 10. November 1938 erlebt und empfunden haben. Es bleibt für unsere Geschichte nur noch die Frage, was aus ihnen, dem Pfarrer Friedrich Luncke und seiner Tochter Esther geworden ist.

Also hängte man Haman an den Baum, den
er Mardochai gemacht hatte. Da legte sich
des Königs Zorn.

(Das Buch Esther 7, 10)

13. Kapitel

Das Richterkollegium des 1b-Senats blieb nicht mehr lange zusammen. *Josef Ecker* wechselte im Oktober 1939 zum 1a-Senat und im April 1942 zum 23. Zivilsenat des Kammergerichts, der sich, ein Zeichen der Kriegsumstände, mit Verkehrs- und Handelssachen befaßte. 1943 wurde Ecker in Berlin ausgebombt. Seine Mitwirkung in der NS-Volkswohlfahrt beendete er Ende 1943.[185] Am 2. März 1945 – die Rote Armee rückte bedrohlich auf Berlin zu – wurde er noch zum Volkssturm eingezogen.

Nach Kriegsende gab es zunächst keine funktionierende Justiz und folglich keine Richterstellen. Von Oktober bis Ende 1945 arbeitete Ecker bei einem Berliner Rechtsanwalt und Notar. Dort erreichte ihn die telegrafische Aufforderung, beim Wiederaufbau der Berliner Justiz mitzuwirken.[186] Unter der Leitung des Chefpräsidenten Dr. Loewenthal[187] arbeitete Ecker ab Januar 1946 in einer Berufungs- und Beschwerdekammer des Landgerichts Berlin, das nach Zehlendorf ausgelagert worden war.[188] Die Justiz war dort auf eine Reihe von leerstehenden Villen verteilt, die der damals schon über siebzigjährige, aber energische Chefpräsident Dr. Siegfried Loewenthal, der selbst in Zehlendorf wohnte, für diesen Zweck mit Beschlag belegt hatte.[189]

Ab 15. Oktober 1945 gab es auch wieder ein Kammergericht. Die Besetzung folgte dem alliierten Proporz. Vizepräsidenten wurden Dr. Loewenthal, der das Vertrauen der Amerikaner genoß, und der spätere Präsident der Berliner Anwaltskammer Dr. Kurt Wergin, den die britische Militärregierung entsandt hatte. Kammergerichtspräsident wurde nicht der eifrige Oberstaatsanwalt Dr. Melsheimer aus dem Bezirk Friedenau, sondern der Vertrauensmann der Sowjetischen Militär-Administration Professor Kanger. Im März 1968 bewegte das den damaligen Generalstaatsanwalt beim Kammergericht Hans Günther in der »Deutschen Richterzeitung« zu dem Stoßseufzer:

»Was wäre aus der Berliner Justiz geworden, wenn ein Mann wie Dr. Melsheimer damals Kammergerichtspräsident geworden wäre?«[190]

Aus einem im selben Heft erschienenen Beitrag erfahren wir, daß Dr. Ernst Melsheimer wegen seiner früheren Zugehörigkeit zur SPD 1933 »*sozusagen zum Kammergericht strafversetzt*« worden war. Er muß Ecker also gekannt haben. Dieser, den immerhin Dr. Loewenthal geholt hatte, hätte mithin auch den Weg zurück zum Kammergericht finden können. Was seine Entscheidung in eine andere Richtung bestimmt hat, wissen wir nicht. Jedenfalls bewarb sich Ecker am 10. Dezember 1945 beim Landgerichtspräsidenten in Koblenz und schrieb:

»Meine grösste Befriedigung wäre, wenn ich zu meinem Teil an geeigneter Stelle am Wiederaufbau der Rechtspflege in meiner rheinischen Heimat mitarbeiten könnte.«

Im Fragebogen erläuterte er ausführlich, daß er aus sozialen Gründen bei der NS-Volkswohlfahrt mitgearbeitet, es aber stets abgelehnt habe, in die NSDAP einzutreten, obwohl ihm dies wiederholt nahegelegt worden sei. Er fügte auch einen »Persilschein« bei, in dem der Nachtsheimer Pfarrer Josef Mechelen u. a. schrieb:

»Herr Kammergerichtsrat Ecker ist positiver Katholik. Seine religiöse Ueberzeugung ist der tragende Pfeiler seiner ganzen Lebensarbeit. Aus dieser Haltung heraus hat er nie einen Hehl über seine restlose Ablehnung des Nazismus gemacht. Und ich muß schon sagen, seine Freunde haben es ehrlich bewundert, dass er auch in seiner hohen Stellung am Kammergericht in Berlin trotz des immer wiederholten Druckes nicht einmal äusserlich den Anschluss an die N.S. Partei vollzogen hat.«

So beantwortete Josef Ecker denn auch am 20. Januar 1946 die erste Frage des Fragebogens der französischen Militärregierung *»Waren Sie jemals ein Mitglied der NSDAP?«* mit *»Nein«*. Das war aber nicht die ganze Wahrheit.

Josef Ecker war mit dem Eintrittsdatum 1. Mai 1933 und der Mitgliedsnummer 2 633 373 sehr wohl bei der NSDAP verzeichnet gewesen, war aber – eine beachtliche Seltenheit – schon am 29. Mai 1934 wieder aus der Partei ausgetreten. Das aber verschwieg er.

Bei der Übernahme in die Justiz der französischen Besatzungszone gab es bis auf Transportprobleme keine Hindernisse. Zur Vorbereitung seines Umzuges von Berlin nach Koblenz schrieb Ecker am 11. März 1946 nach Koblenz:

»Ich bin deshalb darauf angewiesen, mich einem Sammeltransport von Flüchtlingen und Heimkehrern anzuschliessen, der für die amerikanische und französische Zone von den Amerikanern durchgeführt wird. Die Reisegenehmigung ist mir von der amerikanischen und französischen Militärregierung bereits erteilt. Für das Sammellager bin ich bereits registriert und schon ärztlich untersucht. In nächster Zeit sind nach monatelanger Unterbrechung amerikanische Transporte zu erwarten. Mit Rücksicht auf den ungeheuren Andrang habe ich nur dann die Möglichkeit der Mitreise in absehbarer Zeit, wenn die Dringlichkeit der Übersiedlung amtlich bescheinigt ist.«[191]

Koblenz forderte, wie üblich, die Personalakten in Berlin an. Die Antwort, die Personalakten des Kammergerichtsrats Josef Ecker seien vermutlich durch Kriegsereignisse vernichtet worden, ging beim Oberpräsidenten von Rheinland–Hessen–Nassau[192] am 27. August 1946 ein. Ecker war schon mit Wirkung ab 1. März 1946 in den Justizdienst dieser Provinz übernommen worden. Am 1. November 1946 wurde er Senatspräsident beim Oberlandesgericht Koblenz, das seine Tätigkeit Ende November 1945 wiederaufgenommen hatte.[193] Josef Ecker starb am 28. März 1952.

Dr. Ernst Stephan wurde mit der üblichen Formel »*aus zwingenden Gründen der Reichsverteidigung zur Erfüllung kriegswichtiger behördlicher Aufgaben*« am 20. Dezember 1940 vom Wehrdienst freigestellt und blieb bis Kriegsende beim Kammergericht. Dann verliert sich seine Spur. Am 28. September 1960 wurde er für tot erklärt. Als Zeitpunkt des Todes wurde der 31. Dezember 1945, 24 Uhr, das für Kriegsopfer übliche Datum, festgestellt.

Julius Spankus blieb Vizepräsident des Kammergerichts bis Januar 1945. Jahr für Jahr wurde er vom Kammergerichtspräsidenten zum Oberlandesgerichtspräsidenten vorgeschlagen. Was seinen weiteren Aufstieg verhindert hat, wissen wir nicht. Spankus, der am 26. Februar 1943 noch das Kriegsverdienstkreuz 2. Klasse (ohne Schwerter) erhalten hatte, wurde am 28. Januar 1944 fünfundsechzig Jahre alt. Der Kammergerichtspräsident beantragte am 12. Mai 1944 beim Reichsminister der Justiz für Spankus die Versetzung in den Ruhestand. Vorausgegangen war eine etwas eigenartige Weisung des Ministerialdirektors Letz, Spankus über den Kammergerichtspräsidenten »*zur Einreichung seines Zurruhesetzungsantrages zu veranlassen*«. Dem hatte Spankus handschriftlich am 6. Mai entsprochen.

Wie in solchen Fällen üblich, sprach der Führer dem scheidenden Vizepräsidenten des Kammergerichts seinen Dank »*für die dem Deutschen Volke geleisteten treuen Dienste*« aus. Noch bevor der Ruhestand wirklich erreicht war, wurde Spankus am 27. September 1944 reaktiviert, nämlich unter Berufung in das Beamtenverhältnis auf Widerruf zum Hilfsrichter bestellt, und blieb Vizepräsident des Kammergerichts. Auf eigenen Wunsch schied er zum 31. Januar 1945 endgültig aus dem Justizdienst aus. Eine Verwendung von Julius Spankus in der Justiz der Nachkriegszeit kam schon aus Altersgründen nicht in Betracht. Er starb am 2. Mai 1954 in Wiesbaden.

So knapp läßt sich das weitere Schicksal des damaligen Landgerichtsrats am Kammergericht *Dr. Claus Seibert* nicht abhandeln. Er war Jahrgang 1902, somit wesentlich jünger als seine drei Richterkollegen und hatte noch ein langes und beeindruckendes Leben vor sich. Am 10. Dezember 1938 wurde er Vater einer Tochter, die den aus dem griechischen Dorothea abgeleiteten Vornamen Doris bekam. Bis Mitte 1939 erschienen noch einige Kurzbeiträge in Fachzeitschriften.[194] Mit Wirkung zum 1. September 1939 wurde er zum Kammergerichtsrat ernannt, wenige Tage vor diesem Tag, an dem der Zweite Weltkrieg begann, allerdings schon zur Wehrmacht eingezogen.

Da seine militärischen Personalakten nicht überliefert sind,[195] können wir seinen Weg nur über die Signale verfolgen, die er selbst ausgesandt hat. Im Februarheft 1940 der »Zeitschrift für Standesamtswesen« ist eine Entscheidung des 1b-Senats veröffentlicht, die *»Kammergerichtsrat Dr. Seibert (z. Zt. im Felde)«* übermittelt hatte.[196] Die Verbindung zum Kammergericht und zur Redaktion dieser Zeitschrift bestand also nach wie vor.

Vom »*Vormarsch in Frankreich*« schilderte er später ein Erlebnis bei Berry-au-Bac (Aisne),[197] eine erhaltene Beförderungsverfügung vom 1. Juli 1941 erwähnt ihn als *»Wachtmeister = Sonderführer und Dolmetscher«*. 1943 berichtet er mehrfach aus Nordafrika. Der Krieg ist in diesen Berichten merkwürdig entrückt, weit weg. *»Nordtunesische Impressionen«* ist einer der kurzen Artikel vom *»Kriegsberichter Dr. Claus Seibert«*[198] überschrieben. Ein anderer unter dem Titel *»Nacht über Tunesien«* endet mit der Ankunft in der den Muslimen heiligen Stadt Kairouan:

»Und plötzlich sind wir da. Es geht durch einen hohen Torbogen mit byzantinischen Mustern. Im grellen Scheinwerferlicht liegen die weißen Häuser völlig verlassen da. Immer enger wird die Gasse, bis sie an einer hohen Mauer endet. Das kann also nicht richtig sein. Also, kehrt gemacht und wieder zurück. Vor einer Hauswand schläft ein Araber, in seinen Burnus gehüllt. Mit Mühe erhält man von ihm Auskunft. Nach einigen Irrfahrten gelangt man an einen Palmenhain, vor dem ein deutscher Posten steht. Und dann geht es auf einmal wie am Schnürchen. Im Nu hat man Richtung, Parkplatz und Quartier. Wo deutsche

Soldaten stehen, da herrscht Ordnung, ob unter dem Nordlicht oder im Schein des Halbmondes. Morgen aber geht es an die Front.«

Das war harmlos. Die Heimat brauchte solche aufmunternden Notizen, die Lage war inzwischen ernst genug. Die Kriegsberichte aus dem Jahre 1943 beschreiben die Situation beim Rückzug Rommels aus Nordafrika nach der Schlacht von El Alamein. Dr. Seibert muß das Afrika-Korps vor Mitte Mai 1943 verlassen haben; denn unter den bei der Kapitulation der Reste dieser Heeresgruppe am 13. Mai 1943 gefangengenommenen 250 000 deutschen und italienischen Soldaten war er nicht.

Er begegnet uns wieder in den spärlichen Aktenbruchstücken, aus denen hervorgeht, daß er am 20. April 1944 mit Wirkung zum 1. April zum Kriegsgerichtsrat der Reserve ernannt wurde. In diesen Zusammenhang gehört auch die bereits zitierte hervorragende Beurteilung durch Kammergerichtspräsident Dr. Block vom 16. August 1943, die eher zurückhaltend endet:

»Nach dem Gesamtbild seiner Persönlichkeit und nach seinen Leistungen halte ich Dr. Seibert für die erstrebte Stelle für recht gut geeignet.«

Dr. Block wußte wohl, was auf einen Kriegsrichter in diesem Krieg so alles zukommen konnte. Die Dinge nahmen aber rasch eine ganz andere Wendung. Ab 1. Mai 1943 war Dr. Seibert als »Offizier der Reserve im Truppensonderdienst im Heere angestellt als Oberstabsrichter der Reserve im Stab der Division Nr. 463«. Mit der zu dieser Division gehörenden 243. Infanterie-Division kam er in die Normandie. Am 6. Juni 1944 begann die Invasion der Alliierten. Die Infanterie-Division, der er angehörte, wurde nahezu aufgerieben. Dr. Seibert, dem noch das Kriegsverdienstkreuz 2. Klasse mit Schwertern verliehen worden war, wurde seit Ende Juli 1944 als vermißt gemeldet. Tatsächlich war er in englische Gefangenschaft geraten.

Dort unterrichtete er seine juristisch interessierten Mitge-
fangenen in Rechtskunde.

Nach der Entlassung aus der Kriegsgefangenschaft lebte
Dr. Claus Seibert in Hamm, wo er 1923 Referendar und
sein Vater Vizepräsident des Oberlandesgerichts gewesen
war. Schon 1947 finden wir ihn beim Oberlandesgericht.
Schnell wurde der frühere Kammergerichtsrat zum Oberlandesgerichtsrat in Hamm. Die Mitgliedschaft in der
NSDAP ab 1. Mai 1933 und die Beurteilung vom 16. August 1943 waren dem nordrhein-westfälischen Justizminister bei der Übernahme in den Justizdienst des Landes
bekannt. Die Beschlüsse des Kammergerichts, an denen
Dr. Seibert mitgewirkt hatte, lagen mit Sicherheit nicht
vor. Allerdings waren einige veröffentlicht worden, so
daß man, hätte man nur gewollt, auch einen prüfenden
Blick auf die frühere Tätigkeit des Kandidaten hätte
werfen können. Ein solches Interesse existierte jedoch
nicht.

Die rigide Haltung der britischen Militärregierung,
keine ehemaligen Parteigenossen in den Justizdienst zu
übernehmen, insbesondere keine ehemaligen NSDAP-
Mitglieder als Richter zu dulden, scheiterte einerseits am
großen Bedarf an Richtern, von dem sich die an englische
Verhältnisse (an eine viel kleinere Anzahl von Richtern)
gewöhnte Besatzungsmacht falsche Vorstellungen gemacht hatte, und andererseits an der geringen Zahl ver-
fügbarer Richter ohne braunes Parteibuch. Das Dilemma
führte zu dem sogenannten »Huckepack-Verfahren«: auf
einen unbelasteten Richter durfte bereits ab Oktober 1945
einer mit brauner Weste eingestellt werden.[199]

Selbst das stieß auf praktisch kaum lösbare Hindernisse.
Am 6. November 1945 schrieb der Oberlandesgerichts-
präsident von Celle an die britische Militärregierung in
Hannover:

»In der Besprechung vom 2. November wurde mir mitgeteilt, daß
von den Richtern und Staatsanwälten künftig nicht mehr als
50% Mitglieder der NSDAP gewesen sein dürfen. Die darauf von

mir angeordnete Nachprüfung der Personalakten hat ergeben, dass von den vorhandenen 469 Richtern und Staatsanwälten des Oberlandesgerichtsbezirks Celle 409 Mitglieder der Partei waren, ausserdem 11 Mitglieder einer Gliederung (SA oder SS).

Danach waren also etwa 90% parteigebunden und nur 10% frei von äusseren Bindungen zur Partei. Die jetzt aufgestellte Forderung müsste also dazu führen, dass ohne Rücksicht auf die Ergebnisse der politischen Prüfung jedes einzelnen Beamten 40% der Richter und Staatsanwälte des Bezirks entlassen werden müssten, um an deren Stelle Nichtparteigenossen einzusetzen.«[200]

Der Oberlandesgerichtsrat Dr. Claus Seibert griff wieder zur Feder. Er veröffentlichte zahlreiche, immer kurze Artikel zu strafrechtlichen und strafprozessualen Fragen. Am 9. April 1953 wurde er Richter am Bundesgerichtshof in Karlsruhe, wo er bis zu seinem Ausscheiden am 30. Juni 1970 in Strafsenaten tätig war. Am 13. Februar 1977 starb er in Karlsruhe.

Bis zuletzt veröffentlichte Dr. Seibert kleinere Beiträge über aktuelle Rechtsfragen im Nachkriegsdeutschland und anekdotisch aufbereitete Rechtsfälle aus dem Ausland. Er schrieb über den amüsanteren Teil seiner Kriegserlebnisse, wobei er den jungen Richter in Uniform als französisch parlierenden Kavalier vorstellen konnte. Vergnüglich zu lesen, ohne unnötigen Tiefsinn. Er schrieb locker, informativ und sehr lesbar über Personen der Zeitgeschichte, voller Sympathie über den jüdischen Rechtsanwalt Max Alsberg, über Gustav Heinemann und Walter Scheel. Prägnanten Kurzbeiträgen über englische Richterpersönlichkeiten und den US-Supreme Court folgen Miniaturen über Sokrates oder Nixon. Mit gleichem Schwung schrieb er über den Fall des österreichischen Obersten Redl, über die Fälle Oscar Wilde, William Joyce und Dr. Crippen und viele andere. Etwas zu häufig vielleicht wird in seinen Artikeln der mit Zitaten aus der abendländischen Geisteswelt bis zum Rand gefüllte Zettelkasten vorgezeigt. Sein präzises Stück über den Prozeß des Sokrates beginnt mit den anspruchsvollen Worten:

»Da mir nicht gegeben ist, viel zu schreiben, kann ich mich nur ganz kurz fassen.«[201]

Auch im Märzheft der »Deutschen Richterzeitung«, das 500 Jahren Kammergericht gewidmet war, die NS-Zeit aber souverän übergeht, finden wir einen Kurzbeitrag von Dr. Claus Seibert, in dem er Episodisches aus seiner Zeit beim Kammergericht erzählt. Er berichtet von der beeindruckenden Atmosphäre und dem höflichen Umgang der Kollegen untereinander, nennt aber nur wenige Namen. Von Spankus, Ecker oder Dr. Stephan lesen wir dort nichts, obwohl Julius Spankus, immerhin Vizepräsident des Kammergerichts und Präsident »seines« 1b-Senats, in der Erinnerung hätte geblieben sein müssen. Aber wenigstens der Hinweis auf den zum Kammergericht sozusagen strafversetzten Dr. Ernst Melsheimer ist es wert, daß wir ihm kurz nachgehen.

»Dr. Melsheimer«, schreibt Dr. Seibert 1968, »machte aus seinem Herzen keine Mördergrube. Er war von größter Offenheit und beißendster Schärfe in seiner Ablehnung der Nazi-Herrschaft. Es ist bezeichnend für den guten Geist im Senat, daß nie ein Wort davon nach außen drang.«[202]

Das mag die Atmosphäre der gemeinsamen Arbeit mit den Kollegen des berühmten 1. Zivilsenats – ihm gehörte Dr. Melsheimer an – in der schönen Bibliothek des Kammergerichts beschreiben, es berührt dennoch seltsam, wenn man die »Leistungen« des 1b-Senats des Kammergerichts aus dem Jahre 1938 bedenkt, an denen Dr. Seibert maßgeblich beteiligt war und die er an die Fachzeitschriften weitergegeben hatte.

Dieser Dr. Ernst Melsheimer hatte bis 1932 der SPD angehört. Die sogenannte Strafversetzung zum Kammergericht mag zutreffen. Immerhin aber war er ab 1937, also während seiner Zeit beim Kammergericht, Berater der NS-Volkswohlfahrt. Das wurde man im Zweifel wirklich nur, wenn die »beißendste Schärfe in der Ablehnung der Nazi-Herrschaft« nicht nach außen drang. Selbstverständlich – das war in diesen Zeiten wirklich selbstverständlich – war er Mitglied des NS-Rechtswahrerbundes. 1940 wurde er zum Kammergerichtsrat ernannt. Im Mai 1945 begegnete er der Sowjetischen Besatzungsmacht beim Aufbau der Justiz als Rechtsanwalt, trat in die KPD ein, wurde aber zunächst nur Oberstaatsanwalt beim Bezirksgericht Friedenau.[203] Günther, der die Entwicklung dieses »aufrechten Antifaschisten« ebenso gut kannte wie Dr. Seibert, schrieb:

»So hätte es, aus der Sicht des sowjetischen Kommandanten betrachtet, an sich nahegelegen, einen Mann wie den ehemaligen Kammergerichtsrat Dr. Melsheimer oder die frühere Rechtsanwältin Hilde Benjamin in die Führung der Justiz zu berufen. Es mag sein, daß die ›Fähigkeiten‹, die Dr. Melsheimer dann später als Vizepräsident der sowjetzonalen Justizverwaltung sowie als Generalstaatsanwalt der ›DDR‹ entwickelt hat, im Mai 1945 noch nicht hinreichend bekannt waren.«

Der Aufbau der Justiz in der sowjetischen Besatzungszone begann mit der »Deutschen Zentralverwaltung für Justiz«, deren erster Vizepräsident Paul Bertz war. Über seinen Nachfolger heißt es 1990:

»An seine Stelle trat der frühere Rechtsanwalt Ernst Melsheimer, der erst 1945 zur KPD gestoßen war, aufgrund seiner Intelligenz und Anpassungsfähigkeit aber schnell bedeutenden Einfluß gewann und Ende 1949 zum Generalstaatsanwalt der DDR avancieren sollte.«[204]

Der Generalstaatsanwalt der DDR Dr. Ernst Melsheimer war verantwortlich für eine Reihe politischer Prozesse in der DDR, u.a. für die Verfahren gegen Leo Herwegen, Leonhard Moog, Wolfgang Harich und Walter Janka. – Einer der furchtbaren Juristen der DDR. Er starb am 25. März 1960. Geboren war er 1897 in Neunkirchen an der Saar. Sein Vater war Direktor des Stumm-Konzerns, eines damals bedeutenden Unternehmens der Montan-industrie. Wie das in unserer kleinen Welt gelegentlich ist, schließt sich auch hier ein Kreis: Dr. Ernst Melsheimer war, wie uns der Beitrag in der »Deutschen Richter-zeitung« noch verrät, der Vetter von Dr. Claus Seibert. Welche Beziehungen es zwischen diesen prominenten Juristen beider deutscher Staaten zu jener Zeit gegeben hat, wissen wir nicht.

Heut' ist Purim und morgen ist's aus.

(Jüdisches Sprichwort)

14. Kapitel

Das Schicksal der Pfarrerfamilie Luncke in Wattenscheid war von ganz anderer Art. Es war zunächst von den Sorgen des immer schwerer werdenden Alltags beherrscht. Der letztlich vergebliche Kampf um den Vornamen Esther hatte Zeit und Kraft gekostet, die für die junge Familie und die Arbeit in der neuen Pfarrgemeinde fehlte. Die Gemeinde verlangte unter den Zeitumständen fast übermenschlichen Einsatz auch der Pfarrersfrau. Erst am 15. Januar 1939, fünf Monate nach der Geburt der Tochter, die nun amtlich Elisabeth heißen mußte, kam sie dazu, mit dem ihrer Tochter gewidmeten Tagebuch zu beginnen. Die heranwachsende Tochter sollte es später einmal lesen und damit vielleicht begreifen können, was in diesen Tagen in ihren Eltern vorging. Von dem bis auf die höchste gerichtliche Spitze getriebenen Streit um den Vornamen Esther ist in diesem innigen und gläubigen Tagebuch kein Wort zu lesen, vielleicht ist er zwischen den Zeilen angedeutet. Am 16. April 1939 schreibt Luise Luncke:

»Die Arbeit in dieser Gemeinde ist schwer, weil wir immer noch keinen festen Grund fanden, auf dem sich unsere Verkündigung einwurzeln konnte. Wir haben in den vergangenen Monaten manchen Schlag bekommen u. aushalten müssen, u. das hat sehr an unseren Kräften gezerrt.«

Sie hatte das Tagebuch mit großem Zögern begonnen:

»Und dann noch eins. wenn ich hier von dir erzähle, dann weiß ich darum, daß ich gleichzeitig von mir sprreche; denn ich kann ja von deinem Leben, von deinem Werden und Wachsen nur so schreiben, wie ich es als deine Mutter erlebte. Und deine Mutter hat nie die Gabe gehabt, von sich und ihrem Erleben *reden* zu können.«

Aber sie wußte, was sie und Pastor Luncke ihrer Tochter mit auf den Lebensweg zu geben hatten. Sie konnte nicht ahnen, wie schwer ihr eigener Weg werden würde, wie sehr sie die Stütze brauchen würde, die sie in schlichten Worten dem kleinen Kind mitgeben wollte:

»Möchtest du dann später auch verstehen, daß du dich deinen Eltern am innigsten verbunden weißt, wo du dich hältst zu diesem Gott, der ihnen die Kraft-Quelle ihres Lebens war. Einen festeren Halt wissen wir dir nicht zu geben für dein Leben.«

Luise Luncke hat sich nur in großen Abständen diesem Tagebuch anvertraut. Erst am 21. Mai 1939 schildert sie ihre Erinnerungen an Esthers Geburt vom 11. August 1938. Da mußte, darf man vermuten, vieles verarbeitet werden. Außerdem ließ der harte Alltag kaum Zeit für solche Besinnung. Die kurze Schilderung von Esthers Geburt, bei der es das Kind am Schluß, wie die Mutter schreibt, besonders eilig hatte, geht in eine nachdenkliche Reflexion über, die tief in die Stimmungslage der Familie Luncke, zumindest dieses schweren Jahres, führt. Sie überhöht diese Eile bei der Geburt mit dem Vergleich,

»so, als ob du dich auf einem langen Weg versäumt hättest u. nun doch noch zur rechten, festgesetzten Zeit ankommen müßtest, zu *der* Zeit, die Gott dir festgesetzt hatte. Ja, mein Kind, das erbitten deine Eltern für dich u. dazu möchten sie dir helfen, daß du dermaleinst, wenn Gott dir dein letztes Stündlein *fest*setzt, auch so eilig bereit u. zur Stelle sein könntest u. sein wolltest.«

Wir kennen keinen äußern Anlaß hierfür. Hoffnungsvoller, zumindest für den Außenstehenden hoffnungsvoller, hatten noch die Tagebuchwünsche vom 16. April 1939 geklungen:

»Vater u. Mutter wünschen dir sehr v. Herzen einen großen Geschwisterkreis, weil sie darum wissen, wieviel Freuden und wieviel Hilfen der entbehren muß, dem eine Geschwister-Schar versagt blieb. Und man findet sich im Leben leichter zurecht, wenn man es früh lernte, sich im Geschwisterkreis einzuordnen, wenn Geschwister sich gegenseitig feilen und glätten.«

Ein Geschwisterkind ist unterwegs, als am 1. September 1939 der Zweite Weltkrieg beginnt. Der Krieg gegen Polen ist nach wenigen Wochen beendet. Hitler plant einen Angriff auf Frankreich. Einige Monate ist scheinbare Ruhe. Am 28. Februar 1940 bringt Luise Luncke einen Sohn zur Welt, der bei der Geburt erstickt. Schicksal? Kunstfehler der Ärzte? Strafe Gottes? Luise Luncke plagt sich mit Fragen, deren Antwort sie letztlich bei ihrem Gott findet, der es gegeben und es also auch genommen hat. Ihr Tagebuch will, soweit das menschenmöglich ist, ihrer Tochter, die nun kein Brüderchen bekommen hat, das erklären:

»Wir, dein Vater und ich, stehen in großer Traurigkeit. Am vergangenen Mittwoch, also am 28. Februar 1940, nachmittags um 6.12 h wurde uns hier im evgl. Krankenhaus in Gelsenkirchen ein Junge und dir ein Brüderchen geboren, das aber unter seiner schweren Geburt gestorben ist ... Warum, warum mußte uns das geschehen? Wie manches Schwächliche muß mühsam leben u. unser Kindlein, das so ganz ohne Fehler war, ... das mußte sterben?«

Da helfen auch die gutgemeinten Worte der Freunde nicht.

»Gewiß: es ist Krieg, wir stehen mehr denn je vor einer ungewissen Zukunft, vor der uns bangen muß. Gewiß: unser Vater ist gemustert u. kann täglich zu den Soldaten gerufen werden. Ja, u. wir müssen damit rechnen, daß feindliche Bomben unser Haus bedrohen, daß wir vielleicht auch fliehen müssen. Aber *Trost* kann das für uns nicht sein, wenn ›man‹ meint, daß es gut sei, daß unserem Kindlein all solche Nöte erspart blieben; denn wir wissen, daß wir in jedem Augenblick unseres Lebens in der Hand unseres himmlischen Vaters sind, der auch das Leben unseres Kindlein hätte halten können u. wollen, wenn wir es ihm nur hineingelegt hätten.«

Pfarrer Luncke muß sich allzu früh um eine Grabstätte bemühen. Er findet sie auf dem benachbarten Friedhof in Wattenscheid und weiß, daß hier das Grab seiner ganzen

216

Pfarrer Luncke 1968

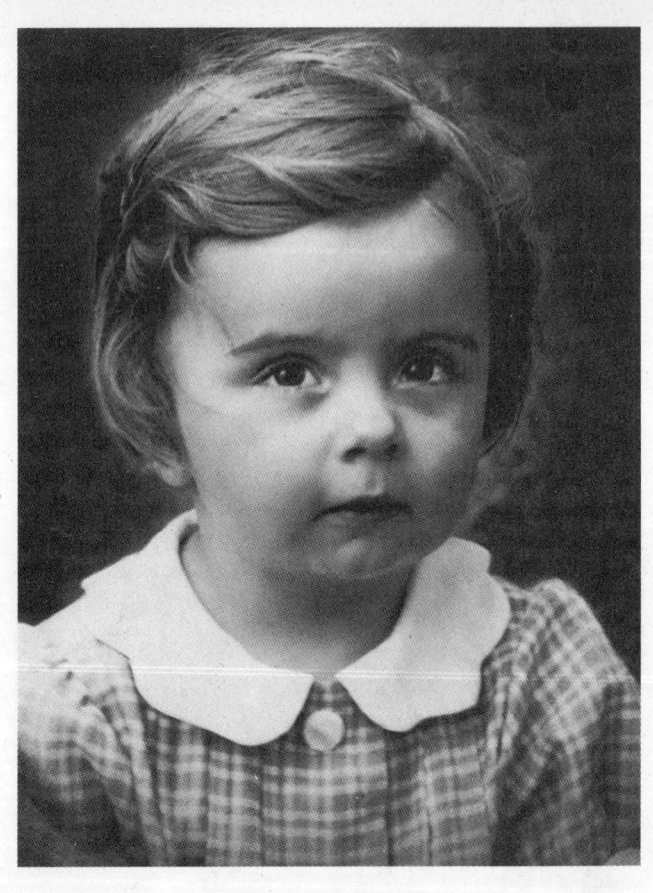

Esther im August 1940

Familie sein soll, zu der der totgeborene Sohn nur in Gedanken gehören kann. Es ist ein Platz unter Bäumen, ein dennoch lichter Platz, auf dem viele Jahre später auch Luise Luncke und Friedrich Luncke, jeder zu seiner Zeit, begraben werden. Luise Luncke ist noch zu schwach, um an der Beerdigung des totgeborenen Kindes teilnehmen zu können. Sie schreibt später:

»Am Samstag, den 2. März, hat Vater ›unser Kindlein‹ auf dem Westenfelder Friedhof in Wattenscheid beerdigt. Wir wollten sein kleines Grab pflegen können, wollen das Erinnern an ›Dein Brüderlein‹ auch bei dir wach halten. … Vater hat ihm selbst den Ort ausgesucht, an dem sein kleines Grab geschaufelt wurde; Vater selbst hat seinen kleinen weißen Sarg auf seinen Armen in sein Grab getragen – das war der einzige Dienst der Liebe, den er unserem Brüderlein tun konnte.«[205]

Zum Glück war da noch Esther, »*die ganz große Freude*«, wie es im Tagebuch hieß.[206] Das jetzt eineinhalb Jahre alte Mädchen wurde ein bildhübsches Kind, mit vollen Locken und großen, wachen Augen, auf das sich die Liebe seiner Eltern jetzt um so mehr richtete. Inzwischen war aus den Blitzkriegen ein Weltkrieg geworden, Bomben fielen auf deutsche Städte. Die Einberufung des Vaters rückte immer näher. Ein Lichtblick in der aus den Tagebucheintragungen nur zu erahnenden Düsternis war am 9. Februar 1942 die glückliche Geburt des Sohnes Friedrich.[207]

Schließlich mußte auch Pfarrer Luncke zum Militär. 1943 begegnen wir ihm als Kompanieschreiber in Dänemark. Ein Vorgesetzter, der nicht wußte, worauf er sich einließ, forderte Luncke eines Tages auf, in der Kirche im jütländischen Vinderup einen Gottesdienst für die ganze Kompanie abzuhalten, um den Glauben an den Endsieg von der Kanzel aus zu festigen. Ein Augenzeuge berichtet darüber in seinen Erinnerungen:

»Obergefreiter, jetzt Pastor Luncke, erschien mit geliehenem Talar und steifgestärktem weißen Faltenkragen vor dem Altar.

Er begann mit einer Lesung aus Matthäus 23,1–39 mit dem vielfachen ›Wehe euch!‹, das Christus den Schriftgelehrten und Pharisäern entgegenschleuderte. Schon nach den ersten Worten wurde es so still in der Kirche, daß man die berühmte Stecknadel hätte fallen hören können. Als dann ›ihr Nattern- und Schlangenbrut‹ durch die Kirche schallte, schien es mit der Fassung des neben mir sitzenden Spießes zu Ende zu gehen. Laut und vernehmlich sich räuspernd rutschte er hin und her, brummte unverständliches Zeug wohl in der bangen Erwartung, was denn wohl noch die Predigt bringen würde. Er, Pastor Luncke, setzte die Schriftgelehrten und Pharisäer mit gewissen Leuten gleich, die doch ihrer Stellung, Bildung und Ausbildung nach die Führer und Vorbilder der Soldaten zu sein hätten. Er stellte peinliche Vergleiche an, sprach von den Bechern und Schüsseln, die außen vor Sauberkeit glänzen, von weißgetünchten Gräbern, die innen aber nichts als Schmutz und Verwesung enthielten. Eine Reihe von Unteroffizieren verließ mit lautem Gepolter die Kirche, die Landser aber schauten mit glänzenden Augen auf die Kanzel, sie konnten ihre begeisterte Zustimmung kaum verbergen.«[208]

Die Predigt hatte selbstverständlich ein Nachspiel, bei dem Luncke aber nicht zurückwich und zu seinem Spieß meinte, jeder ziehe sich den Schuh an, der ihm passe. Darauf nannte ihn der einer solchen Diskussion nicht gewachsene Spieß »Halunke«. Unser Augenzeuge überliefert die hinreißende Antwort Lunckes:

»Herr Hauptfeldwebel, Sie dürfen ruhig Halunke zu mir sagen, denn ›ha‹ ist hebräisch und heißt ›der‹, ›Halunke‹ ist also nichts anderes als ›der Luncke‹.«[209]

Der Krieg ging zu Ende. Luncke schlug sich ins Westfälische durch. Mit Hilfe eines evangelischen Pfarrerkollegen[210] konnte er die Uniform gegen Zivilkleidung umtauschen und so der Kriegsgefangenschaft entgehen. Ende 1945 kam er zu seinem Pfarrhaus nach Wattenscheid zurück, das zum Glück von Bomben verschont geblieben war. Er nahm seine Arbeit in der Gemeinde in Leithe wieder auf und auch den Kampf um den Namen seiner Toch-

Luise Luncke mit Friedrich, 26. Januar 1943

Nr. 2217

Gelsenkirchen , den 13. August 19 38

Gelsenkirchen,
am 3. Dezember
1938

Das nebenbezeich=
nete Kind hat den
Vornamen
„Elisabeth"
erhalten.
Eingetragen mit
Genehmigung der
Aufsichtsbehörde.

Der Standesbeamte
i Vertretung
Dreimann

Die Luise Karoline L u n c k e geborene

P e u c k m a n n evangelisch

wohnhaft in Wattenscheid bei ihrem Ehemanne

Ehefrau des Pfarrers Friedrich L u n c k e ,

evangelisch

wohnhaft in Wattenscheid, Gelsenkirchener Strasse 3

hat am 11. August 1938 um 10 Uhr 50 Minuten

zu Gelsenkirchen, im evangelischen Krankenhaus

ein Mädchen geboren. Das Kind hat noch keinen Vornamen erhalten:

Eingetragen auf mündliche — schriftliche — Anzeige der Verwaltung
des evangelischen Krankenhauses.

Auf Anordnung
des Amtsgerichts in
Essen vom 25. Mai
1946-Nr. 55 III
21-46- wird be=
richtigend ver=
merkt, dass der Vorname
s Mädchens
Esther" lautet.

Gelsenkirchen,
den 16.Juli 1946

Der Standesbeamte
In Vertretung

Schwarzwald

D Anzeigende

Vorgelesen, genehmigt und unterschrieben

Der Standesbeamte
In Vertretung
D r e i m a n n

1. Eheschließung der Eltern am 29. 4. 37 in Wanne - Eickel

~~1. bzw. Geburt der Mutter~~
(bei unehelichen Kindern)
(Standesamt Wanne-Eickel Nr. 209).

2. Eheschließung des Kindes am in

(Standesamt Nr.).

3. Tod des Kindes am 16. 3.1941 in Wattenscheid

(Standesamt Wattenscheid Nr. 141/41).

ter. Schon am 25. Mai 1946 berichtigte das Amtsgericht Essen den Vornamen Elisabeth in Esther. Ein später Triumph der unnachgiebigen Hartnäckigkeit des Pfarrers Friedrich Luncke.

Die Arbeit in der Kirchengemeinde in Wattenscheid war mit heftigen Auseinandersetzungen verbunden. Die Akten liefern ein bewegtes Bild wechselseitiger Schuldzuweisungen und Denunziationen. Auf der einen Seite stand das eher konservativ zusammengesetzte Presbyterium, auf der anderen Pastor Luncke, der auch in seiner Gemeinde nicht unumstritten war, nicht selten gegenüber anderen auch schroff und verletzend sein konnte.[211] Es ging um Alltagsprobleme der Nachkriegszeit, zweckentfremdete Deputatkohle im Tausch gegen ein Harmonium, Ärger mit dem Personal, Streit zwischen Luncke und einem Mitbruder um »organisiertes« Blech für die Eindeckung der Kirche. Aus der verwirrenden Darstellung der kirchlichen Akten wird ein Pfarrer Luncke sichtbar, der nach dem Urteil mancher starrsinnig, aufbrausend und herrschsüchtig erscheint. Mitten in diese Querelen, die bis 1950 andauerten, traf die Familie Luncke am 14. Juli 1947 ein weiterer Schlag. Wieder mußte ein totgeborenes männliches Kind zu Grabe getragen werden.[212]

1966 stirbt Luise Luncke, erschöpft, verbraucht, vielleicht auch verzweifelt. Friedrich Luncke heiratet in zweiter Ehe – das Pfarrhaus darf nicht leer bleiben – am 3. September 1967. Nach dem Ruhestand zieht er im Sommer 1973 in sein neu erbautes Haus in Kirchheide bei Lemgo. Er stirbt am 16. September 1976 in Bad Oeynhausen und wird wenige Tage danach im Familiengrab Luncke auf dem Friedhof in Wattenscheid-Westenfeld beigesetzt. Auf dem schlichten Naturstein steht nur der Name »Luncke«, daneben ein schmales Kreuz und das Wort »vivit«. Nur wenige wissen, daß dort Pfarrer Friedrich Luncke gemeinsam ruht mit seiner Ehefrau Luise, seinen beiden totgeborenen Söhnen und seiner am 16. März 1941 im Alter von zweieinhalb Jahren verstorbenen Tochter Esther.

»Scharlach mit Diphtherie« wurde als Todesursache festgestellt. Möglicherweise – er war davon überzeugt – hatte Pfarrer Luncke nach einem Krankenbesuch in der Gemeinde seine Tochter angesteckt.

Auch die Sterbeurkunde und die Eintragung im Sterberegister seiner Gemeinde ließ er nach dem Krieg, fünf Jahre nach dem Tod des Kindes, unerbittlich auf den Namen Esther berichtigen. Im Kirchenbuch stand zum Tod des Mädchens schon seit 1941 vermerkt: »*Luncke, Esther (mit bürgerlichem Vornamen Elisabeth)*«.

Rawa sagte: Ein Mensch ist verpflichtet, sich am Losefest anzuheitern, bis er nicht mehr zu unterscheiden weiß zwischen »Verflucht sei Haman« und »Gelobt sei Mardochai«.

(Talmud, Megilla 7b zum Purimfest)

Exkurs

Die jüdischen Vornamen nach den Richtlinien vom
18. August 1938 und deren Vorgeschichte

Gerhard Kessler schrieb 1935 in seinem Buch über die
Familiennamen der Juden in Deutschland:

»In jedem altererbten Namen steckt reiche Geschichte: Familiengeschichte, Volksgeschichte, Sprachgeschichte. Auch der
Deutsche wird die große, reiche Geschichte des Judentums in
den jüdischen Namen ehren.«

Das Vorwort zu seinem Buch schrieb er in Istanbul. Die
Nationalsozialisten hatten ihn, der nicht unter die Nürnberger Rassengesetze fiel, nach der Machtergreifung als
einen der ersten Professoren von der Universität in Leipzig vertrieben und inhaftiert. Auf Intervention Hinden-
burgs wurde er entlassen und floh in die Türkei. Von Haus
aus war er Nationalökonom und hatte an führender Stelle
der Deutschen Demokratischen Partei angehört. In der
Märzwahl 1933 hatte er noch auf dem ersten Platz für die
Nachfolgepartei, die Deutsche Staatspartei, kandidiert.[213]

Wenige Jahre später, Anfang 1939, schaffte Jean Améry
auf Schmugglerwegen durch die Eifel die Flucht nach Bel-
gien. In seinen Erinnerungen beschreibt er die Mischung
aus Heim- und Vergangenheitsweh und die ratlose Hoffnung der ersten Zeit seines Exils. Er weiß nicht, wohin er
gehört und wie es weitergeht.

»Genau zu bestimmen wußte ich mich nicht, da man mir doch
Vergangenheit und Herkunft konfisziert hatte, da ich doch nicht
in einem Hause wohnte, sondern in einer Baracke Nummer so-
undso, da ich auch den zweiten Vornamen Israel führte, den
nicht die Eltern mir gegeben hatten, sondern ein Mensch namens
Globke. Das war nicht gut. Das war auch nicht tödlich.«[214]

Die Verpflichtung für deutsche Juden, ab 1939 die Zusatznamen Sara oder Israel zu führen, ergab sich aus der »Zweiten Verordnung zur Durchführung des Gesetzes über die Änderung von Familiennamen und Vornamen« vom 17. und den entsprechenden Richtlinien vom 18. August 1938.

Wären diese Richtlinien und die mit ihnen verbundene Zwangsliste jüdischer Vornamen nicht Teil des auf allen Ebenen geführten Krieges gegen die Juden in Deutschland, könnte man sich diesen in perfekter bürokratischer Manier verwalteten Teil dieses Krieges ohne das furchtbare Ende denken, es wäre einfach ein bizarres Beispiel für einen manischen Drang. Leider war es mehr. Läßt man alles außer Betracht, was danach den Juden noch geschehen ist, so bleibt die Namensaktion als Beispiel einer von Häme begleiteten Ausgrenzung. Gelegentlich kafkaesk, bösartig immer.

Dabei hat in der Tat Hans Globke, der spätere Staatssekretär Adenauers, eine wesentliche Rolle gespielt. Globke war damals als Oberregierungsrat im Preußischen und später, ab November 1934, im Reichsinnenministerium als Referent für Namenssachen zuständig. Die Richtlinien sind auf seinem Schreibtisch entstanden. Daran ist nichts zu deuteln. Ob er, wie er nach dem Krieg behauptet hat, mildernd eingewirkt hat – wie er es sah oder es später sehen wollte –, Schlimmeres verhindert hat, ist nicht mit letzter Sicherheit zu sagen. Es bleibt das Resultat der auch von Globke gewollten und ins Werk gesetzten Namensdiskriminierung, die selbst bei »mildernden« Eingriffen Globkes immer noch menschenverachtend genug war.

Sein angeblicher Widerstand zu jener Zeit liegt zumindest im Grenzbereich der Legende, die sich um so leichter bilden konnte, als der unentbehrliche Staatssekretär massiven und über das Ziel hinausschießenden Angriffen aus der DDR ausgesetzt war.

Kurz nach dem Tod von Hans Globke wurden seine Persönlichkeit und sein Wirken von Menschen, die ihm nahegestanden hatten, in einem Buch gewürdigt. Eduard

Schick, der Bischof von Fulda, der Globke 1934 und in den Jahren danach begegnet war, beschrieb darin den gläubigen Katholiken Globke, der sich auch im Dritten Reich, wenn erforderlich, mutig für eine Sache eingesetzt habe. Schick berichtet als Beispiel:

»Eines Abends war ich Zeuge eines Telefongesprächs mit dem Kirchenminister Kerrl. Es handelte sich um die Liste der Vornamen, die sich deutsche Juden noch zulegen durften. Grundsätzlich war diese Frage so geregelt, daß sie keinen Namen, selbst dann nicht, wenn er aus dem Alten Testament stammte, wählen durften, der auch bei Nichtjuden in Gebrauch war.«

Das trifft in groben Zügen zu. Die Vornamen waren so ausgewählt, daß sie bei Nichtjuden kaum gebräuchlich sein konnten. Schick fährt fort:

»Konkret ging es in diesem Telefonat um die Anweisung, den Namen ›Ruth‹ aus der Liste zu streichen. Ich entsinne mich meines Erstaunens über die Unerschrockenheit und Unnachgiebigkeit, mit der Globke sich gegen diesen Auftrag wehrte; nur deshalb habe ich die an sich geringfügige Sache so im Gedächtnis behalten.«

Als Zeuge vor Gericht hätte der Theologe Eduard Schick mit dieser Aussage erhebliche Probleme gehabt. Sie ist höchstwahrscheinlich falsch. So jedenfalls kann es nicht gewesen sein.

Hanns Kerrl war Kirchenminister seit 1935. Die perfide Liste der für die jüdischen Kinder in Deutschland vorgeschriebenen Vornamen wurde am 18. August 1938 veröffentlicht. »Ruth« ist dort nicht aufgeführt. Kerrls Intervention konnte also allenfalls vor Fertigstellung der Liste erfolgt sein. Die Erarbeitung dieser Namensliste zog sich über viele Monate hin und mußte viele, zum Teil »allerhöchste« Stufen durchlaufen. In keiner der Fassungen, die seit Februar 1938 zur Diskussion standen – und andere Fassungen sind nicht bekannt –, taucht der Name Ruth auf. Er war nie als einer der »Exklusivnamen« für jüdische Kinder vorgesehen. Globke konnte also nicht an diesem Namen festgehalten haben, weil »Ruth« nie auf der Namensliste stand.

Die Namensliste war darauf angelegt, sehr fremde, sogar für die deutschen Juden befremdliche, überwiegend jiddische, aus Osteuropa stammende Namen zu verordnen. Aus der Sicht des Ministeriums waren diese Vornamen mit Vorbedacht ausgewählt und in dessen verblendeter Vorstellung von »ausgesuchter Scheußlichkeit«; sie sollten verletzen. »Ruth« gehörte nicht dazu. Das läßt sich an der näher zu schildernden Geschichte der Vornamensliste belegen.

Zumindest hier also kann Globke keinen Widerstand geleistet haben. Er wäre nach der Konzeption der Namensliste, hinter der Globke stand, gänzlich unsinnig gewesen. Eduard Schick erinnert sich nicht richtig.

Was hätte es auch bedeutet? Der Vorname Ruth, hätte man ihn in die Liste der jüdischen Zwangsnamen aufgenommen, wäre in der Zukunft für nichtjüdische deutsche Kinder nicht mehr möglich gewesen. Wenn Eduard Schicks Erinnerungen zuträfen, dann hätte Globkes Weigerung, diesen Namen aus der Liste zu nehmen, diese Sperre zementiert. Der Name wäre also in einem jüdischen Namensghetto verschwunden. Unerreichbar für alle deutschen Christen, die Ruth als Vornamen schön fanden.

Vielleicht wird umgekehrt ein Schuh draus: Eduard Schick hat vielleicht ein Telefongespräch mitangehört, in dem es schon um den Namen Ruth, aber nicht darum ging, ihn aus der Liste zu streichen, sondern darum, ihn in diese Liste der den Juden vorbehaltenen Namen aufzunehmen. Kerrl hätte dabei die Auffassung vertreten können, »Ruth« sei so typisch jüdisch, daß der Name zur Kennzeichnung der Juden bestens geeignet und für deutsche Mädchen daher in Zukunft zu verbieten sei. Die standhafte Weigerung Hans Globkes sähe dann anders aus. Tatsache ist, daß ungewöhnlich viele Vornamen, weil zu deutsch, aus der Namensliste bis zur Endfassung gestrichen worden sind. In keinem Fall hat sich Globke gegen die Streichung gesperrt.

Was Hans Globke angeht, so hat er zu dieser Zeit wohl kaum Widerstand geleistet. Man wird wohlwollend von »Dienst nach Vorschrift« sprechen können, wobei insgesamt im Reichsinnenministerium in den Namensfragen eine Tendenz zum Verzögern spürbar wird. Nennen wir es hinhaltenden Widerstand. An der auch bei Globke erkennbar vorhandenen antijüdischen Grundeinstellung ändert das nichts. Er mag sich – dafür spricht einiges – in manchen Fällen für das aus seiner Sicht geringere Übel entschieden haben, aber ein Übel blieb es. An den im Innenministerium ausgedachten Übeln für die Juden in Deutschland insgesamt war er nach Kräften beteiligt, auch wenn er mit der Formulierung der Nürnberger Rassengesetze wohl wirklich nichts zu tun hatte.

Die Deutsche Demokratische Republik sah in dem Staatssekretär Konrad Adenauers »Dr. Hans, Josef, Maria Globke«, wie es in der DDR amtlich hieß, die Personifikation einer Fortsetzung faschistischer Politik durch die Bundesrepublik. 1963 kam es deshalb zu einem unverhohlenen politischen Prozeß gegen Globke. Das Urteil »lebenslanges Zuchthaus« gegen den abwesenden Angeklagten ist weniger von Bedeutung als die Entscheidungsgründe, in denen sich das Oberste Gericht der DDR auch mit Globkes Beitrag zur Namensgesetzgebung auseinandersetzt. Der begann sehr früh und hatte zunächst zum Ziel, den deutschen Juden deutsche oder deutsch klingende Familiennamen zu nehmen.

Nach den Maßstäben eines an Ordnung interessierten Staates konnten Namensänderungen nur die Ausnahme sein. In Preußen waren die Familiennamen zum 7. Dezember 1816 festgeschrieben worden.[215] Wer von diesem Namensstand abweichen wollte, bedurfte der Genehmigung, die ohne Vorliegen eines triftigen Grundes nicht erteilt wurde. Willkürliche Namensänderungen, sozusagen aus Lust und Laune, waren untersagt.

Der Staat sah aber durchaus ein, daß es Gründe geben

konnte, den eigenen Namen ändern zu lassen. Es gab unschöne Namen, solche, die abstoßend oder lächerlich wirkten. Für einen Juden, der in Preußen Christ wurde, ergab sich mit der Taufe häufig auch ein neuer, christlich klingender Familienname. Mit dem in der zweiten Hälfte des 19. Jahrhunderts zunehmenden politischen Antisemitismus gab es außerdem für deutsche Juden Anlaß, sich antijüdischer Anpöbelungen durch die Annahme eines nichtjüdischen Familiennamens zu entziehen. Auch das konnte eine Form der Assimilation sein. Die Statistik der Namensänderungen spiegelte die Stimmung im Lande.

In der Hochzeit des Antisemitismus im Deutschen Kaiserreich kam es am 12. März 1894 zu einer Verfügung des Preußischen Innenministers, wonach

»Anträgen auf Abänderung von Familiennamen ... nicht ohne hinreichende Gründe stattzugeben ist, und daß derartige Anträge in der Regel als hinreichend begründet nicht anzusehen sein werden, wenn es sich z.B. wesentlich darum handelt, zum Zwecke des leichteren Fortkommens oder mit Rücksicht auf die antisemitische Bewegung einen die jüdische Abstammung kennzeichnenden Namen mit einem anderen zu vertauschen.«[216]

Mit dem Ende des Kaiserreichs schien die Diskriminierung der Juden in Namensfragen ein Ende zu haben. In Preußen erging am 3. November 1919 die *»Verordnung betreffend die Änderung von Familiennamen«*, in der Judennamen keine Sonderrolle mehr spielten. Erst in den letzten Wochen der Weimarer Republik erließ der Preußische Minister des Innern Vorschriften zur genaueren Regelung der Namensänderung. Im Erlaß vom 24. November 1932 stand u.a.:

»Anträge auf Verdeutschung ausländischer Namen sind grundsätzlich wohlwollend zu behandeln.«[217]

Die Beispiele, auf die sich der Erlaß bezog, waren polnische Namen. Aber immerhin: von Judennamen war in dem Erlaß keine Rede. Das besorgten die von Regierungsrat Dr. Hans Globke verfaßten Richtlinien vom

23. Dezember 1932. Dort hieß es in Abschnitt VI unter der Überschrift »*Judennamen*«:

»(1) Der Standpunkt, daß es einer Persönlichkeit jüdischer Herkunft zur Unehre gereiche, einen jüdischen Namen zu führen, kann nicht gebilligt werden. Bestrebungen jüdischer Personen, ihre jüdische Abkunft durch Ablegung oder Änderung ihrer jüdischen Namen zu verschleiern, können daher nicht unterstützt werden. Der Übertritt zum Christentum bildet keinen Grund, den Namen zu ändern. Ebensowenig kann die Namensänderung mit dem Hinweis auf antisemitische Strömungen oder auf das Bestreben eines besseren wirtschaftlichen Fortkommens begründet werden.

(2) Dagegen werden anstößige jüdische Namen, die erfahrungsgemäß zu Spötteleien Anlaß geben (wie Itzig, Schmul) oder Abneigung gegen den Träger erwecken können (Nachtschweiß, Totenkopf), gleich den anstößigen Namen deutschen Ursprungs geändert werden können, indessen in der Regel nur durch Gewährung eines anklingenden Namens (Issen, Schmal), des Namens eines nahen Familienangehörigen oder eines Phantasienamens, nicht durch Gewährung eines sonst vorkommenden Namens.«[218]

Das Oberste Gericht der DDR sah in Globke den Urheber dieser Regelung. Es schrieb:

»Die für die sachliche Entscheidung maßgeblichen Gesichtspunkte über Anträge auf Namensänderung arbeitete der Angeklagte jedoch in gesonderten Richtlinien aus, die ihres Inhalts wegen zum damaligen Zeitpunkt der Öffentlichkeit nicht bekannt werden durften.«[219]

Nun war es so ungewöhnlich nicht, daß behördeninterne Vorschriften nicht veröffentlicht wurden. Aber das Oberste Gericht der DDR sah in diesen Richtlinien »*eine Vorbereitung des faschistischen Namensrechts*«, mit dem der Angeklagte Globke, »*soweit es in seiner Macht lag, den Juden bewußt eine Möglichkeit ab(schnitt), dem faschistischen Terror zu entgehen*«. Im Urteil vom 23. Juli 1963 heißt es zusammenfassend:

»Dennoch arbeitete er schon im Jahre 1932, also zu einer Zeit, da er der demokratischen Verfassung der Weimarer Republik durch Eid verpflichtet war und von keiner Seite Befehle erhalten oder ausführen durfte, die ihr zuwiderliefen, Richtlinien aus, die es den Verwaltungsbehörden praktisch verboten, Namensänderungen jüdischer Personen vorzunehmen. Ausdrücklich verwies er darauf, daß die Berufung auf antisemitische Strömungen keinen Grund abgebe, derartigen Anträgen stattzugeben.«[220]

Das war so nicht richtig. Globke war keineswegs der »Erfinder« dieser Richtlinien. Das kann den gegen Globke ermittelnden DDR-Behörden auch kaum verborgen geblieben sein, da ihnen die wechselnden Zuständigkeiten für Namensfragen bekannt und die Akten des Preußischen Justizministeriums zugänglich waren. Schon am 4. März 1921 hatte nämlich der preußische Justizminister am Zehnhoff angeordnet:

»Die Staatsregierung darf sich nicht auf den Standpunkt stellen, daß es einer Persönlichkeit jüdischer Herkunft zur Unehre gereicht einen jüdischen Namen zu führen. Bestrebungen jüdischer Personen, ihre jüdische Abkunft durch Ablegung oder Abänderung ihrer jüdischen Namen zu verschleiern, kann daher schon im Interesse aller achtbaren Juden nicht Vorschub geleistet werden, wenn man nicht in der Bevölkerung das Vorurteil hervorrufen will, als enthalte der jüdische Namen als solcher etwas Anstößiges oder gar Unehrenhaftes. Der Übertritt zum Christentum bildet keinen Grund, den Namen zu ändern. Ebensowenig kann die Namensänderung mit dem Hinweis auf antisemitische Strömungen und auf das Bestreben eines besseren wirtschaftlichen Fortkommens begründet werden.«[221]

Das hatte also Globke praktisch nur abgeschrieben. Der Rest war die wortwörtliche Vorlage für Ziffer 2 der Richtlinien über Judennamen von 1932. Der redaktionelle Beitrag Globkes war angesichts dieses Vorbildes aus den Anfangsjahren der Weimarer Republik eher dürftig. Er hatte aber noch Gelegenheit, das zu ändern. Globke blieb Namensreferent bis zum Erlaß der entscheidenden Richtlinien im Jahre 1938.

Mit den Richtlinien in der Fassung von 1932 ging das Preußische Innenministerium in das Dritte Reich. Der Namensflucht der deutschen Juden war längst ein Riegel vorgeschoben. Für die Zukunft war ihnen – zumindest in Preußen – ohne jedes nationalsozialistische Gesetz der Weg versperrt, ihre *»jüdische Abkunft«* durch Änderung ihres Namens zu *»verschleiern«*. Nicht ganz allerdings, wenn man an die familienrechtlichen Möglichkeiten dachte, durch Heirat oder Adoption zu einem anderen Namen zu kommen. Das mußte man sich vormerken. In einem Rechtssystem, in dem der Familienname der Name des Vaters und Ehemannes war, verschwanden jüdische Frauen, was den Namen anging, sozusagen spurlos. Die Jüdin Lieschen Kohn heiratete einen Gustav Müller und war unter dem Familiennamen Lieschen Müller nicht mehr als Jüdin auszumachen.

Zunächst aber folgt ein Stück aus dem Tollhaus, das bezeichnend ist für das, was mit der Machtergreifung des Nationalsozialismus so alles ausbrach:

Am 14. März 1933 schrieb ein Johannes Potthoff aus Berlin-Lichtenberg an die Herren Hitler und von Papen, nach 1918 sei auf Betreiben einer *»Klique von Jesuiten«* eine Reihe von polnischen Familien mit deutschen Namen versehen worden, dabei habe man ausgerechnet den *»ganz seltenen, alten deutschen Namen seiner Familie«*, also Potthoff, mißbraucht. Diese Namensänderungen seien jetzt von der nationalen Regierung zu widerrufen.

»Die Aenderung gerade auf den Namen Potthoff wurde beantragt, weil sich die Polen dadurch eine finanzielle Werbekraft für sich versprachen.«

Das Innenministerium stellte zunächst fest, daß der Name Potthoff ganz und gar nicht selten, sondern in Westdeutschland weit verbreitet sei, und beschied, nach geltendem Recht sei die begehrte Änderung der Familiennamen unzulässig, freiwillig würden die erwähnten Personen den Namen wohl nicht aufgeben wollen.

So konnte man Johannes Potthoff nicht kommen. Schon am 31. März 1933 beschwerte er sich bei Hitler und von Papen und führte aus, wie ein der nationalen Regierung verpflichteter Beamter die Sache zu erledigen habe. Als das wieder nichts half, wandte sich Potthoff nur noch an den Reichskanzler Adolf Hitler mit der Erwartung, daß er *»gerade biegt, was vorher verbogen wurde«*.[222] Dem folgte eine Drohung, die es erlaubte, den Petenten in die richtige Kategorie einzuordnen. Johannes Potthoff schrieb:

»Was die Herren davon halten, die Herrn von Bismarck falsch informiert haben, dass (!) ist mir, Herr Reichskanzler, vollkommen gleich, denn wenn diese nationale Regierung das nicht tun wird, was notwendig ist, dann wird es diejenige tun, der ich angehören werde.«

Mit Hilfe der Geheimen Staatspolizei wurde ermittelt, daß Johannes Potthoff von dem Verwalter des Mietshauses, in dem er wohnte, als *»Querulant«* eingestuft wurde. Die Akten wurden geschlossen.

Auf höherer Ebene kamen die Namensdinge langsam in Bewegung. Am 7. April 1933 griff der Reichsminister des Innern einen Auftrag Hitlers auf, *»zur Vorbereitung einer bewußt völkischen Gesetzgebung«* sämtliche Änderungen jüdischer Namen seit November 1918 rückgängig zu machen. Das Preußische Innenministerium sollte hierzu Daten liefern. Das Zwischenergebnis war dürftig. In der Zeit von November 1918 bis November 1919 hatte es in Preußen ganze 115 Fälle gegeben. Mit Ehefrauen und Kindern ließ sich das auf rund 350 Personen hochrechnen, wobei nicht einmal zu klären war, ob es Namensänderungen von Juden oder solche von Nichtjuden waren, die sich jüdisch klingender Namen hatten entledigen wollen. Dennoch ging Globke in seinem Bericht vom 6. Juni 1933 auf das Grundsätzliche ein. Er wies auf die Notwendigkeit eines Reichsgesetzes hin, weil die nachträgliche Änderung geänderter Namen ohne Mitwirkung der Namensträger nach geltendem Recht unzulässig sei, und fuhr fort:

»Wenn auch die Zahl der beteiligten Personen im Verhältnis zur Bevölkerungszahl Preussens gering ist, würde ich trotzdem den Erlass eines derartigen Gesetzes empfehlen, um wenigstens in besonders krass liegenden Einzelfällen die Möglichkeit zu einer Rückgängigmachung der Namensänderung zu geben.«[223]

Das Thema ließ Globke nicht los. Als korrekter Vertreter des preußischen Berufsbeamtentums, der demnächst zusammen mit Ministerialrat Dr. Kriege vom Reichsjustizministerium das Standardwerk über die Namensänderung in Preußen herausbringen würde, an dem er vermutlich zu dieser Zeit schon arbeitete, mußte er auf eine Lücke hinweisen, die er mit seinem Vorschlag nicht erfaßt hatte. Da waren noch die familienrechtlichen Namensänderungen durch Adoption, Legitimation etc. – Heirat erwähnte er nicht –, die man noch nicht im Griff hatte. Dazu schlug er am 15. August 1933 vor,

»dass auch insoweit dafür gesorgt werden muss, dass diese Möglichkeiten nicht dazu ausgenutzt werden, rassefremden Personen die Annahme eines die fremde Rasse verbergenden Namens zu erleichtern«.

Mittlerweile lagen die restlichen Zahlen über die Änderung jüdisch klingender Namen vor. Die waren immer noch mager. In Preußen hatte es von November 1918 bis Ende November 1932 rund 615 Fälle gegeben. Staatssekretär Pfundtner vom Reichsministerium des Innern teilte daher seinem preußischen Kollegen mit:

»Aus dieser zahlenmäßigen Feststellung, welche übrigens die Annahme eines auffallend großen Umfangs jüdischer Namensänderungen in den Nachkriegsjahren widerlegt, ergibt sich, daß eine Rückgängigmachung lediglich der seit November 1918 vorgenommenen Namensänderungen in völkischer Hinsicht wenig befriedigen würde, weil damit nur ein kleiner Bruchteil aller überhaupt in Betracht kommender Fälle aus der zurückliegenden Zeit erfaßt würde. Ich erwäge daher, ob nicht mit der gesetzlichen Maßnahme, welche die Rückgängigmachung ermöglichen soll, weiter auszuholen wäre.«[224]

Pfundtner dachte dabei an »*etwa bis 1914 oder gar bis 1870*«. Das würde freilich ein gewaltiges Vorhaben werden. Das sah auch Pfundtner. Außerdem sah er Probleme der »*geeigneten Abgrenzung für die verschiedenen Abstufungen unter den Judenmischlingen*« und der Definition der Judennamen; denn:

»Ich weise hierzu darauf hin, daß es zahlreiche Familiennamen gibt, die ihrem Ursprung nach als gute deutsche Namen anzusehen sind, in der Volksanschauung aber als typische Judennamen gelten (z. B. Hirsch, Goldschmidt usw.).«

Dieses richtige Argument, das sozusagen die über die Jahrhunderte reichende Namensvermischung beschrieb, hätte schon 1933 ausreichen können, das Unternehmen »Namensreinheit« zu beenden. Man konnte zwar in diesen Zeiten ein Gesetz schaffen und damit die Juden zwingen, ihre deutschen Familiennamen aufzugeben, man konnte aber kaum erwarten, daß »arische« Namensträger jüdisch klingender Namen – maßgebend war dabei die Auffassung der Allgemeinheit – freiwillig und geschlossen auf ihre Familiennamen verzichteten. Das Vorhaben mußte also scheitern. Wenn man den Beteiligten wohlwill, kann man vermuten, man habe bewußt so weit ausgeholt, um um so gewisser zu keinem Ergebnis kommen zu können. Aber zunächst kam man zu einem Ergebnis.

Am 10. Oktober 1933 einigte man sich in einer Ressortbesprechung der beteiligten Ministerien darauf,

»die seit der Staatsumwälzung 1918 erfolgten Änderungen jüdischer Namen bei Namensträgern nicht arischer Abstammung rückgängig zu machen«.

Zwar wurde durch das Gesetz vom 23. November 1933 § 1325 a in das Bürgerliche Gesetzbuch eingefügt, wonach eine Ehe nichtig war, wenn sie ausschließlich oder vorwiegend zu dem Zwecke geschlossen worden war, der Frau die Führung des Familiennamens des Mannes zu ermöglichen, ähnlich wurde das Adoptionsrecht umgestaltet,[225] aber der Widerruf jüdischer Namensänderungen, der eigentliche Stein des Anstoßes, blieb zunächst ungeregelt.

Zum 1. November 1934 wurde das Preußische Ministerium des Innern mit dem Reichsministerium vereinigt. Der inzwischen zum Oberregierungsrat beförderte Dr. Hans Globke überarbeitete noch die preußischen Richtlinien über die Änderung von Familiennamen und Vornamen, die diesmal zusammen mit dem ebenfalls geänderten Runderlaß veröffentlicht wurden.[226]

Von der wohlwollenden Behandlung der Anträge auf »*Verdeutschung ausländischer Namen*« war offiziell nicht mehr die Rede.[227] Das Gerüst der Regelung war geblieben, aber die antijüdischen Akzente hatten sich verstärkt. Das ging nun eindeutig auf Globke zurück. Daß nun der Nachweis der arischen Abstammung gefordert wurde, lag in der Entwicklung der Dinge, da andernfalls die Namensänderung regelmäßig abzulehnen war. Neu war der Hinweis auf die Richtlinien. Stand danach von vornherein die Aussichtslosigkeit des Antrages fest – man ahnt, wann das von vornherein feststand –,

»so wird es sich vor weiterer Vorbereitung vielfach empfehlen, den Antragsteller hierauf formlos aufmerksam zu machen und ihm die Zurücknahme des Antrages anheimzustellen«.

Abschnitt VII der Richtlinien betraf die »*Judennamen*«. Ihn hatte Globke für die Fassung des Jahres 1934 gründlich überarbeitet. Das war nun Originalton Globke, ohne Wenn und Aber:

»(1) Führen Personen arischer Abstammung jüdische Namen, so wird Anträgen auf Aenderung dieser Namen stattgegeben. Angehörigen der gleichen Familie wird dabei grundsätzlich nur der gleiche neue Name bewilligt. Welche Namen als jüdische anzusehen sind, bestimmt sich nach der Auffassung der Allgemeinheit. Es gibt zweifellos zahlreiche Familiennamen, die ihrem Ursprung nach deutsche Namen sind, in der Volksanschauung aber allgemein als Judennamen gelten (z.B. Hirsch, Goldschmidt usw.). Es gibt weiter zahlreiche biblische Namen, die ebenfalls als typisch jüdische Namen angesprochen werden, aber sowohl bei Juden wie bei Nichtjuden vorkommen (Salomon, Israel, Moses usw.). Zu den Judennamen werden im allgemeinen auch diejenigen Namen gerechnet, die von dem Herkunftsort abgeleitet sind (Krotoschiner, Hamburger, Darmstädter usw.). Dagegen können hierher nicht Namen gerechnet werden, die zwar auch von Juden, häufiger aber von Christen gebraucht werden (Meyer usw.).

(2) Anträgen von Personen nichtarischer Abstammung, ihren Namen zu ändern, wird grundsätzlich nicht stattgegeben, weil durch die Aenderung des Namens die nichtarische Abstammung des Namensträgers verschleiert würde. Auch der Uebertritt zum Christentum ist nicht geeignet, eine Namensänderung zu begründen.

(3) Lediglich anstößige jüdische Namen, die erfahrungsgemäß zu Spötteleien Anlaß geben oder Abneigung gegen den Träger erwecken können, werden gleich den anstößigen Namen anderer Namensträger geändert werden können, indessen nur durch Gewährung eines anderen jüdischen Namens (Cohn, Levy, Isaaksohn usw.).«

Der Runderlaß und die Richtlinien traten am 1. Juli 1934 in Kraft. Der nächste Anstoß zum Widerruf der früher geänderten Namen deutscher Juden kam im Mai 1935. Er kam aus einer ganz besonderen Ecke.

Der Reichstagsabgeordnete Bergassessor von und zu Loewenstein hatte nicht nur einen irritierend schönen Familiennamen, sondern war auch stellvertretender Vorsitzender des Alldeutschen Verbandes. Der hatte sich aus der Sicht der Nationalsozialisten zwar überlebt, sein Vorsitzender Justizrat Heinrich Claß[228] war nachgerade in Ungnade gefallen, aber der Vorstoß von und zu Loewensteins war nicht zu unterschätzen.

Am 25. Mai 1935 übersandte von und zu Loewenstein dem Regierungsrat Gisevius beim Innenministerium einen fertig formulierten Gesetzestext »betreffend den Schutz von Familiennamen«. Der Text war knapp und eindeutig. § 1 lautete:

»Familiennamen von politischer, geschichtlicher oder kultureller Bedeutung stehen fortan unter gesetzlichem Schutz. Sie dürfen nicht beliebig angenommen werden.

Nichtarische Familien, welche seit dem Jahre 1806 solche geschützten Familiennamen angenommen haben, sind zur Änderung ihres Familiennamens verpflichtet, widrigenfalls der Familienname von Amtswegen geändert wird.«

Von und zu Loewenstein bat darum, seinen Vorschlag noch »*in die bevorstehenden Gesetze*« einzuarbeiten, er hatte also etwas läuten gehört. Nun wollte er aber nicht in erster Linie »Enttarnung« unter deutschen Namen versteckter Juden, sondern Privilegien für bestimmte Namen, wobei er an sich selbst zuletzt gedacht haben dürfte. Mit dem Erlaß des Jahres 1934 war er unzufrieden. Dazu schrieb er an Claß – auch dieser Brief landete schließlich bei Globke –, der Erlaß sei

»für die Träger alter Familiennamen insofern eine Enttäuschung, als ihnen nahegelegt wird, ihren in oft jahrhundertelanger Geschichte geführten Familiennamen zu ändern, falls sie einen jüdischen Klang haben. Hier ist offenbar übersehen worden, daß die Juden – niemand ändert bekanntlich seinen Namen so schnell wie diese – mit der ihnen eigenen Dreistigkeit solche Namen anzunehmen sich nicht gescheut haben.«

Globke hatte zu dieser Zeit den Gesetzesentwurf bereits abgeschlossen, den er am 14. August 1935 an Rudolf Heß als Stellvertreter des Führers übersandte. In diesem Entwurf war das Inkrafttreten des Gesetzes für den 1. Januar 1936 vorgesehen. Da Gesetze damals im Umlaufverfahren beschlossen wurden, irgendwelche parlamentarischen Gremien nicht zu bemühen waren, war das nicht unrealistisch. Allerdings stand der Nürnberger Reichsparteitag im September bevor, auf den sich alles konzentrierte.

Die Systematik des von Globke entworfenen Gesetzes war auf den ersten Blick zwingend. Sie lief auf eine Zangenbewegung hinaus, der deutsche Juden mit deutsch klingenden Namen kaum entrinnen konnten. Freiwillige Änderung des Namens oder Widerruf von Namensänderungen, die vor dem 30. Januar 1933 genehmigt worden waren, hieß die Alternative, die den Betroffenen kaum Spielraum ließ. Globke hob hervor, damit sei

»vor allem die Möglichkeit gegeben, Namensänderungen, die der Verschleierung der jüdischen Abstammung dienen, rückgängig zu machen«.

Dem sollte § 7 des Gesetzes dienen:

»(1) Eine Namensänderung kann binnen 2 Jahren widerrufen werden, wenn innerhalb dieser Frist Tatsachen bekannt werden, bei deren rechtzeitiger Kenntnis der Namen nicht geändert worden wäre.
(2) Eine Namensänderung, die vor dem 30. Januar 1933 genehmigt worden ist, kann bis zum 31. Dezember 1937 widerrufen werden, wenn diese Namensänderung als nicht erwünscht anzusehen ist.«

Für den Vorschlag von und zu Loewensteins fand sich in diesem Entwurf auch noch Platz. Globke fand, der Grundgedanke, deutsche Sippennamen vor jüdischem Mißbrauch zu schützen, sei »*durchaus gesund*«, über einen einzufügenden § 7a lasse sich das unschwer regeln, allerdings komme der Schutz »*bestimmter Familiennamen*« nicht in Betracht.

Zugleich beauftragte Globke die Reichsstelle für Sippenforschung damit, ein Verzeichnis der von den Juden angenommenen Familiennamen vorzulegen, unterteilt nach Namen,

»die ihrem Ursprung nach deutsche Namen sind, heute aber nach der Auffassung der Allgemeinheit als typische Judennamen gelten (z. B. Löwenstein, Goldschmidt, Rosenthal usw.)«

und solchen,

»die s. Zt. nur vereinzelt von Juden angenommen worden sind, so daß sie nicht als Judennamen angesehen werden, die jüdische Abstammung der Namensträger aber dadurch verschleiert wird«.

Da kam viel Arbeit auf die Reichsstelle für Sippenforschung zu. Von besonderer Bösartigkeit, die kein Zufall gewesen sein kann, war dabei, daß bei den Beispielen für typische Judennamen an erster Stelle der Name »Löwenstein« genannt wurde, wo es doch um eine Aktion ging, die ein »Oberarier« von und zu Loewenstein mit initiiert hatte. Globke durfte sicher sein, daß das dem Herrn zugetragen würde.

In der Sache wirft dieser »Forschungsauftrag« Fragen auf. Es war schwer vorstellbar, daß die gewünschten Daten bis Jahresende in verwertbarer Form vorlagen. Das Gesetz konnte zwar immer noch am 1. Januar 1936 in Kraft treten, es war aber, wie das Ministerium wußte, ohne Durchführungsbestimmungen sozusagen zahnlos. Dazu brauchte man die Übersicht über die Namen. Wollte man im Ministerium mit dieser Perfektion die ganze Sache verzögern? In dieser Phase ist vieles unklar.

Bevor die Reichsstelle für Sippenforschung eine Namensübersicht vorlegen konnte, wies sie selbst auf den großen Arbeitsaufwand hin und verwies am 19. August 1935 auf das Buch von Gerhard Kessler über die Familiennamen der Juden in Deutschland, das »ohne Berücksichtigung der politisch sehr umstrittenen Person des Verfassers« eine Arbeit von wissenschaftlichem Wert sei. Die Reichsstelle scheint aber trotz allem die ihr gesetzte Frist zum 15. September 1935 eingehalten zu haben, denn noch im September, unmittelbar nach dem Nürnberger Parteitag, übersandte Globke eine »Übersicht der Namen, die von Juden in Deutschland getragen werden«. Leider ist diese Übersicht in den Globke-Akten des DDR-Strafverfahrens nicht enthalten, es läßt sich daher nur vermuten, daß die Reichsstelle die Namen aus dem Buch von Kessler übernommen hat.

Wenn es denn erforderlich gewesen sein sollte, jetzt hatte man einen umfassenden Überblick über die Namenslandschaft der deutschen Juden. Der Gesamteindruck war sehr deutsch. Wenn man die Juden in Deutschland auf mit deutschen Familiennamen nicht verwechslungsfähige Namen beschränken wollte, dann wurde es, wie Globke schrieb, »*fraglich, ob die Zahl der Namen ausreichen würde*«. Auch konnte eine solche Regelung nur für Juden deutscher Staatsangehörigkeit durchgesetzt werden. Ausländische Juden konnten also weiterhin mit deutsch klingenden Namen die »Namensreinheit« trüben. Und schließlich:

»Es müßte auch bedacht werden, daß die Namensänderung von verbrecherischen oder sonst unzuverlässigen Elementen zur Verheimlichung ihrer Vergangenheit ausgenutzt werden könnte. Es erscheint fraglich, ob eine wirksame Sicherung hiergegen geschaffen werden kann.«

Es gab also gute Gründe, an die Namen nicht zu rühren. Das konnte einem mit Namensfragen ständig befaßten Beamten in einem auch polizeilich durchorganisierten Staat nicht neu sein.

Die Stellungnahme der Ressorts hatte Globke bis zum 15. September 1935 erbeten, was ungeschickt war, da dieses Datum durch den Nürnberger Parteitag besetzt war, vor dem die politische Führung und auch die Beamten andere Sorgen hatten. Kein Wunder also, daß am 1. Oktober 1935 noch keine Stellungnahme vorlag. Allerdings hatte es durch die »Gesetzgebung« vom 15. September 1935, nämlich die Nürnberger Rassengesetze, einen dramatischen Einschnitt gegeben. Die Frage war, was er für die Namensprobleme bedeutete.

Man konnte, wenn man wollte, auf diesen Zug springen und in der überhitzten Begeisterung dieses Reichsparteitages rasch ein Namensänderungsgesetz nachschieben. Wie rasch so etwas ging, hatten die in wenigen Tagen in Nürnberg von einer aus Berlin eingeflogenen Eingreiftruppe zusammengeschriebenen Nürnberger Gesetze gezeigt.[229] Oder man hielt inne und überlegte, ob angesichts der einschneidenden Rassengesetze die Namensfragen eigentlich noch so regelungsbedürftig waren. Beides war möglich.

Wo Globke stand, wird nicht deutlich. Am 1. Oktober 1935 legte er seinem Minister einen Bericht vor mit der Frage, ob das Gesetzesvorhaben der Namensänderung, dessen gesunder Kern augenscheinlich sei, jetzt vielleicht nicht mehr so dringlich behandelt werden müsse, wenn

»die in Nürnberg eingeleitete scharfe Trennung zwischen Juden und Deutschen auf anderen Gebieten als auf dem der Namensführung systematisch zu Ende geführt wird«.

Was Globke sich unter der systematischen Zuendeführung der scharfen Trennung von Juden und Deutschen vorgestellt hat, wissen wir wiederum nicht. Es mußte ihm klar sein, daß, solange es Juden mit deutsch klingenden Namen in Deutschland gab, das Problem der »Namensreinheit« nicht gelöst war, es sei denn, man konnte es über eine Namensänderung lösen. Vielleicht hoffte Globke, daß die Juden infolge der immer einschneidenderen Diskriminierung Deutschland restlos verlassen würden. Dann wäre auch der Reichstagsabgeordnete von und zu Loewenstein sein Problem losgeworden, freilich nur in Deutschland.

Was immer in Globke vorging, er säte mit seinem Schreiben vom 1. Oktober 1935 Zweifel. Er faßte die bekannten Bedenken noch einmal zusammen:

Eine saubere Trennung sei bei den Namen nur möglich, wenn man den Juden sämtliche Namen deutscher Herkunft entzöge. Die verbleibende Zahl der richtigen Judennamen sei aber so klein, »dass der Unterscheidungszweck des Namens nahezu illusorisch gemacht würde«. Selbst dann sei aber eine auch nur annähernde Gewißheit, anhand der Namen die Frage »Deutscher oder Jude« beantworten zu können, nicht zu erreichen, weil nichtjüdische Deutsche nun einmal auch Namen trügen, die von der Volksauffassung als jüdisch verstanden würden. All dies sei mit außergewöhnlich starker Verwaltungsarbeit verbunden, wobei die Namensänderungen

»in vielen Fällen dazu führen (würden), dass Juden mit dunkler Vergangenheit nach aussen nicht mehr als solche in Erscheinung träten«.

Abgerundet wurde diese Aufzählung der Nachteile und Schwierigkeiten mit einem sozusagen außenpolitischen Argument:

»Die Entziehung der von den Juden seit der Emanzipation geführten Namen würde im Ausland als besonders diffamierend für die Juden empfunden und zweifellos zu einer Verstärkung der ohnehin bereits vorhandenen antideutschen Stimmung beitragen.«

Globke konnte davon ausgehen, daß das unzweifelhaft Diffamierende des geplanten Namensentzuges im Inland kaum jemanden erregen würde. Rücksichten auf das Ausland, wie er sie jetzt ins Spiel brachte, hatten bislang bei solchen Überlegungen keine Rolle gespielt.

Dieser Bericht vom 1. Oktober 1935 wurde selbstverständlich auch in dem Strafprozeß gegen Globke in der DDR ausgewertet. Seine schillernde Qualität – was wollte Globke mit dieser Konzentration von Bedenken erreichen? – scheint den Generalstaatsanwalt der DDR höchstlich irritiert zu haben. In seiner Anklageschrift pfropfte er dem Globke-Zitat über die Gefahr der Verstärkung der antideutschen Stimmung im Ausland einen Vorspann auf, der nicht authentisch ist. Die Anklageschrift leitet das Zitat mit den angeblichen Globke-Worten ein:

»besonders im Hinblick auf die wirtschaftliche Lage und die bevorstehende Olympiade«

könne das Vorhaben die Stimmung im Ausland verschlechtern. Von wirtschaftlicher Lage oder bevorstehender Olympiade steht aber bei Globke nichts.

Auch der Reichsminister der Justiz hatte Bedenken, was die Machbarkeit der Namensregelung anging. Auch er befürchtete, daß bei Streichung der deutsch klingenden Namen für die Juden viel zuwenig Namen übrigbleiben würden. *»Für Juden aber neue Namen zu erfinden, wird wohl nicht in Frage kommen«*, schrieb er noch. Er schloß:

»Ich glaube demnach, daß der Gedanke einer allgemeinen Änderung der von Juden geführten deutschen Namen schon aus diesen Erwägungen kaum wird durchgeführt werden können.«

Was jetzt? Einfach einstellen konnte man die mit erheblichem Aufwand eingeleiteten Bemühungen nicht. Führer und Parteispitze hielten wenig von Beamten und gar nichts von beamteten Juristen. Goebbels würde das demnächst drastisch formulieren:

»Ebenso soll ich im Auftrage des Führers Protest gegen Fricks neuesten Gesetzentwurf, daß nur Juristen Beamte werden können, einlegen. Das ist ja geradezu idiotisch. Eine Juristifizierung des Staates. Das fehlte noch. Ich glaube, ich habe mir ein Verdienst erworben, daß ich den Führer darauf aufmerksam gemacht habe. Die Juristen sind alle im Gehirn defekt. Beamte müssen Diener des Volkes und nicht Knechte der Paragraphen sein.«[230]

In einer derart irrational aufgeladenen Frage konnte man sich ein Versagen nicht leisten.

Neben dem Vorstoß des vielleicht etwas skurrilen Reichstagsabgeordneten von und zu Loewenstein, den man dennoch nicht gänzlich unbeachtet lassen durfte, gab es – und das wog nach der aufputschenden Wirkung der Nürnberger Tage schwer – den massiven Druck des Parteipöbels unter Führung des fränkischen Gauleiters Julius Streicher. Der brachte gerade zur rechten Zeit im Verlag des »Stürmer« 1935 eine »kindgemäße« Fibel heraus mit kraß antisemitischen bunten Bildern und im schönen Sütterlin geschriebenen widerwärtigen, aufhetzerischen Knittelversen. Auch die Namen der Juden wurden dabei bedacht:

> »Damit den Jud man sollt nicht kennen,
> Tat bald er anders sich benennen.
> Ein Nathan heißt bald Jonathan.
> Herr Levin hängt ein ›son‹ sich dran.

Der Abraham läßt weg zwei ›a‹,
sodaß auf einmal Brahm steht da. –
Doch andre sind besonders hell!
Verschwinden lassen auf der Stell
Die fremden Namen sie und gleich
Gibt's Blühdorn auch und Siebenreich
Und Veilchenblau und Löwenstein
Und Rosenholz und Rosenhayn
Und Lindenstein und Blumenfeld
Und außerdem der Jude wählt
Von Tieren sich noch Namen aus.
So heißt er Katz und Hirsch und Strauß.
Noch andere, die nannten gern
Sich Fischbein, Herz und Mond und Stern
Und Dreifuß, Block und Feld und Stein
Und Schloß und Großmann und auch Klein.
Doch ganz bescheiden tauschet um
Den Namen sich ein Jud auf Blum.
Und was gar ein Rabbiner weiß!
Er nennt sich Markus Ehrenreis.
Und ein Baron namens Rothschild
Nennt seine Tochter gar Kriemhild!«

Auch mit der damit erzeugten Stimmung mußte ein ab-
wägender Ministerialbeamter 1935 rechnen. Für Antise-
miten war es wichtig, »den Juden« auch wirklich erkennen zu können. Ohne Feindbild keine Weltanschauung,
ohne genaue Markierung des Feindes keine Gewißheit,
»more equal than others« zu sein. Die weit verbreiteten phy-
siognomischen Klischees reichten nicht aus, um im Alltag
»den Juden« zu erkennen. Die Juden, denen man in
Deutschland begegnete, sahen nicht so aus, wie sie nach
den Karikaturen des »Stürmer« auszusehen hatten, und
bei objektiver Betrachtung konnte schon der morgend-
liche Blick in den Spiegel hie und da Zweifel aufkommen
lassen, ob die eigenen Vorfahren wohl das rechte Rassen-
bewußtsein gehabt hatten. Es war daher erforderlich, die
Juden, wenn sie schon nicht mit Sicherheit zu erkennen
waren, kenntlich zu machen, sie zu kennzeichnen. Wozu
aber waren Namen gut, wenn nicht zur Kennzeichnung.

Bewegung brachte ein Vorstoß aus allerhöchster Ebene, den man nun wirklich nicht unbeachtet zur Seite legen konnte. Heinrich Himmler schrieb an den Parteigenossen Pfundtner, den Staatssekretär im Innenministerium, am 15. Juni 1936 folgendes:

»Der Führer hat kürzlich bei einem Vortrage, den ich über die Verwendung deutscher Namen durch Juden hielt, mir den Auftrag gegeben, den ich weitergeben soll, daß diese Frage gesetzlich geregelt werden soll, daß Juden den Namen Siegfried oder Thusnelda nicht führen dürfen und, soweit sie ihn führen, ablegen müssen.

Notwendig wäre hierzu die Anlegung eines Verzeichnisses jüdischer Namen, also Namen, die die Juden führen dürfen; von Lewi bis Jakob usw.«

Daß der Name der Frau Hermanns des Cheruskers viel Vorliebe bei jüdischen Frauen gefunden hatte, erscheint eher unwahrscheinlich, aber Siegfried als Vorname deutscher Juden gab es in Fülle. Jetzt ging es also erstmals gezielt um Vornamen. Auch hierfür war ein Gesetz erforderlich. Globke konnte bei seiner Stellungnahme die aus der Diskussion über die Familiennamen bekannten Bedenken erneut vortragen. Auch hier konnten *»übel beleumundete Juden ihre Identität verschleiern«*, wenn sie plötzlich unter einem anderen Vornamen auftauchten. Außerdem stellte sich auch hier die Gretchenfrage: was ist ein jüdischer Vorname? Globke hierzu am 1. Juli 1936 mit Wendungen, in denen sich die ersten Konturen der späteren Regelung des Jahres 1938 abzeichnen:

»Viele ursprünglich aus dem Hebräischen stammenden Vornamen sind in einer deutschen Form gebräuchlich, z.B. Johannes (Hans), Joseph, Joachim, Maria, Elisabeth usw. Würde ein Verzeichnis jüdischer Namen aufgestellt, in dem diese Vornamen enthalten wären, würden sich die Juden zweifellos in Zukunft gerade dieser Namen bedienen. Es würde daher zu empfehlen sein, in das Verzeichnis jüdischer Vornamen die Vornamen nur in hebräischer und nicht in der eingedeutschten Form aufzunehmen.«

Preußische Geheime Staatspolizei
Der stellvertretende Chef und Inspekteur

29. 3 21/36 Adr.

Berlin, den   15. Juni 1936.

Bei Antwortschreiben
bitte Tgb.-Nr. angeben.

Sehr geehrter Parteigenosse Pfundtner !

       Der Führer hat kürzlich bei einem Vortrage,
den ich über die Verwendung deutscher Namen durch Juden
hielt, mir den Auftrag gegeben, den ich weitergeben soll,
daß diese Frage gesetzlich geregelt werden soll, daß
Juden den Namen Siegfried oder Thusnelda nicht führen
dürfen und, soweit sie ihn führen, ablegen müssen.
       Notwendig wäre hierzu die Anlegung eines
Verzeichnisses jüdischer Namen, also Namen, die die
Juden führen dürfen, von Lewi bis Jakob usw.
       Für eine Mitbeteiligung bei dem Entwurf
dieses Gesetzes wäre ich dankbar.

       Heil Hitler

Globke fügte noch fürsorglich hinzu:

»Der Erlaß dieses Gesetzes wird erst nach der Olympiade in Angriff genommen werden können.«

Pfundtner gab das am 15. Juli 1936 an Himmler weiter.
Als Wiedervorlage wurde vermerkt:

»Nach 5 Wochen.
(Ende der Olympiade)«

Die nächsten Monate liegen, was die Globke-Akten angeht, im dunkeln. Anscheinend bewegt sich in Namenssachen nichts, außer daß vermutlich Material zu den jüdischen Vornamen gesammelt wird. Allerdings dürfen wir
miterleben, wie der »Deutsche-Kinder-deutsche-Namen-
Erlaß« vom 14. April 1937 entsteht.

Der Breslauer Schulbuchverlag Ferdinand Hirt & Sohn
wollte am 24. Dezember 1936 vom Innenministerium
wissen, *»inwieweit deutsche Vornamen in den Lesestücken zu
verwenden«* seien.

»Auf diesem Gebiete herrscht einige Unsicherheit insofern, als
nicht genau feststeht, wie weit der Wille der Regierung bzw. Partei geht, die jetzt gebräuchlichen Vornamen durch Namen germanischen bzw. nordischen Ursprungs zu ersetzen.

Aus diesem Grunde wäre ich daher recht dankbar, wenn ich
erfahren könnte, ob geplant ist, die Namensgebung in einem bestimmten Sinne zu regeln. Ich denke daran, daß möglicherweise
seitens des Reichsministeriums des Innern auf die Standesbeamten eingewirkt wird, daß die deutschen Eltern ihren Kindern
deutsche Vornamen erteilen.

Die Schulbücher, die ja in die Hände aller Familien kommen
und in manchen Familien vielleicht die einzige Literatur bilden,
sind sehr geeignet, auf dem Gebiet der Namenserteilung Beispiele zu geben. Ich glaube daher meine Bitte um Mitteilung von
Richtlinien, soweit solche bestehen sollten, nicht vergeblich ausgesprochen zu haben.«

Das war weit gedacht. Über jüdische Familiennamen und
inzwischen auch über jüdische Vornamen hatte man sich

Gedanken gemacht. Hier wollte und würde man regelnd eingreifen. Aber bei der Namensgebung für nichtjüdische deutsche Kinder war bis auf die althergebrachten Grundsätze – nicht anstößig, nicht sittenwidrig o. ä. – nichts geregelt. Wenn man ein geschlossenes System der Markierung und Ausgrenzung der Juden wollte, dann durfte man die Welt der deutschen Vornamen nicht ungeregelt lassen.

Globke antwortete dem Breslauer Buchverlag am 14. April 1937. Mit einem Federstrich ließ er zugleich diesen Brief als Runderlaß veröffentlichen: »*Die Kinder deutscher Volksgenossen sollen grundsätzlich nur deutsche Vornamen erhalten usw.*« So entstand die »Rechtsgrundlage«, mit der die Standesbeamten u. a. die Vornamen Josua, Ragnar und Esther ablehnten und auf die sich das Kammergericht bei seiner Entscheidung zu dem Vornamen Josua stützte. Der Brief wurde außerdem die Vorlage für die Richtlinien vom 18. August 1938. Der Schulbuchverlag aus Breslau hat Rechtsgeschichte gemacht.

Von nun an beschleunigte sich die Entwicklung. Am 27. April 1937 teilte Globke Martin Bormann, dem Stellvertreter des Führers, einige technische Einzelheiten über den Entwurf des Gesetzes über die Änderung von Familiennamen und Vornamen mit, der inzwischen in einem neuen § 12 auch die zwangsweise Änderung von Vornamen vorsah. Dies solle

»in erster Linie dazu dienen, die Juden zur Annahme jüdischer Vornamen zu veranlassen. Dabei ist nicht daran gedacht, dieses Ziel durch Einzelanordnungen zu erreichen. Es ist vielmehr in Aussicht genommen, gegebenenfalls eine allgemeine Anordnung zu treffen, die sich unmittelbar auf den Vornamen des einzelnen Juden auswirkt.«

Und weiter in einem Vermerk vom 16. August 1937:

»Durch § 12 sollte in der Hauptsache die Möglichkeit geschaffen werden, die Juden auf die Führung jüdischer Vornamen zu verweisen; soweit in Zukunft jüdischen Kindern ein Namen gegeben wird, kann seine Auswahl auf die in den Richtlinien aufgeführten jüdischen Namen beschränkt werden; die in der Vergangenheit gegebenen nichtjüdischen Vornamen können von Amtswegen in Vornamen, die in den Richtlinien aufgeführt sind, geändert werden. Wieweit von dieser Ermächtigung Gebrauch gemacht wird, wird von den politischen Verhältnissen abhängen.«

Wie das genau aussehen sollte, wußte auch Globke noch nicht. Bei der Änderung der Vornamen hielt er für möglich, daß

»Vornamen, für die eine jüdische Form besteht, ... nur noch in dieser Form geführt werden (dürfen); bei nichtjüdischen Vornamen ... ein jüdischer Vornamen hinzugesetzt werden (muß)«.

Mit einer Änderung des § 12, mit der man Bormann in einem Zuständigkeitsstreit wenigstens äußerlich entgegenkommen wollte, ohne sich in der Sache etwas zu vergeben, wurde der Gesetzentwurf der Reichsregierung zur Beschlußfassung zugeleitet.

In der Begründung, die u. a. dem Chef der Reichskanzlei Lammers mit Anschreiben vom 6. November 1937 zugeleitet wurde, sind die bekannten Argumente zusammengefaßt. Es sollte »die zu Tarnungszwecken erfolgte Annahme deutscher Namen durch Juden rückgängig« gemacht werden, dazu gab es die Möglichkeit der freiwilligen Änderung oder des Widerrufs des Familiennamens. Mit § 12 war die Möglichkeit geschaffen, »die Juden auf die Wahl von jüdischen Vornamen zu beschränken«. Die Probleme der Identitätsfeststellung bei der Änderung von jüdischen Vornamen schienen lösbar:

»Diese Schwierigkeiten können aber dadurch ausgeräumt werden, daß an Stelle eines Austauschs der vorhandenen Vornamen die zusätzliche Führung eines typisch jüdischen Vornamens (z. B. Israel) angeordnet wird, der bei jeder Unterschrift mitverwendet werden muß.«

§ 7 sah nach wie vor den Widerruf von Namensänderungen aus der Zeit vor dem 30. Januar 1933 vor. Die Frist hierfür war auf den 31. Dezember 1940 verlagert worden. Das Gesetz über die Änderung von Familiennamen und Vornamen wurde am 5. Januar 1938 verkündet und trat rückwirkend zum 1. Januar 1938 in Kraft.[231]

Der Runderlaß folgte am 8. Januar 1938.[232] Mit ihm wurden die »*Richtlinien für die Bearbeitung der Anträge auf Änderung des Familiennamens*« veröffentlicht, die im Aufbau den Richtlinien des Jahres 1934 entsprachen. Betont antijüdische Akzente finden sich jetzt nicht nur in der Regelung der »*Judennamen*«, sondern auch im übrigen. So sollten Personen, die im Schuldnerverzeichnis standen, grundsätzlich nicht die Möglichkeit haben, sich ihren Gläubigern durch Namensänderung zu entziehen. Eine Ausnahme wurde aber zugelassen, wenn

»der Antragsteller gerade durch seinen Namen daran gehindert wird, seine Gläubiger zu befriedigen, wie dies etwa bei Trägern eines als jüdisch angesehenen Namens der Fall sein kann«.

Hier mußte also der Gläubigerschutz hinter der »Namensreinheit« zurücktreten.

Bisher hatte gegolten, daß der Mädchenname einer verheirateten Frau nur in seltenen Ausnahmefällen geändert werden durfte. Die von Globke verfaßten Richtlinien des Jahres 1938 sahen aber einen ausreichenden Grund für die Änderung des Mädchennamens schon,

»wenn eine deutschblütige Frau einen jüdischen Mädchennamen besitzt oder wenn der Mädchenname grob anstößig ist«.

Das gleichrangige Nebeneinander von »*grob anstößig*« und »*jüdisch*« macht deutlich, wie weit man inzwischen fortgeschritten war.

Die Vorschriften über die »Judennamen« entsprachen im wesentlichen der früheren Regelung. Insbesondere die Ausführungen dazu, welche Namen als jüdisch anzusehen seien, wurden wörtlich aus der Fassung von 1934 übernommen. Absatz 2 lautete jetzt:

»Anträgen von Juden und Mischlingen, ihren Namen zu ändern, wird grundsätzlich nicht stattgegeben, weil durch die Änderung des Namens die Abstammung des Namensträgers verschleiert würde. Dagegen kann solchen Anträgen entsprochen werden, wenn der Antragsteller zwar einen geringfügigen jüdischen Bluteinschlag aufweist, aber nicht Mischling ist.«

»*Personen nichtarischer Abstammung*« wurden nun nach Vorliegen der Nürnberger Gesetze in »*Juden und Mischlinge*« präzisiert. Gestrichen war der letzte Absatz, der es auch Juden ermöglicht hatte, sich von anstößigen Namen zu trennen.

Zu den »*Mischlingen*« äußerte sich Pfundtner in seinem Schreiben vom 8. Februar 1938 [233] noch einmal im Zusammenhang mit dem Widerruf von Namensänderungen. Er hob hervor, daß ein Widerruf von Namensänderungen von Mischlingen grundsätzlich nicht geplant sei, da der Nachteil, der durch die neue Annahme eines jüdischen Namens erwachse, erheblich größer sei als der, der durch die Beibehaltung des schon bisher geführten, gleichsam ererbten, deutschen Namens entstehe. Der Unsinn der Methode war zumindest im Innenministerium erkannt worden. Pfundtner in einem zweiten Schreiben vom 8. Februar 1938:

»Es ist auch zu beachten, daß eine andere Regelung nur *die* Mischlinge treffen würde, bei denen der jüdische Bluteinschlag von der *Vater*seite herrührt. Auch sind die Kinder oder die Enkel in der Regel als ›deutschblütig‹ anzusehen, so daß dann für die Nachkommen eine abermalige Änderung in Frage käme.« [234]

In der Hauptsache aber sollte

»jede behördlich genehmigte Namensänderung widerrufen werden, ohne daß es auf den Zeitpunkt, wann die Genehmigung ausgesprochen worden ist, ankommt. Gleichgültig ist auch, ob die Person, deren Name geändert worden ist, noch lebt oder bereits verstorben ist.«[235]

Die Namensgeschichte sollte grenzenlos rückwirkend umgeschrieben werden. Bis zur Judenemanzipation hatte man »ausholen« wollen. Das hatte die Ressorts im Grunde seit 1933 intensiv beschäftigt. Alle Argumente waren, so war anzunehmen, ausgetauscht.

Im Innenministerium hatte man aber immer noch Zweifel, ob das der richtige Weg war. Das Gesetz sah nur den Widerruf von Namens*änderungen* vor. Nur darauf paßte auch das Bild der »Tarnnamen«. Was aber wurde aus den deutschen Juden mit deutschen Namen, die sie im Zuge der Emanzipation vor mehr als hundert Jahren als Erstnamen erhalten hatten? Für einen Augenblick fühlt man sich nachgerade rechtsstaatlich aufgehoben, wenn man liest, die erstmalige Annahme eines Namens durch Juden bleibe von dieser Widerrufsregelung unberührt. Hier galt es, die treibenden Kräfte zu beruhigen:

»Die deutschblütigen Träger solcher Namen, die in der Volksauffassung als jüdisch angesehen werden, haben vielfach den Wunsch geäußert, daß die Juden zur Ablegung ihrer bei der Judenemanzipation angenommenen ursprünglich deutschen Namen veranlaßt werden. Der Verwirklichung dieser durchaus verständlichen Anregung stehen aber unüberwindliche praktische Schwierigkeiten entgegen.«

Für von und zu Loewenstein konnte das kein Trost sein. Um ihn ging es aber auch längst nicht mehr. Noch einmal brachte Pfundtner das seit Jahren bekannte Argument vor:

»Die überwiegende Zahl der von Juden geführten Namen ist deutschen Ursprungs. Dazu kommt, daß es verhältnismäßig wenige von Juden getragene Namen deutschen Ursprungs gibt, die nicht auch von Deutschblütigen geführt werden. Bei einer Verweisung der Juden auf jüdische Namen müßte man daher alle Namen deutschen Ursprungs, so typisch jüdisch sie vielfach auch klingen mögen, ausnehmen und lediglich auf Namen hebräischen Ursprungs zurückgreifen. Die Zahl der dann zur Verfügung stehenden Namen ist aber zu gering, als daß bei der dann eintretenden Häufung gleicher Namen der Unterscheidungszweck des Namens noch erfüllt würde. Überdies könnte trotz aller mit den Namensänderungen verbundenen unübersehbaren Verwaltungsarbeit doch nicht mit Sicherheit gewährleistet werden, daß die Namensänderung allen interessierten Kreisen bekannt würde. Durch alle diese Umstände würde die Identifizierung und damit die Überwachung der Juden außerordentlich erschwert und der Tarnung übler Juden Tür und Tor geöffnet.«[236]

Man war da in eine Verlegenheit geraten, die bei unbetäubten Sinnen den Unfug und das tiefe Unrecht der ganzen Aktion offenbar gemacht hätte. Die Geschichte der Namen der deutschen und osteuropäischen Juden war zugleich ein Spiegel der eigenen Geschichte und eine Geschichte der deutschen Sprache. Man war aufs engste miteinander verwoben, wollte es aber nicht wahrhaben. Die reiche Sprachgeschichte, wie es Gerhard Kessler 1935 in den Mitteilungen der Zentralstelle für Deutsche Personen- und Familiengeschichte genannt hatte, verband Deutsche und Juden.

Auch der Gedanke, alle Juden zur Führung eines »kennzeichnenden Doppelnamens«[237] zu verpflichten, wurde als unpraktikabel verworfen. Das namensrechtliche Netz wies also bedenkliche Lücken auf. Zwar konnten Juden ihren jüdisch klingenden Namen nicht mehr entfliehen. Andererseits konnte man deutschblütige Deutsche nicht zur Änderung ihres jüdisch klingenden Namens zwingen. Seit den Nürnberger Rassengesetzen war jüdischen Frauen der Weg versperrt, durch Heirat sich hinter einem deutschen Namen zu verstecken; es blieb aber die Zahl derer, die vorher deutsch geheiratet hatten. Die in der Zeit der Judenemanzipation erworbenen Namen waren dem gesetzlichen Zugriff entzogen. Für die Zukunft waren die Fluchtwege aus den jüdischen Namen versperrt, aber noch waren die deutschen Juden nicht hinreichend markiert. Allein an ihren Namen konnte man sie noch nicht erkennen. Man wollte aber »den Juden« auf den ersten Blick erkennen können. Ob einer deutschen oder artverwandten Blutes war, ließ sich weder durch den äußeren Anschein noch durch eine Blutprobe zuverlässig klären. Daher erfand das Reichsministerium des Innern den namensrechtlichen Vorgriff auf den Judenstern. Wennschon über Änderung und Widerruf der Familiennamen die namensmäßige Abtrennung der Juden nicht zu bewerkstelligen war, dann mußten eben die Vornamen als Ersatzmarkierung dienen.

Mit dem Entwurf der »Dritten Durchführungsverordnung«[238] begann die entscheidende Phase. Aus ihr wurde schließlich die *»Zweite Verordnung zur Durchführung des Gesetzes über die Änderung von Familiennamen und Vornamen«* vom 17. August 1938. Diese betraf nur Juden, während die entsprechenden Richtlinien vom 18. August 1938[239] auch Regelungen über die Vornamen nichtjüdischer deutscher Kinder enthielten.

Bekannt geworden sind die beiden ersten Bestimmungen der Verordnung vom 17. August 1938:

»§ 1

(1) Juden dürfen nur solche Vornamen beigelegt werden, die in den vom Reichsminister des Innern herausgegebenen Richtlinien über die Führung von Vornamen aufgeführt sind.

(2) Abs. 1 gilt nicht für Juden, die eine fremde Staatsangehörigkeit besitzen.

§ 2

(1) Soweit Juden andere Vornamen führen, als sie nach § 1 Juden beigelegt werden dürfen, müssen sie vom 1. Januar 1939 ab zusätzlich einen weiteren Vornamen annehmen, und zwar männliche Personen den Vornamen Israel, weibliche Personen den Vornamen Sara.«

Jetzt ging es nur noch darum, die Listen der jüdischen Zwangsnamen zu erarbeiten. Das ist ein ganz besonderes Kapitel.

Dem Entwurf vom 8. Februar 1938 war ein solches erstes Namensverzeichnis beigefügt. 179 männliche und 141 weibliche Vornamen, von denen nicht wenige heute fremd und befremdlich klingen. Nach dem Anschreiben Pfundtners stammte diese Aufstellung jüdischer Vornamen von der Reichsstelle für Sippenforschung und enthielt nur Namen hebräischer und jiddischer Sprache. Bei einigen gebräuchlichen Namen unstreitig hebräischen Ursprungs habe das Ministerium allerdings von der Aufnahme in diese Liste abgesehen, nämlich bei

Joachim, Josef, Jakob und Mathias, mit der Begründung:

»Diese Namen sind zwar hebräischen Ursprungs und werden bisher auch von Juden geführt. Sie werden aber in ungleich stärkerem Maße von Deutschblütigen getragen und in der Volksauffassung nicht als jüdische Vornamen angesehen. Sie nunmehr als solche abzustempeln, muß aber auch deshalb unterbleiben, weil nicht nur große Persönlichkeiten der deutschen Vergangenheit diese Namen getragen haben, sondern auch hervorragende Männer des dritten Reiches diese Namen führen.«

Adam, Gabriel, Michael und Rafael, mit der Begründung:

»werden von Juden nur ganz ausnahmsweise, von Deutschen selten getragen. Ihre Aufnahme in das Verzeichnis der jüdischen Vornamen erschien gleichwohl nicht zweckmäßig. Der Name Adam ist in der Vergangenheit von hervorragenden Deutschen getragen worden; der Name Gabriel wird in der weiblichen Form Gabriele ausschließlich von Deutschblütigen geführt; der Name Michael ist eng mit dem deutschen Volke verbunden (»der deutsche Michel«, Michaelstellung); der Name Rafael hat als Name des berühmten italienischen Malers weltweite Bedeutung.«

Eva, mit der Begründung, dies sei »aber ein gebräuchlicher deutscher Namen geworden«.

Daß der Name Maria in dem in der Erstfassung 141 Namen umfassenden Verzeichnis weiblicher jüdischer Vornamen fehlt, verstand sich von selbst. Der Name der Mutter aller Mütter, Eva, konnte schon aus höchstpersönlichen Gründen, die in der Privatsphäre des Führers lagen, nicht in diesem Sinne »abgestempelt« werden. Darauf war selbstverständlich Rücksicht zu nehmen.

Bemerkenswert ist, daß von den 179 männlichen Vornamen dieser ersten Liste, bereinigt um geringfügige Abweichungen in der Schreibweise, nur 12 nicht bei Kessler verzeichnet sind.[240] 114 Namen stimmen mit seiner Liste hebräischer Rufnamen[241] überein, immerhin 94, teilweise andere, hatte er im Berliner Adreßbuch entdeckt.[242] Es war Kessler dabei vornehmlich um ostjüdische Namen gegangen, die er im Adreßbuch gezielt im Osten, Nordosten und Norden Berlins gesucht hatte, die von Zuwanderern aus dem slawischen Osten besiedelt waren. Seine Übersicht über diese Namen schloß er 1935 mit den Worten:

»So befremdlich der größte Teil dieser Namen für den Deutschen auch ist, so wird doch niemand der Volkstreue, von der sie zeugen, die Achtung versagen. Wahrscheinlich wäre viel Irrtum, Traum und Dünkel, viel Enttäuschung und Leid vermieden worden, wenn es auch unter den Juden des Berliner Westens und Südwestens, unter den Juden des Großbürgertums und der Bildungsschicht, unter den altansässigen Juden Deutschlands im letzten Jahrhundert mehr Baruch und Leiser, Moses und Scholem und weniger Alfred und Kurt, Arthur und Siegfried gegeben hätte.«[243]

Zu spät. Die Liste der Zwangsnamen wollte alle gleichmachen, alle gleichermaßen kennzeichnen und brandmarken. Daß die meisten dieser Vornamen auch für die altansässigen deutschen Juden befremdlich und nach ihrem Selbstverständnis beleidigend waren, gehörte zu den Nebenwirkungen, die man zu gerne in Kauf nahm. Man wollte – die Namensliste macht es als unscheinbares Beispiel deutlich – nicht nur namentlich ausgrenzen, sondern auch quälen und verletzen. Joseph Goebbels hatte am 11. Juni 1938 in seinem Tagebuch notiert: »Nicht Gesetz ist die Parole, sondern Schikane.« Jetzt wurde Schikane Gesetz.

Der Bedeutung dieses Namenskrieges entsprechend mußte die Sache an höchster Stelle entschieden werden. Die Vorschläge des Innenministers vom 8. Februar 1938 landeten noch in derselben Woche auf dem Schreibtisch des Reichsministers und Chefs der Reichskanzlei Hans Heinrich Lammers. Der trug die Liste erstmals am 25. Februar 1938 Hitler vor,[244] der verschiedene Änderungswünsche hatte. Welche Bedenken der Führer hatte, machte Lammers dem Innenminister mit Schreiben vom 2. März 1938 deutlich: den Juden solle nur die Führung wirklich jüdischer Vornamen gestattet werden, *»die von Deutschen nicht geführt werden und ihrem Klang nach ohne weiteres als jüdisch zu erkennen sind«.*[245] Hitler beanstandete im einzelnen die Auflistung der *»auch in deutschen Familien durchaus üblichen Namen«* wie Abraham, Benjamin, Daniel, David, Emanuel, Melchior, Samson, Simon, Zacharia und hielt auch die Namen Arjo, Ary, Aria, Bendix, Ilja, Illia, Dina, weil *»als typisch jüdisch wenig bekannt«*, für ungeeignet.[246]

Im Innenministerium mußte folglich die Namensliste gründlich überarbeitet werden. Die geänderte Fassung lag am 18. Mai 1938[247] vor. Pfundtner schrieb:

»Falls das vorgelegte Verzeichnis jüdischer Vornamen die Zustimmung des Führers und Reichskanzlers findet, bitte ich, mich davon in Kenntnis zu setzen. Ich werde dann die Verordnung und den Runderlaß veröffentlichen.«[248]

Das war etwas voreilig. Zwar hatte man 84 Namen (50 männliche und 34 weibliche) gestrichen[249] und 75 Namen (61 männliche und 14 weibliche) hinzugefügt,[250] so daß die Liste jetzt 190 männliche und 121 weibliche Vornamen umfaßte, doch fand auch diese Zusammenstellung nicht die Gnade des Führers. Am 25. Mai 1938 vermerkte die Reichskanzlei:

»Das neue Verzeichnis scheint mir den Wünschen des Führers Rechnung zu tragen, wenn auch einige Namen dabei sein mögen, die auch (ganz)[251] vereinzelt in deutschen Familien vorkommen, wie z. B. Elias, Isidor, Samuel, Deborah. Das wird sich aber kaum ganz vermeiden lassen, da sonst zu wenig Namen für die Juden übrigbleiben.«[252]

Am 31. Mai 1938 wurde dem Führer erneut vorgetragen, der auch gegen das geänderte Verzeichnis einige Bedenken hatte.[253] Bei diesem Vortrag legte Lammers Hitler eine Kopie der zweiten Fassung der Namensliste vor, auf der der Führer dann eigenhändig noch 19 weibliche Vornamen strich.[254] Mit diesen und den Streichungen, die zwischen Reichskanzlei und Ministerium in den letzten Tagen abgestimmt worden waren,[255] konnte das Verzeichnis der jüdischen Vornamen endlich verabschiedet werden.

Mindestens zweimal hatte Hitler sich konkret mit den einzelnen Namen befaßt, zunächst mehr allgemeine Einwände erhoben und schließlich selbst Hand angelegt und 19 Namen gestrichen. In diese Zeit fiel der Anschluß Österreichs, Hitler hatte am grünen Tisch mit General Keitel den »Fall Grün«, den militärischen Überfall auf die Tschechoslowakei, besprochen, die Stimmung in der Sudetenfrage angeheizt, sein Testament gemacht,[256] Italien besucht, den Grundstein zur Volkswagenfabrik in Fallersleben gelegt, mit einer neuen Weisung »Grün« seinen »unabänderlichen Entschluß« manifestiert, »die Tschechoslowakei in absehbarer Zeit durch eine militärische Aktion zu zerschlagen« und das »Gesetz über die Einziehung von Erzeugnissen der entarteten Kunst« unterzeichnet. Das Verzeichnis jüdischer Vornamen war eben keine Kleinigkeit am Rande, es war auch in diesem historischen Umfeld allerhöchste Chefsache. Lammers hätte es sonst nie gewagt, den Führer und Reichskanzler mehrfach auf diese Namensliste anzusprechen und zwischen Anschluß und Sudetenkrise mit der Frage zu behelligen, ob die ausersehenen jüdischen Vornamen *Blume, Glückchen, Geisel, Golde, Hendel* oder *Mamelchen* möglicherweise deutschen Stammes und daher für die Liste ungeeignet waren. Daß Hitler u. a. die Namen *Deborah, Lilith* und *Thamar* selbst strich, beeindruckt, gerade weil diese schönen hebräischen Vor-

<u>Betrifft:</u> Verzeichnis jüdischer Vornamen.

---

1. V e r m e r k:

Auftragsgemäß habe ich heute mit dem Referenten des
Reichsministeriums des Innern, Oberregierungsrat Globke,
das Verzeichnis der jüdischen Vornamen durchgesprochen. Dem
Wunsch des Führers entsprechend, daß in das Verzeichnis kei
ne Namen deutschen Stammes aufgenommen werden sollen, darf
ich im Einvernehmen mit dem Referenten des MdJ. vorschlagen
die in der anliegenden Photokopie mit Blaustift gestrichenen Namen wegzulassen. Die in der Photokopie selbst schon
durchstrichenen Namen hatte der Führer gestrichen.

Dem vom Führer geäußerten Wunsch, daß die für Juden
vorbehaltenen Vornamen nicht auch deutschen Kindern beigelegt werden sollen, entspricht der beabsichtigte Runderlaß
des MdJ. unter A 3. Da aber immerhin mit Rücksicht auf die
Fassung der Nr. 4 Zweifel ~~hierüber~~ bestehen könnten, wird
durch einen Zusatz zu Nr. 4 ausdrücklich klargestellt werden,
daß deutsche Kinder nicht die für ~~die~~ Juden vorbehalte
nen Vornamen erhalten sollen.

2. Dem
Herrn R e i c h s m i n i s t e r
gehorsamst vorgelegt mit der Bitte um
Weisung, ob die Zustimmung des Führers
zu dem so geänderten Verzeichnis dem
Innenministerium mitgeteilt werden kann.

Hrn. MinDir.
Kri~~tz~~inger

Interner Vermerk der Reichskanzlei an Reichsminister Lammers

262

namen nun ganz gewiß nicht deutschen Ursprungs waren.

Am 16. Juni 1938 konnte Lammers dem Reichsminister des Innern mitteilen, »*daß das anliegende Verzeichnis jüdischer Vornamen den Wünschen des Führers entspricht*«.[257] Der Runderlaß mit den Richtlinien und dem Verzeichnis der jüdischen Vornamen wurde einen Tag nach der Zweiten Durchführungsverordnung veröffentlicht, am 18. August 1938.[258] Die Liste enthielt 185 männliche Vornamen und nur noch 91 weibliche.[259] Nur noch diese durften nach § 1 der Zweiten DVO vom 17. August 1938 Juden beigelegt werden. Damit waren die Kinder gemeint, um deren Vornamen es ging. Wer war in diesem Sinne Jude? Das regelten die Nürnberger Gesetze. Nach § 5 der Ersten Verordnung zum Reichsbürgergesetz vom 15. September 1935[260] war Jude, wer *von mindestens drei der Rasse nach volljüdischen Großeltern* abstammte. Außerdem galt als Jude, wurde also rechtlich wie ein Jude behandelt, wer von nur zwei volljüdischen Großeltern abstammte, aber zur Zeit des Reichsparteitages 1935 *(»bei Erlaß des Gesetzes«)* oder danach der jüdischen Religionsgemeinschaft angehörte oder zu diesem Stichtag mit einem Juden verheiratet war oder sich danach mit einem Juden verheiratete. Hier spielte die Rasse keine Rolle mehr, obwohl es doch nur um Rasse ging, sondern es wurde sozusagen das Bekenntnis zum Judentum mit Sanktionen verbunden.

Für die deutschen Juden war mit dem Zwangsverzeichnis jüdischer Vornamen das Namensghetto geschlossen. Die überwiegend ostjüdisch klingenden Namen wirkten fremdartig, weil deutsche Juden, die die meisten der deutschblütigen »Volksgenossen« als Nachbarn, Mitschüler oder aus der Zeitung kannten, gerade nicht so hießen. Um so leichter konnte man diese Namen verspotten, ohne zu wissen, wovon man sprach. Auch hier galt, daß der Jude, den man kannte, eigentlich gar nicht gemeint war. Gemeint war die anonyme Masse der Unbekannten. So mokierte sich die »Grazer Tagespost« am 2. September 1938:

»Saudik, gut, das ist ein Ausdruck, ein solider, ehrlicher, der jedem Schweinefuttermittel Ehre machen würde, aber auf das Wort Sprinze paßt schon wieder nichts mehr; so kann kein Gummiabsatz heißen, der etwas auf sich hält, kein Klosettpapier, nein, so kann – jetzt weiß ich es ja – nur eine Jüdin heißen.«[261]

Aus diesem Spott sprach Dummheit. Der Schreiber dieses jämmerlichen Artikels wußte gewiß nicht, daß Sprinze der Name einer der sechs Töchter jenes von Scholem Alejchem schon 1894 geschaffenen Milchmanns namens Tewje war und von dem schönen spanischen Namen Esperanza herkam, Saudik eine jiddische Form des alttestamentarischen Namens Zadok, des Oberpriesters unter David und Salomo, war.[262] Wer so ahnungslos mit Namen anderer Menschen umging, konnte gewiß nicht »*die große reiche Geschichte des Judentums in den jüdischen Namen ehren*«, wie es Kessler noch 1935 gehofft hatte. Die Entrechtung war schon schlimm genug, die sozusagen überschießende Entwürdigung bereitete den Weg zu Schlimmerem vor.

Besonders aufmerksam wurde die Entwicklung im Deutschen Reich von den Juden in den USA verfolgt. So brachte die »Washington Post« schon im August 1938 einen Bericht über das Zwangsverzeichnis jüdischer Vornamen und prangerte dessen »*universally debasing character*« an. Ein orthodoxer jüdischer Leser meldete sich mit einem Leserbrief zu Wort, in dem er, vielleicht mit bitterer Ironie, auf den Brauch hinwies, jedem jüdischen Kind außer dem bürgerlichen Namen noch einen hebräischen Vornamen zu geben, dem komme die Nazi-Regelung geradezu entgegen und zwinge so zur Besinnung auf traditionelle jüdische Werte.[263] Die Deutsche Botschaft in Washington übermittelte diesen Leserbrief noch am gleichen Tag nach Berlin und hob ebenso verblüfft wie voll Hohn dessen besondere Bedeutung und die sicher auch der Botschaft neue Gemeinsamkeit mit der jüdischen Orthodoxie hervor, wo doch bisher

»die Judenschaft in Amerika mit Erfolg dafür gesorgt (habe), daß der amerikanischen Öffentlichkeit die vollkommene Analogie zwischen der orthodoxen jüdischen Tradition und den Nürnberger Gesetzen nicht zum Bewußtsein kam«.[264]

Das ändert nichts am Kern der Sache. Die Zwangsnamen sollten nicht nur markieren, sie sollten auch diffamieren. Jochen Klepper, mit einer Jüdin verheiratet bis in den gemeinsamen Tod, erkannte dies als Teil der *»Einkreisungsmaßnahmen«*[265] gegen die Juden und schrieb am 23. August 1938:

»Die Liste der Vornamen, die für neugeborene Judenkinder festgesetzt ist, bedeutet zu achtzig Prozent eine sadistische Verhöhnung. Die biblischen, berühmten Namen sind den Juden gesperrt.«

Im Deutschland des Jahres 1938 waren für eine solche Diffamierung ostjüdische Vornamen hervorragend geeignet. Die wenigsten dieser Namen hatten, wie Victor Klemperer schrieb, *»die Würde des Alttestamentlichen«.*[266] Am 24. August 1938 notierte er noch in sein Tagebuch:

»Ich selber habe also der (!) Standesämtern Landsberg und Berlin sowie der Gemeinde Dölzschen zu melden, daß ich Victor-Israel heiße, und habe Geschäftsbriefe derart zu unterzeichnen. Ob für Eva Eva-Sara in Frage kommt, muß ich noch feststellen.«

Für eine deutsche Eva stand die Antwort fest: Deutsche Juden, die *»andere als die in der Anlage aufgeführten Vornamen führen«*, mußten den »kennzeichnenden« Zusatzvornamen führen. Eva war ebensowenig unter den im Namensverzeichnis aufgeführten Vornamen wie Esther. In den Akten des Globke-Verfahrens findet sich die Karteikarte der KZ-Insassin Esther Sara Königshofer, geboren am 17. März 1886 als Esther Jakobsohn in Hamburg, gestorben am 9. Februar 1943 in Auschwitz.

Verzeichnis der jüdischen Vornamen

(Mit »H« gekennzeichnete Vornamen von Hitler gestrichen)

Fassung 8.2.1938	Fassung 18.5.1938	Fassung 18.8.1938	Fassung 8.2.1938	Fassung 18.5.1938	Fassung 18.8.1938
männlich			weiblich		
Aaron				Abigail	Abigail
Abel	Abel	Abel	Adel		
Abieser	Abieser	Abieser.			
	Abimelech	Abimelech			
	Abner	Abner			
Abraham					
	Absalom	Absalom			
	Ahab	Ahab			
	Ahasja	Ahasja			
	Ahasver	Ahasver			
Ahron					
Akiba	Akiba	Akiba			
Ammon	Amon	Amon			
Anschel	Anschel	Anschel			
Aria					
Ariksa					
Arjo					
Aron	Aron	Aron			
	Asahel	Asahel			
	Asaria	Asaria			
Ary					
Ascher	Ascher	Ascher			
	Asriel	Asriel			
	Assur	Assur			
	Athalja	Athalja			
Awigdor	Awigdor	Awigdor			
	Awrum	Awrum			

	Bachja	Bachja	Baschewa	Baschewa	Baschewa
	Barak	Barak		Beile	Beile
Baruch	Baruch	Baruch		Bela	Bela
	Benaja	Benaja	Bescha	Bescha	Bescha
Bendit				Bihri	Bihri
Bendix				Bilha	Bilha
Benjamin			Blümchen	Blümchen	
Berek	Berek	Berek	Blume	Blume	H
Berl	Berl	Berl	Breine	Breine	Breine
Bezabel			Brendel	Brendel	
Boas	Boas	Boas	Briewe	Briewe	Briewe
Bud	Bud	Bud	Brocha	Brocha	Brocha
Caffmann	Caffmann		Chana	Chana	Chana
Chaggai	Chaggai	Chaggai	Chawa	Chawa	Chawa
Chai	Chai	Chai	Cheiche	Cheiche	Cheiche
Chajim	Chajin	Chajin	Cheile	Cheile	Cheile
	Chamor	Chamor	Chinke	Chinke	Chinke
	Chananja	Chananja			
Chanoch	Chanoch	Chanoch			
Chaskel	Chaskel	Chaskel			
Chawa	Chawa	Chawa			
Chiel	Chiel	Chiel			
Cossmann					
Czadek					
Dan	Dan	Dan	Deborah	Deborah	H
Daniel			Deiche	Deiche	Deiche
David			Dewaara	Dewaara	Dewaara
Denny	Denny	Denny	Dewerel		
			Dina		
			Dobrisch		
			Driesel	Driesel	Driesel
Efim	Efim	Efim	Egele	Egele	Egele
			Eigle		
Efraim	Efraim	Efraim	Elka		
	Ehud	Ehud	Elle		
Eisig	Eisig	Eisig	Ester		
Elchanan					
Eleasar					

Eli	Eli	Eli			
Elia	Elias	Elias			
	Elihu	Elihu			
Elieser	Eliser	Eliser			
Eljakim	Eljakim	Eljakim			
Elkan	Elkan	Elkan			
Emanuel					
Enoch	Enoch	Enoch			
	Esau	Esau			
Esra	Esra	Esra			
Ezechiel	Ezechiel	Ezechiel			
Faleg	Faleg	Faleg	Faugel	Faugel	Faugel
Feibisch	Feibisch	Feibisch	Feigle	Feigle	Feigle
Feirel	Feirel	Feirel	Feile	Feile	Feile
	Feist		Fradchen	Fradchen	Fradchen
Feitel	Feitel	Feitel	Fradel	Fradel	Fradel
Feiwel	Feiwel	Feiwel	Franke		
Feleg	Feleg	Feleg	Freidchen	Freidchen	
			Freide		
			Freidel	Freidel	
			Frommet	Frommet	Frommet
			Frumma		
Gad	Gad	Gad	Geilchen	Geilchen	Geilchen
Gdaleo	Gdaleo	Gdaleo	Geisel	Geisel	H
Gedalja	Gedalja	Gedalja	Gela	Gelea	Gelea
Gerschom			Gele		
Gerson	Gerson	Gerson	Ginendel	Ginendel	Ginendel
Gideon	Gideon	Gideon	Gittel	Gittel	Gittel
			Glückchen	Glückchen	H
			Glückel	Glückel	H
			Golde	Golde	H
			Gole	Gole	Gole
			Gutchen	Gutje	
			Gutrein		
	Habakuk	Habakuk	Hadasse	Hadasse	Hadasse
	Hagai	Hagai	Hades		
	Hemor	Hemor	Hale	Hale	Hale
Henoch	Henoch	Henoch	Hana		

	Herodes	Herodes	Hannacha	Hannacha	Hannacha
	Hesekiel	Hesekiel	Heilchen	Heilchen	H
Hillel	Hillel	Hillel	Heinde	Heinde	H
	Hiob	Hiob	Hendel	Hendel	H
Hiskia			Hitzel	Hitzel	Hitzel
Hosea	Hosea	Hosea			
Ilja					
Illia					
Isaac	Isaac	Isaac			
Isachar	Isachar	Isachar			
Isai	Isai	Isai			
	Isboseth	Isboseth			
	Isidor	Isidor			
Ismael	Ismael	Ismael			
Israel	Israel	Israel			
Itzig	Itzig	Itzig			
Jachiel	Jachiel	Jachiel	Jachet	Jachet	Jachet
Jaffe	Jaffe	Jaffe	Jachewad	Jachewad	Jachewad
Jakar	Jakar	Jakar		Jedidja	Jedidja
Jakusiel	Jakusiel	Jakusiel	Jente	Jente	Jente
Jecheskel	Jecheskel	Jecheskel	Jette		
Jechiel	Jechiel	Jechiel		Jezabel	Jezabel
	Jehu	Jehu	Judis	Judis	Judis
	Jehuda	Jehuda	Jyske	Jyske	Jyske
Jehusiel	Jehusiel	Jehusiel	Jyttel	Jyttel	Jyttel
Jeremia	Jeremia	Jeremia			
	Jerobeam	Jerobeam			
Jesaja	Jesaja	Jesaja			
Jesim					
	Jethro	Jethro			
	Jiftach	Jiftach			
	Jizchak	Jizchak			
Joab	Joab	Joab			
Jochanan	Jochanan	Jochanan			
Joel	Joel	Joel			
Jomteb	Jomteb	Jomteb			
Jona	Jona	Jona			
Janothan	Jonathan	Jonathan			

Josia	Josia	Josia			
Josua					
Juda	Juda	Juda			
Judka					
	Kainan	Kainan	Keile	Keile	Keile
Kaiphas	Kaiphas	Kaiphas	Kendel	Kendel	H
Kaleb	Kaleb	Kaleb	Klarchen		
Korach	Korach	Korach	Kreindel	Kreindel	Kreindel
	Laban	Laban	Lane	Lane	Lane
	Lazarus	Lazarus	Leine	Leie	Leie
	Leew	Leew	Libsche	Libsche	Libsche
	Leffmann		Liebe	Libe	Libe
			Lilith		H
	Leib		Liwie	Liwie	Liwie
Leiser	Leiser	Leiser			
Leven					
Levi	Levi	Levi			
Lewek	Lewek	Lewek			
	Lot	Lot			
Lupu	Lupu	Lupu			
Machol	Machol	Machol	Machle	Machle	Machle
Maim	Maim	Maim	Malche		
	Malchisua	Malchisua	Male	Male	H
Maleachi	Maleachi	Maleachi	Malke		
Manasse	Manasse	Manasse	Mamelchen	Mamelchen	H
Mardorhai	Mardochai	Mardochai	Mamle	Mamle	
Mechel	Mechel	Mechel	Mathel	Mathel	Mathel
Meir			Merjam		
Melchior			Michle	Michle	H
Menachem	Menachem	Menachem	Milke		
	Moab	Moab	Milkele	Milkele	Milkele
Mochain	Mochain	Mochain	Mindel	Mindel	Mindel
Mordche	Mordche		Minke		
	Mordeschaj	Mordeschaj	Mirel	Mirel	
Mosche	Mosche	Mosche			
Moses	Moses	Moses			
	Nachschon	Nachschon	Nacha	Nacha	Nacha
Nachum	Nachum	Nachum	Nachme	Nachme	Nachme

Naftali	Naftali	Naftali	Nenchen	Nenchen	
Nathan	Nathan	Nathan			
Nathaniel					
Naum	Naum	Naum			
Nazary	Nazary	Nazary			
Nehab	Nehab	Nehab			
Nehemia	Nehemia	Nehemia			
Nissim	Nissim	Nissim			
Noa	Noa	Noa			
Nochem	Nochem	Nochem			
Naue					
	Obadja	Obadja	Odel		
	Orew	Orew			
Oscher	Oscher	Oscher			
Osias	Osias	Osias			
Peisach	Peisach	Peisach	Peirche	Peirche	Peirche
Pelet			Perel		
Pesez				Pesschen	Peßchen
Phaleg			Pesse	Pesse	Pesse
Pheleg			Pessel	Pessel	Pessel
Pinchas	Pinchas	Pinchas	Pirle	Pirle	Pirle
	Pinkus	Pinkus			
Rachmiel	Rachmiel	Rachmiel	Rachel	Rachel	Rachel
Ruben	Ruben	Ruben	Rause	Rause	Rause
				Rebekka	Rebekka
			Rechel	Rechel	Rechel
				Reha	Reha
			Rehle	Rehle	
			Reichel	Reichel	Reichel
			Reine		
			Reisel	Reisel	Reisel
			Reitzge	Reitzge	Reitzge
			Reitzsche	Reitzsche	Reitzsche
			Rickel		
			Ritzsche		
			Riwki	Riwki	Riwki
			Rochel		
Sabbatai	Sabbatai	Sabbatai	Sachno		

Sacharia			Sara	Sara	Sara
Sacher	Sacher	Sacher	Scharne	Scharne	Scharne
	Sallum	Sallum	Scheindel	Scheindel	Scheindel
	Sally	Sally	Scheine	Scheine	Scheine
Salo	Salo	Salo	Schewa	Schewa	Schewa
Salomon	Salomon	Salomon	Schlämisch	Schlämsche	Schlämsche
Salusch	Salusch	Salusch	Semche	Semche	Semche
Samaja	Samaja	Samaja	Simche	Simche	Simche
Sami	Sami	Sami	Sischen	Sischen	
Samson			Slatke		
Samuel	Samuel	Samuel	Slowe	Slowe	Slowe
Sandel	Sandel	Sandel	Sprinze	Sprinze	Sprinze
Saudeck			Susse		
Saudik	Saudik	Saudik			
Saul	Saul	Saul			
Schalom	Schalom	Schalom			
	Schaul	Schaul			
Schinul	Schinul	Schinul			
	Schmul	Schmul			
Schneur	Schneur	Schneur			
	Schochana	Schoachana			
Scholem	Scholem	Scholem			
Schulim					
	Sebulon	Sebulon			
Semi	Semi	Semi			
Seraph					
	Sered	Sered			
	Sichem	Sichem			
	Sirach	Sirach			
Simeon					
Simon					
Simson	Simson	Simson			
Sodeck					
Tobia			Tana	Tana	Tana
Teit	Teit	Teit	Taube		
Tewele	Tewele	Tewele	Telze	Telze	Telze
				Thamar	H
			Tirze	Tirze	Tirze

			Tischel	Tischel	
			Traune	Traune	H
			Treidel	Treibel	Treibel
Uri	**Uri**	**Uri**			
Uria	Uria	Uria	Veilche	Veilchen	H
Uriel	Uriel	Uriel		Vögelche	H
Zacharia			**Z**erel	**Z**erel	**Z**erel
Zadek	Zadek	Zadek		Zilla	Zilla
Zadik			Zimle	Zimle	Zimle
Zadok			Zine	Zine	Zine
Zaduk			Zipaura		
	Zedekia	Zedekia	Ziper	Ziper	H
	Zephanja	Zephanja	Zipora	Zipora	Zipora
Zebi			Zirel	Zirel	Zirel
	Zeruja	Zeruja	Zorthel	Zorthel	Zorthel
Zewi	Zewi	Zewi	Zirke		
Zivi					
Ziwi					

Übersicht über die erwähnten Gerichtsentscheidungen

Gericht	Datum	Fundstelle
RG	11.4.1901	RGZ 48, 114
RG	15.10.1912	RGZ 80, 219
RG	24.9.1913	RGZ 83, 109
RG	24.3.1930	RGZ 128, 92
RG	12.7.1934	JW 34, 2613
RG	12.7.1934	JW 34, 2615
RG	22.8.1935	JW 35, 3094
RG	13.3.1936	RGZ 150, 1
RG	14.10.1938	RGSt 72, 385
BGH	4.2.1959	BGHZ 29, 256
BGH	8.12.1982	BGHZ 86, 82
AG Charlottenburg	3.9.1938	JW 38, 3172
AG Darmstadt	7.2.1936	StAZ 36, 161
AG Elsterwerda	15.6.1931	StAZ 32, 119
AG Halle	18.8.1938	JW 38, 2975
AG Hamburg-Altona	29.11.1938	DRM 39. 388
AG Mainz		StAZ 30, 84
AG Nürnberg	26.11.1938	JW 38, 3243
AG Schöneberg	16.9.1938	JW 38, 3045
AG Schöneberg	11.10.1938	JW 38, 3063
LG Berlin	20.10.1933	DNotZ 34, 199
		GRUR 35, 592
LG Berlin	9.3.1934	JW 34, 853
LG Berlin	9.3.1934	GRUR 35, 595
LG Berlin	24.4.1934	GRUR 35, 598
LG Berlin	25.9.1933	JW 34, 442
LG Berlin	7.11.1938	JW 38, 3242
LG Flensburg	1.9.1992	NJW 93, 1866
LG Köln	11.5.1938	DJ 38, 907
LG Köln	2.11.1933	DJ 33, 819
KG	16.1.1931	JFG 8, 103
KG	2.11.1933	DJ 33, 818
KG	21.12.1933	JW 34, 491

KG	21. 12. 1933	DNotZ 34, 199
		GRUR 35, 592
KG	8. 2. 1934	DJ 34, 395
KG	12. 4. 1934	JW 34, 1247
KG	12. 7. 1934	JW 34, 2160
KG	25. 10. 1934	JFG 12, 249
KG	8. 5. 1935	JW 35, 3120
KG	21. 11. 1935	DNotZ 36, 125
KG	1. 7. 1938	DJ 38, 1247
Josua		JW 38, 2210
		JFG 18, 61
KG	5. 8. 1938	JW 38, 2401
Ragnar		JFG 18, 128
KG	14. 10. 1938	JW 38, 3114
KG	28. 10. 1938	JW 38, 3167
Esther		JFG 18, 261
		StAZ 38, 464
KG	29. 7. 1939	StAZ 40, 89
OLG Celle	5. 11. 1934	JW 35, 1445
OLG Karlsruhe	2. 3. 1934	JW 34, 1371
OLG Köln	18. 11. 1937	ZAkDR 38, 171
OLG München	3. 3. 1937	ZAkDR 37, 248
OLG München	16. 11. 1937	JFG 17, 8
OLG München	22. 12. 1937	JFG 15, 52
OLG München	11. 12. 1939	JW 40, 327
OLG Nürnberg	14. 2. 1939	DR 40, 33

Anmerkungen

Die Akten des Preußischen und des Reichsministeriums des Innern sind im Bundesarchiv Potsdam (BAP), die der Reichskanzlei im Bundesarchiv Koblenz (BAK). Das Wechselspiel bei der Entstehung des Gesetzes über die Änderung von Familiennamen und Vornamen findet dort seinen eindrucksvollen Niederschlag. Für die Zeit vor 1933 verdanke ich wertvolle Hinweise Dietz Berings Werk »Der Name als Stigma«.

Eine Quelle besonderer Qualität sind die mir erstmals zugänglich gewesenen Beiakten zu dem DDR-Strafverfahren gegen Dr. Hans Globke. Das Ministerium für Staatssicherheit hatte zur Vorbereitung dieses politischen Strafprozesses gegen den damaligen Staatssekretär Adenauers wahllos und erstaunlich ungeordnet alles zusammengetragen, was sich gegen Globke irgendwie verwerten ließ. Die 89 Aktenbände bestehen zum Großteil aus fotografiertem (!) Archivmaterial Ost und West, zu einem geringeren Teil aus Vernehmungsniederschriften mit Aussagen von jüdischen Zeitzeugen, die unter der nationalsozialistischen Verfolgung und damit nach der Logik der Anklage unter den Maßnahmen Globkes gelitten hatten.

Globke wurde vom Obersten Gericht der DDR am 23. Juli 1963 »wegen in Mittäterschaft begangenen fortgesetzten Kriegsverbrechens und Verbrechens gegen die Menschlichkeit in teilweiser Tateinheit mit Mord« in Abwesenheit zu lebenslangem Zuchthaus verurteilt. Das Urteil wurde veröffentlicht (NJ 63, 449 ff.) und bietet trotz offenkundiger Mängel in der Bewertung einen nützlichen Leitfaden durch die Entstehungsgeschichte der namensrechtlichen Vorschriften ab 1932. Der Exkurs über die Entstehung des Namensänderungsgesetzes vom 5. Januar und der Richtlinien vom 18. August 1938 folgt bis 1937 wesentlich diesen Prozeßmaterialien. Diese sind bei der »Gauckbehörde« archiviert (BStU MfS ASt-7/63). Von näheren Quellenangaben (Beiakten-Band) habe ich zur Entlastung des Anmerkungsapparates abgesehen.

Die Bibelzitate stammen, soweit nicht anders vermerkt, aus der 1938 geläufigen Luther-Übersetzung (revidierte Fassung von 1912); sie lag den Richtern des Kammergerichts vor.

Zum 1. Kapitel

1 Guben hat heute rund 33 000 Einwohner. Genausoviel wie 1900. Nachdem es zunächst zu Böhmen und später zu Sachsen gehört hatte, fiel es 1815 mit der Niederlausitz an Preußen. Durch die Oder-Neiße-Linie wurde die Stadt geteilt und Grenzstadt zu Polen.

2 Wilhelm Pieck, der erste Präsident der DDR, wurde 1876 in Guben geboren. Ein Jahr nach seinem Tod, 1961, wurde seine Geburtsstadt in Wilhelm-Pieck-Stadt Guben umbenannt.

3 Gerhart Hauptmann starb am 6. 6. 1946 in seinem Geburtsort Agnetendorf in Schlesien, das nach dem Potsdamer Abkommen Polen zugesprochen worden war. Beigesetzt wurde er am 28. 7. 1946 in Kloster auf der Insel Hiddensee.

Zum 2. Kapitel

4 So z.B. Shaul Esh: »The Fateful Year 1938« im Untertitel seines Beitrages »Between Discrimination and Extermination«.

5 PdW 1938/53 vom Dezember 1938 (Heyen, S. 59).

6 Statistik des Deutschen Reiches, Band 470,1.

7 Adolf von Baeyer (1905), Otto Wallach (1910), Richard Willstätter (1915), Fritz Haber (1918).

8 Albert Einstein (1921), Gustav Hertz und James Franck (1926).

9 Paul Ehrlich (1908), Otto Meyerhof (1922), Otto H. Warburg (1931).

10 Ende März 1945 lebten in Berlin noch knapp 6 000 Juden, im gesamten restlichen Reichsgebiet nochmals rund 6 000 (Alexander, S. 311).

11 Unter die Nürnberger Rassengesetze, die bei der Definition der »jüdischen Rasse« ohne die Hilfsgröße des jüdischen Glaubens nicht auskamen, fielen mehr als nur die Glaubensjuden. Legt man die Berliner Zahlen (vgl. Alexander, S. 291, Anm. 1) zugrunde, dann war die Zahl der von den Rassengesetzen Betroffenen um gut 40 % höher als die der Glaubensjuden. Für 1938 wäre dann insgesamt von 633 000 Menschen oder 0,83 % der Bevölkerung auszugehen, die unter diese Gesetze fielen.

12 Neues Volk, Juni 1939, S. 34.

13 Schalom Ben-Chorin in seinem Vorwort zu »Das Buch Esther« (mit Illustrationen von David Bennett, München, 1990).
Brief Edith Steins vom 31.10.1938 an Mater Petra Brüning in Dorsten (Gelber/Leuven, S.120). Edith Steins Schwester Rosa stand kurz vor der Auswanderung. Dazu heißt es in diesem Brief: »*Zu sparen hat jetzt keinen Sinn, weil sie ja doch alles hergeben müssen, wenn sie aus dem Land gehen. Wenn sie nur wüßten, wo sie hin sollen! Aber ich vertraue, daß die Mutter aus der Ewigkeit für sie sorgt. Und darauf, daß der Herr mein Leben für alle genommen hat. Ich muß immer wieder an die Königin Esther denken, die gerade darum aus ihrem Volke genommen wurde, um für das Volk vor dem König zu stehen. Ich bin eine sehr arme und ohnmächtige kleine Esther, aber der König, der mich erwählt hat, ist unendlich groß und barmherzig. Das ist ein so großer Trost.*« – Ich verdanke den Hinweis auf diesen Brief Eleanor Michael.
14 Vorladung der Geheimen Staatspolizei, Staatspolizeistelle Dortmund, Außendienststelle Bochum vom 30.12.1937. Ergänzung und Berichtigung der Fürbittenliste vom 6.1. 1938 nach dem Stand vom 11.1.1938.
15 Vgl. hierzu die ausführliche Darstellung bei Freitag, S. 78–85.
16 Freitag, S.79.
17 Zu den Ereignissen vom 16.2.1935 vgl. Freitag, S.81.
18 Lehbrink, S.5.
19 Lehbrink, Nachwort, passim.
20 Rundschreiben vom 29.11.1935, zitiert nach Röhm/Thierfelder, S.70.
21 Zehnter, S.116ff., insbes. S.131.
22 Mündlicher Bericht des Sohnes Friedrich Luncke, Pfarrer in Niestetal bei Kassel.
23 Der Inhalt war maßgebend von Karl Barth bestimmt worden.
24 Nach Denzler/Fabricius, S.89ff. (Aus Ziff. 1, 2, 3 und 6 der Erklärung.)
25 Erklärung der Vorläufigen Leitung der Deutschen Evangelischen Kirche an den Führer und Reichskanzler (nach Denzler/Fabricius, Band 2, S.99ff.). Genaugenommen stammte die Denkschrift vom »Dahlemer Flügel« der seit Februar 1936 gespaltenen Bekennenden Kirche. Zu diesem Flügel gehörte u.a. Martin Niemöller. Wie kleingläubig auch dieser Teil sein konnte, zeigt das Verhalten nach der von den Ver-

fassern nicht gewollten Veröffentlichung der Denkschrift in der Auslandspresse. In der danach unumgänglichen eigenen Kundmachung vom 23. August 1936 fehlte der Satz über den aufgedrängten Antisemitismus (vgl. Klee, S. 125).

26 Denzler/Fabricius, S. 104.
27 Kol 1, 16.

Zum 3. Kapitel

28 1. Mose 25, 26.
29 1. Mose 27, 36.
30 1. Mose 27, 29 und 32.
31 Luk 1, 31; bei Matth 1, 21 erscheint der Engel mit diesen Worten Joseph im Traum und fügt an: »*denn er wird sein Volk retten von ihren Sünden*« (revidierter Text von 1975).
32 Vgl. Staudinger § 12, Anm. 12; s. a. Preußischer Ministerial-Erlaß vom 15.12.1885 (MBl, S. 242) und 1895 Otto von Gierke, S. 719f.: »*Der gewählte Vorname muß sich im Allgemeinen als Name darstellen, darf nicht wider die gute Sitte, die staatliche Ordnung oder das religiöse Gefühl verstoßen.*« So, abgestellt auf die »*allgemeine Sitte und Ordnung*«, auch noch heute, vgl. BGHZ 29, 256.
33 Stdb 1909, 137.
34 Bähnisch, S. 128.
35 AG Kiel, Stdb 1912, 121.
36 MBliV I, 801. Später wurde dieses Verbot ausgedehnt auf die Namen »*anderer im politischen Leben stehender Persönlichkeiten*« (RdErl d. RuPrMdI vom 8. 6. 1937 – RMBliV 971).
37 Vgl. auch AG Mainz (StAZ 30, 84) zu dem (inzwischen) als anstößig abgelehnten Vornamen »*Lassaline*«. Die Vornamen »*Liebknecht, Lenin*«, die ein Vater 1931 für seinen Sohn vorgesehen hatte, wurden vom AG Elsterwerda und vom LG Torgau von vornherein abgelehnt (StAZ 32, 119). Die Verwendung von Namen solcher Personen, »*deren geschichtliches Bild noch nicht feststeht und die noch Gegenstand des gegenwärtigen geschichtlichen Kampfes sind*«, sei unzulässig. Liebknecht und Lenin seien Vertreter eines Systems, »*das mit der deutschen Reichsverfassung und den Grundsätzen der christlichen Religionsgemeinschaft und somit der Auffassung der überwiegenden Mehrheit des Volkes im schärfsten Widerspruch steht.*« Es sei daher anstößig,

»wenn der politische Kampf in dieser Weise auf das Gebiet der Namensgebung ausgedehnt wird«.

38 Deutsches Einheits-Familienstammbuch (Deutsches Sippenbuch), herausgegeben vom Reichsbund der Standesbeamten Deutschlands E.V., 26. bis 28. Tausend, Teil III. Vornamen und ihre Bedeutung, S. 196.

39 Das Zitat über die Pflicht deutscher Eltern, ihren Kindern deutsche Vornamen zu geben, stammt aus diesem Familienstammbuch. Wlochatz hatte es schon als Vorwort zur 1921 erschienenen ersten Auflage geschrieben.
Zur Vorgeschichte, Entwicklung und Bedeutung des Deutschen Einheits-Familienstammbuchs vgl. Krutina (StAZ 34, 252 ff.) und den Rückblick von Bodenstein (StAZ 84, 265 ff.).

Zum 4. Kapitel

40 Ebenda, S. 171.

41 Ebenda, S. 172.

42 Wlochatz (StAZ 31, 231).

43 »Aufartung« bedeutete das gleiche wie »Rassenhygiene«. Die deutschen Standesbeamten schon der Weimarer Republik standen diesem Gedanken in der Mehrheit sehr nahe. Ewald Krutina, Bundesdirektor des Reichsbundes der Standesbeamten Deutschlands, gehörte 1925 zu den Gründern des »Deutschen Bundes für Volksaufartung und Erbkunde e.V.«.

44 StAZ 36, 107 ff., 108. Die unterschiedliche Schreibweise Namensgebung/Namengebung im Original.

45 Ebenda, S. 107.

46 Maßfeller in einer Anmerkung zu dem Beschluß des OLG München vom 3.3.1937 (ZAkDR 37, 378 – Ignatius).

47 StAZ 37, 148. Zur Entstehungsgeschichte dieses von Dr. Hans Globke formulierten Erlasses wird auf den Exkurs verwiesen.

48 Am 6.11.1937 in der Begründung zum Entwurf eines »Gesetzes über die Änderung von Familiennamen und Vornamen«.

49 Hitler, S. 268.

50 Frei/Schmitz, S. 49.

51 StAZ 38, 229 ff.

52 Ebenda, S. 231.

53 Neues Volk, August 1938. Rolf Ludwig Fahrenkrog befaßte
   sich weiter mit dem Thema und brachte 1939 ein Buch mit
   dem gleichen Titel heraus.
54 RMBliV, 1345.

Zum 5. Kapitel

55 Verordnung vom 23.3.1936 (RGBl I, 251 ff.).
56 Die Zuständigkeit des Kammergerichts umfaßte nach der
   VO vom 23.3.1936 die Oberlandesgerichtsbezirke Berlin,
   Braunschweig, Breslau, Celle, Düsseldorf, Frankfurt (Main),
   Hamburg, Hamm, Kassel, Kiel, Köln, Königsberg (Pr), Marienwerder, Naumburg, Oldenburg, Rostock und Stettin.
57 § 45 PStG.
58 Diese Schreibweise findet sich in den drei Veröffentlichungen dieses Beschlusses durchgehend, so daß sie als authentisch für den Originalbeschluß anzunehmen ist.
59 Friauf, S.199; s.a. PrOVG 91, 139 ff., 140.
60 Die Trias »gute Sitte – staatliche Ordnung – religiöses Gefühl« wurde nicht ins Bürgerliche Gesetzbuch übernommen. Dort ist nur von »sittenwidrig« (§§ 817, 826 BGB)
   oder von einem Verstoß gegen die »guten Sitten« (§ 138
   BGB) die Rede.
61 Vgl. Larenz § 22 III (S.424 ff.).
62 Motive II, S.124.
63 Ebenso OLG München vom 16.11.1937 (JFG 17, 8 ff., 12).
   In dieser in ihrer Begründung fürchterlichen Entscheidung
   geht es darum, ob ein deutscher Arier einen Juden wirksam
   zum Erben einsetzen könne oder ob das sittenwidrig sei. Der
   Begriff der guten Sitten, heißt es dort, erhalte *»seinem Wesen
   nach den Inhalt durch das seit dem Umbruche herrschende Volksempfinden, die nationalsozialistische Weltanschauung«.* Bei der
   Beurteilung dieser Frage könne, so das OLG München weiter, *»die Stellung des Nationalsozialismus zur Judenfrage unmöglich ausgeschaltet werden«.*
64 Die törichte Wiederverwendung des Topos *»gesundes Volksempfinden«* in einem Urteil des LG Flensburg vom 1.9.1992
   (NJW 93, 1866 f.) hat über den berechtigten Hinweis hinaus,
   daß sich der Gebrauch durch den nationalsozialistischen
   Mißbrauch diskreditierter Worte schon aus Gründen der Hy-
   giene von selbst verbieten sollte (so sinngemäß Günter Ber-

tram, NJW 94, 233), zu einer sehr unpräzisen Auseinandersetzung mit dem Beschluß des Großen Senats des Reichsgerichts vom 13. 3. 1936 geführt (vgl. Heidemarie Renk, NJW 93, 2727). Dieses Urteil bewegt sich zunächst rechtssystematisch im Rahmen der damals gültigen und auch heute noch geltenden Rechtsprechung (vgl. z. B. RGZ 83, 109 ff., 112 und BGHZ 86, 82 ff., 88). Ob das Reichsgericht in Fällen der sogenannten Umstandsnichtigkeit das Volksempfinden oder das Anstandsgefühl aller billig und gerecht Denkenden »befragte« – beides 1936 seit Jahrzehnten gebräuchliche Formeln –, machte die Entscheidung nicht fragwürdig. Dem Reichsgericht ist in erster Linie die Gleichsetzung von herrschendem Volksempfinden, gesundem Volksempfinden und nationalsozialistischer Weltanschauung vorzuwerfen. Außerdem hat es diesen fragwürdigen Maßstab rückwirkend auf einen Kreditvertrag angewandt, der vor dem 30. 1. 1933 abgeschlossen worden war, zu einer Zeit also, zu der nun gewiß das nationalsozialistisch definierte Volksempfinden noch nicht herrschte.

65 Aus »Keine Strafe ohne Gesetz« wurde »Kein Verbrechen ohne Strafe«. § 2 StGB lautete nun: »*Bestraft wird, wer eine Tat begeht, die das Gesetz für strafbar erklärt oder die nach dem Grundgedanken eines Strafgesetzes und nach gesundem Volksempfinden Bestrafung verdient. Findet auf eine Tat kein bestimmtes Strafgesetz unmittelbar Anwendung, so wird die Tat nach dem Gesetz bestraft, dessen Grundgedanke auf sie am besten zutrifft.*« (Strafrechtsnovelle vom 28. 6. 1935, RGBl I, 839.)

66 Lk 6, 16; vgl. zu den Namenslisten der Apostel außerdem Mt 10, 2; Mk 3, 16 und Apg 1, 13.

67 RMBliV 38, 70 ff., 82.

Zum 6. Kapitel

68 Das LG Berlin bezog sich dabei ausdrücklich auf den unmittelbar zuvor veröffentlichten Aufsatz von Crisolli (JW 33, 2102 ff.).

69 Crisolli, JW, 34, 491 ff.

70 DNotZ 34, 202. Die Anmerkung stammt vermutlich von dem Hauptschriftleiter Rechtsanwalt Gonnella.

71 JW 33, 2793 ff. Carl Schmitt war damals u. a. Leiter der Reichsfachgruppe Hochschullehrer des Bundes Nationalsozialistischer Deutscher Juristen e. V.

72 JW 34, 713 ff.

73 JW 34, 716.

74 DR 34, 225 ff., 229. Kursiva im Original gesperrt gedruckt.

75 JW 34, 717.

76 JW 34, 2160.

77 JW 33, 2041.

78 Vgl. Stoll.

79 JW 33, 2041. Zur weiteren Auseinandersetzung s. a. Grussendorf (DJ 33, 819 – Anm. zu LG Köln – und DJ 34, 134), Schneider (JW 34, 868), Stoll (DJZ 34, 562), Fraeb (DJ 34, 267), Matzke (JW 34, 2594 und JW 35, 1445 – Anm. zu OLG Celle), Maßfeller (StAZ 36, 278 und 301) Schneider (DR 36, 268).

80 JW 33, 2367. Jung durchlief in den nächsten Jahren eine steile Karriere und wurde nach Stationen in Erfurt und Königsberg am 1.1.1936 Generalstaatsanwalt in Dresden (Wrobel, S. 104, Anm. 51).

81 DJZ 33, Sp. 1492 ff., 1494.

82 Das Urteil wird durchweg ohne Datum zitiert – so Angermund, S. 113, Anm. 48, und Wrobel, S. 108, Anm. 64 –, obwohl sich das Datum aus dem Inhaltsverzeichnis der DJ ergibt, es fehlt lediglich neben dem Urteilstext.

83 Vgl. insbesondere Wrobel und Angermund, S. 109 ff.

84 Vom 6. 7. 1938 (RGBl I, 807).

85 Die Frau war zu diesem Zeitpunkt 42 Jahre alt.

Zum 7. Kapitel

86 Kiefersauer, ZAkDR 38, 172.

87 DJ 33, 694 ff., 695.

88 Vgl. Adami, JW 38, 3217 ff.

89 Adami, ebenda, S. 3219.

90 Das Schwarze Korps 44/1938, S. 11.

91 Er war von 1948 bis 1959 Präsident des Landgerichts Nürnberg-Fürth und anschließend Präsident des Oberlandesgerichts Nürnberg (vgl. Schröder, S. 18; s. a. Kramer, S. 107–126). Theodor Hauth war 1938 Richter der zuständigen Abteilung 2 des AG Nürnberg, hat aber 1985 bestritten, das Urteil vom 26.11.1938 verfaßt zu haben.

92 RGBl I, 864.

93 Vgl. die Amtliche Begründung zum Gesetz über Mietverhältnisse mit Juden vom 30.4.1939, DJ 39, 791 ff.

94 Anm. zu § 8, ebenda, S.793.
95 RGBl I, 1146.
96 Vgl. Kaul, S.142f.
97 So in dem Bericht von Lösener über das Gespräch des Gauleiters von Franken, Streicher, mit Innenminister Frick am
   Rande des Reichsparteitages 1935, auf dem die Nürnberger
   Gesetze verkündet wurden (Lösener, S.277f.); so auch im
   Detail Plischke, S.105f.
98 Hitler, S.444f. und 357.

Zum 8. Kapitel

99 Nach der 4. Verordnung zum Reichsbürgergesetz – einem
   der beiden Nürnberger Gesetze vom 15.9.1935 – vom
   25.7.1938 (RGBl I, 969).
100 Mit der 5. Verordnung zum Reichsbürgergesetz vom
    27.9.1938 (RGBl I, 1403).
101 Rheinisch-Westfälische Zeitung, Morgenausgabe, vom
    6.8.1938.
102 Laut Frankfurter Zeitung vom 2.8.1938.
103 Domarus, S.880.
104 BAP 15.01. RMdI 27409, fol.15–25. Damit liegt das einzige
    bislang aufgetauchte vollständige Exemplar der namens-
    rechtlichen Entscheidungen des Kammergerichts aus dieser
    Zeit vor. Das ist auch wegen der nur hieraus ersichtlichen
    Namen der Richter von Bedeutung.
105 Stürmer vom 26.6.1938.
106 Fränkischer Tagesanzeiger vom 11.8.1938 (nach Arnd Mül-
    ler, 237ff., 238).
107 8 Uhr Blatt Nürnberg vom 12.8.1938.
108 RGBl I, 1044.
109 RMBliV, 1345.

Zum 9. Kapitel

110 Volk, Nr. 477 (S.555ff.).
111 Ebenda, S.558.
112 Im »Wort der deutschen Bischöfe aus Anlaß des 50. Jahrestages der
    Befreiung des Vernichtungslagers von Auschwitz am 27. Januar
    1995« heißt es endlich u.a.: »Es bedrückt uns schwer, daß es nur

zu Einzelinitiativen für verfolgte Juden gekommen ist und daß es selbst bei den Pogromen vom November 1938 keinen öffentlichen und ausdrücklichen Protest gegeben hat, als Hunderte von Synagogen verbrannt und verwüstet, Friedhöfe geschändet, Tausende jüdischer Geschäfte demoliert, ungezählte Wohnungen jüdischer Familien beschädigt und geplündert, Menschen verhöhnt, mißhandelt und sogar ermordet wurden.« (Frankfurter Allgemeine Zeitung vom 25.1.1995, S.4.)

113 Goebbels, 28.8.1938.
114 Ingo Müller, S.238.
115 Goebbels, 1.10.1938.
116 Domarus, S.960.

Zum 10. Kapitel

117 Schreiben des Präsidenten des Kammergerichts vom 29.1.1992.
118 Mit dem Verfasser nicht verwandt oder verschwägert. Die Namensnähe machte allerdings zeitweilig beklommen.
119 Personalakten Ecker, Landesarchiv Koblenz.
120 Schreiben des Kammergerichts vom 13.8.1946 an den Oberpräsidenten von Rheinland–Hessen–Nassau, Abteilung Justiz, in Koblenz.
121 Personalakte Julius Spankus (Befähigungsverzeichnis für Ende des Jahres 1928).
122 Schreiben vom 22.11.1935.
123 Tatsächlich wurde im Zuge der Recherchen beim Berlin Document Center eine zweite Karte mit der – höheren – Mitglieds-Nr. 3495315 und ebenfalls dem Eintrittsdatum 1.5.33 gefunden. Die »Märzgefallenen« wurden von der NSDAP einheitlich mit dem Eintrittsdatum 1.5.1933 geführt.
124 Personalakte Julius Spankus, fol.39.
125 Ebenda, Befähigungsnachweis für 1936.
126 Ebenda, Befähigungsnachweis für 1938.
127 Nach den amtlichen Unterlagen richtig: Hans Klaus Seibert (vgl. Sterbeurkunde vom 16.2.1977).
128 Vgl. Scholdt.
129 Seibert, DRiZ 68, 97.
130 Zu Otto Palandt (1.5.1877–3.12.1951; seit 1.12.1933 Präsident des Preußischen Landesjustizprüfungsamts, ab 1934 des Reichsjustizprüfungsamtes) vgl. Wrobel, KJ 82, 1ff.

131 DRiZ 33, 36.
132 Die Tochter Doris wurde am 10.12.1938 in Berlin geboren.
133 Auszug aus den Personalakten I p 10 S. 5782 BA R 22 (»BMJ-Archiv« – ZJA).
134 RGBl I, 785.

Zum 11. Kapitel

135 Daß »Ester« im ersten Entwurf des Verzeichnisses der jüdischen Vornamen enthalten gewesen und im Zuge der Erörterung dieser Liste mit Hitler auf dessen Intervention mit vielen anderen gestrichen worden war, konnte das Kammergericht nicht wissen (vgl. Exkurs).
136 Kessler, S.12.
137 Statt vieler: Loader, S.207f.; s.a. Meinhold, S.17ff.
138 480 v. Chr. Xerxes, Sohn von Dareios I. und der Atossa, einer Tochter Kyros des Großen, regierte von 486 bis 465 v. Chr. In der aus dem Esther-Buch zu entnehmenden Zeit war Xerxes mit der Königin Amestris verheiratet (Herodot VII, 114).
139 Herodot, III, 84.
140 Est 2, 7; 17.
141 Ebenda, Die Bibel, revidierter Text 1975.
142 Äthiopien.
143 Vgl. 1. Sam 15; Num 24, 20.
144 Josephus, XI, 6, 5.
145 Est 3, 2: »Und alle Knechte des Königs, die im Tor des Königs waren, beugten die Kniee und fielen vor Haman nieder; denn der König hatte es also geboten.«
146 Est 3, 4 und 5 (Die gute Nachricht); mittelbar ausgedrückt in anderen Fassungen.
147 Est 3, 7 und 13. Das Wort »Purim« wird im Esther-Buch mit »Los« übersetzt und stellt damit die Brücke zum Purimfest dar, für das das Buch nach übereinstimmender Auffassung als Festlegende verfaßt wurde (vgl. u.a. Gerleman, S.23). Mehr als eine volksetymologische Deutung ist das nicht.
148 Est 3, 9 nach Die gute Nachricht.
149 Gunkel, S.23.
150 »Haupt« ist ein Schreibfehler in der Wiedergabe des Beschlusses des Kammergerichts; vgl. JFG 18, 261ff., 264.
151 Loader, S.273.

152 Est 9, 16 (revidierte Fassung 1975).

153 Gunkel, S. 51.

154 Vgl. u.a. Est 8, 8. Außerbiblisch wird dieses Aufhebungs-
verbot nirgends erwähnt. Auch das mag aus Gründen der
Dramaturgie hier eingefügt worden sein.

155 Nach Meinhold, S. 106.

156 Vgl. hierzu Bardtke, Luther.

157 Ben-Chorin, S. 8.

158 Esthers jüdischer Vorname »Hadassa« bedeutet »Myrthe«.

159 Ben-Chorin, S. 9, 10.

160 Bennett, S. 5.

161 Greive, S. 70.

162 RGG (1910), S. 650 f.

163 RGG (1929), S. 377 f.

164 Fritsch, S. 56.

165 Fritsch, S. 56 f.

166 Gunkel, S. 91.

167 Diese »Aufklärungsfloskel« taucht in geringfügig abgewan-
delter Form auch in einem Beschluß des 1b-Senates vom
14. Oktober 1938 auf (JW 38, 3114). Es ging um die Frage, ob
eine Ehefrau eines Beamten im Rahmen der Schlüsselgewalt
in einem jüdischen Geschäft zwei Kleider für zusammenge-
rechnet 20,50 RM hatte kaufen dürfen. Das Kammergericht
kam zu dem Ergebnis, dies müsse »nach der jetzt gültigen nationalsozialistischen Auffassung von Volk und Staat schlechterdings
verneint werden«. Denn: »Der Nationalsozialismus hat das deutsche Volk über die Gefahren aufgeklärt, welche das Judentum in
wirtschaftlicher, politischer und geistiger Hinsicht bedeutet. Es ist die
Pflicht eines jeden deutschen Volksgenossen, an seinem Teil, mag er
noch so bescheiden sein, diese Gefahr zu bekämpfen.«

168 Im Runderlaß vom 18. 2. 1939 stellte der Reichsminister des
Innern fest, daß bei der Anwendung der Richtlinien vom
18. 8. 1938 »nicht selten zu engherzig verfahren wird«. »Langwie-
rige Ermittlungen über die Herkunft einzelner Vornamen« sollten
in Zukunft unterbleiben. Ihm ging es dabei insbesondere um
nordische Vornamen, die schon immer in Deutschland gebräuchlich waren. Im übrigen sei auch bei der Frage, ob ein
besonderer Grund die Wahl nichtdeutscher Vornamen rechtfertigt, »großzügig zu verfahren« (RMBliV 349).

169 Hoheslied, Ruth, Prediger, Klagelieder, Esther.

170 Ben-Chorin, S. 5.

171 Goethe, Noten, S. 415.

172 Goethe, ebenda.

173 Am 21. April 1942.

174 Weder in der Familie Friedrich Lunckes noch in der seiner Ehefrau Luise Karolina, geb. Peuckmann, kamen solche Vornamen vor. Uns begegnen dort lediglich die Vornamen Friederike Wilhelmine Luise der Mutter und Wilhelmine Friederike bzw. Johanna Maria Karolina der Großmütter. In der Generation der Urgroßmütter gibt es die Vornamen Johanna Theodora Friederike, Louisa Friederike Wilhelmina, Katharina und Maria Eleonora.

175 Wie distanziert locker selbst der rabiate Judenhasser Joseph Goebbels dieser »Lehre« gegenüberstand, belegt u. a. seine Tagebucheintragung vom 5. Juni 1938: *»Ein Oberschlauberger hat herausgefunden, daß Joh. Strauß ein Achteljude ist. Ich verbiete, das an die Öffentlichkeit zu bringen. Denn erstens ist es noch nicht erwiesen, und zweitens habe ich keine Lust, den ganzen deutschen Kulturbesitz so nach und nach unterbuttern zu lassen. Am Ende bleiben aus unserer Geschichte nur noch Widukind, Heinrich der Löwe und Rosenberg übrig. Das ist ein bißchen wenig«* (Goebbels, 5. 6. 1938). Auch die Kenntnis der 1937 verbreiteten Faschingsausgabe der »Münchner Neuesten Nachrichten« mit einer Parodie *»Rotkäppchen im Nationalsozialismus«* hätte entkrampfend wirken können. Dort ist es nicht der übliche Jäger, sondern der Kreisjägermeister, der am Haus der Großmutter vorbeigeht, den Wolf schnarchen hört und denkt: *»Wie kann eine arische Großmutter so rassefremd schnarchen?«* (nach Ritz, S. 97).

Zum 12. Kapitel

176 The Philadelphia Inquiror vom 25.12.1938 (dort »Aryan« jeweils in Anführung), Baltimore Sun vom 25.12.1938.

177 Goebbels, 24.10.1938.

178 Vgl. hierzu Maurer, S. 59; s.a. Milton.

179 In den deutschen Agenturmeldungen ist nur die Rede von *»lästigen polnischen Staatsangehörigen«*, daß die Aktion ausschließlich polnische Juden betraf, wird nicht hervorgehoben. Zusammenfassend heißt es im DNB-Bericht vom 29.10.1938 (Rheinisch-Westfälische Zeitung, Abend-Ausgabe, vom 29.10.1938, S.2): *»Infolgedessen sind einige tausend polnische Staatsangehörige, die von den deutschen Behörden als unerwünscht angesehen werden, nach der polnischen Grenze abbefördert worden.«*

180 Maurer, S.70. Nach Milton, S.171, sollen die Eltern Gryn-
    szpan Łódź schon am 1.11.1938 erreicht haben.
181 Graml, S.11.
182 So das Fernschreiben des Gestapochefs Müller an alle Stapo-
    und Stapoleitstellen vom 9.11.1938, 23.55 Uhr; nach dem
    späteren Fernschreiben Heydrichs vom 10.11.1938, 1.20
    Uhr, sind festzunehmen *»viele Juden – insbesondere wohl-
    habende – ... zunächst nur gesunde, männliche Juden nicht zu
    hohen Alters«* (vgl. Döscher, S.86ff., 87).
183 Nellessen, S.265. 1941 protestierte Lichtenberg schriftlich
    gegen das Euthanasieprogramm. Im gleichen Jahr wurde er
    wegen seines öffentlichen Bekenntnisses für die verfolgten
    Juden zu zwei Jahren Gefängnis verurteilt. Auf dem der
    Haft folgenden Transport ins KZ Dachau verstarb er unter
    nicht geklärten Umständen (Wistrich, Lichtenberg). Am
    23. Juni 1996 wurde er in Berlin seliggesprochen.
184 Ginzel in Matzerath, S.365ff.

Zum 13. Kapitel

185 Antwort Eckers vom 10.1.1946 zur Mitgliedschaft in der
    NSDAP (B 1 des Fragebogens des Gouvernement Militaire
    en Allemagne).
186 Fragebogen vom 20.1.1946.
187 Dr. Siegfried Loewenthal, geb. am 16.9.1874 in Heiligen-
    stadt, gest. am 18.3.1951 in Berlin. Von 1928 bis 1933 Land-
    gerichtspräsident in Oels (Schlesien), ab Mai 1945 zunächst
    Amtsgerichtsdirektor in Zehlendorf – bis dahin hatte es kein
    Amtsgericht Zehlendorf gegeben – und noch im gleichen
    Jahr Landgerichtspräsident.
188 Schreiben Eckers an den Landgerichtspräsidenten Koblenz
    vom 10.12.1945.
189 Günther, DRiZ 68, 71ff., 72.
190 Ebenda.
191 Schreiben Eckers an den Oberpräsidenten von Rheinland–
    Hessen–Nassau vom 11.3.1946.
192 Drei Tage später, am 30.8.1946, schloß die französische
    Militärregierung die Provinzen Rheinland–Hessen–Nassau
    und Hessen–Pfalz durch die Verordnung 75 zum Land Rhein-
    land–Pfalz zusammen. Die Verfassung wurde durch Volks-
    abstimmung am 18.5.1947 angenommen.

193 Auskunft Klaus Krings, OLG Koblenz, vom 2. und 10.2. 1995 unter Hinweis auf die französische Militärverordnung vom 26.11.1946.

194 So über Testamentserrichtung in der Luft (ZAkDR 38, 666) und über den Sorgerechtspfleger (ZAkDR 39, 126).

195 Schreiben der Zentralnachweisstelle des Bundesarchivs vom 12.12.1993 an den Verfasser.

196 StAZ 40, 89.

197 MDR 74, 730.

198 Die Zeitungen und Erscheinungsdaten konnte ich nicht ermitteln. Die Kopien der Berichte verdanke ich Herrn Dr. Ulrich Seibert, dem Sohn.

199 Wenzlau, S.130.

200 Bundesminister der Justiz, S.359.

201 JZ 67, 485.

202 DRiZ 68, 97.

203 Günther, S.72.

204 Welsh, S.219.

Zum 14. Kapitel

205 Tagebuch Luise Lunckes, möglicherweise erst geschrieben am 4.10.1940.

206 Ebenda am 16.4.1939. Die Eintragung im Familienstammbuch ließ Pfarrer Luncke erst am 15.7.1947 nachholen.

207 Geburtsregister Nr.102/42 Standesamt Wattenscheid.

208 Büning, MS 46.

209 Ebenda, MS 47.

210 Fritz Graeber, der als Mitglied der Bekennenden Kirche sich der Verfolgung durch die Nazis dadurch entzogen hatte, daß er im Dorf Schwelentrup ein kleines landwirtschaftliches Anwesen erwarb und bewirtschaftete. Graeber war mit Gustav Heinemann befreundet.

211 Evangelische Kirchengemeinde Wattenscheid, Akten-Nr.160.

212 Geburtsregister Nr. 456/47 Standesamt Wattenscheid.

Zum Exkurs

213 Geb. 24.8.1883 Großwilmsdorf (Ostpreußen), gest. 14.8. 1963 Kassel. Er war u.a. gemeinsam mit Theodor Heuss Assistent von Friedrich Naumann. Unter Reichskanzler Brüning war er als Wirtschaftsminister im Gespräch.

214 Améry, S. 77. Die Rolle Globkes bei dieser Angelegenheit wird möglicherweise überschätzt. Die Vermutung läßt sich nicht von der Hand weisen, daß seine Bedeutung als weniger gewichtig eingeschätzt würde, wäre er nicht Staatssekretär unter Adenauer geworden. Die wirklich klärungsbedürftigen Vorgänge in diesen Namenssachen werden durch wenig sorgfältige Bemerkungen nur vernebelt. So ist z.B. bei Rita Thalmann (S.29) die Rede von »*der Pflichtverordnung, je nach Geschlecht den Vornamen Israel oder Sarah zu tragen, die seit Hans Globkes Kommentar zu den Nürnberger Gesetzen vom 17. August 1938 in Kraft ist*«. Das ist schlicht Unsinn. Die Zwangsnamen Israel und Sara (!) galten ab 1.Januar 1939, mit dem »*Kommentar zur deutschen Rassengesetzgebung*« von Stuckart und Globke, der die Gesetze vom 15.9.1935 erläutert und schon 1936 erschienen ist, hat das nichts zu tun.

215 An diesem Tag ist die »*Verordnung, wodurch das Führen fremder oder erdichteter Namen verboten wird*«, vom 30.10.1816 in Kraft getreten; vgl. Kriege, Opitz, Globke, S.8.

216 Ebenda, S.133.

217 MBliV, 1201 (Teil A, II zu 1a).

218 NJ 63, 449–512.

219 Ebenda, S.459.

220 Ebenda, S.504.

221 Nach Bering, Der Name als Stigma, S.190.

222 Am 11.4.1933. Ebenda, Bl.102.

223 Ebenda, Bl.119f.

224 Am 28.8.1933.

225 RGBl I, 979 und 1064.

226 MBliV, 885f.

227 Das findet sich in einer nicht veröffentlichten Zusatzbemerkung zu dem Erlaß, »*es sei denn, daß begründete Zweifel an der deutschen Gesinnung des Antragstellers bestehen*«.

228 Claß, geb. 29.2.1868 in Alzey, gest. 16.4.1953 in Jena, war zunächst Rechtsanwalt in Mainz. Seit 1908 stand er dem Alldeutschen Verband vor. Unter dem Pseudonym Daniel Fryman verfaßte er 1912 das Buch »*Wenn ich der Kaiser wär' – Politische Wahrheiten und Notwendigkeiten*«, das u.a. die Einführung des Fremdenrechts für die Juden in Deutschland forderte und sich in vielem liest wie eine Vorlage des Programms der NSDAP.

229 Vgl. Lösener.

230 Goebbels, 17.April 1937.

231 RGBl I, 9.

232 RMBliV, 69.

233 BAK R 43 II/1543, fol.139 ff.

234 Ebenda, fol.147.

235 RdErl d. RuPrMdI vom 23.3.1938 (RMBliV, 545 ff.).

236 Mit Korrektur einiger Schreib- und Satzfehler vom 19.2. 1938 (ebenda, fol.151).

237 Hans Globke erinnerte sich 1956: »*Minister Frick hatte auf wiederholte Vorstellung arischer Träger jüdischer Namen angeordnet, daß ihm eine Verordnung vorgelegt wurde, wonach alle Träger jüdischer Namen einen Doppelnamen führen mußten, indem an ihren ursprünglichen Namen die Worte ›Jüdd‹ oder ›Itzig‹ angehängt wurden. Ich habe durch Geltendmachung technischer Bedenken erreicht, daß Frick sich damit begnügte, daß die in Frage kommenden Personen lediglich einen jüdischen Vornamen oder zu ihren bisherigen Vornamen die Vornamen ›Israel‹ oder ›Sarah‹ hinzufügen mußten*« (Globke, S.254 f.).

238 Eine Zweite Durchführungsverordnung gab es zu diesem Zeitpunkt nicht. Der Entwurf vom 8.2.1938 zur sogenannten »Dritten« wurde schließlich als »*Zweite Verordnung zur Durchführung des Gesetzes über die Änderung von Familiennamen und Vornamen*« veröffentlicht (RGBl I, 1044).

239 RMBliV, 1345.

240 Kessler sichtete im Berliner Adreßbuch von 1926 auch die Vornamen derer, die mit dem äußerst jüdischen Familiennamen Cohn eingetragen waren. Er fand dabei insgesamt 90 altjüdische Vornamen (knapp 11 %) und u.a. 26 Cohns mit dem Vornamen Adolf (S.25).

241 Kessler, S.16.

242 Ebenda, S.26.

243 Zu dieser Namensflucht vgl. Bering, Der Name als Stigma.

244 Wie Anm.233, fol. 150 RS.

245 Ebenda, fol.153.

246 Ebenda, fol.153 und RS.

247 Ebenda, fol.162 ff.

248 Ebenda, fol.158.

249 Darunter den weiblichen Vornamen Ester, den Hitler nicht ausdrücklich angesprochen hatte. Er dürfte sich im Zweifel auch nicht mehr daran erinnert haben, daß er am 18.10. 1935 einer Esther Chrambach in Dresden geschrieben hatte: »*... habe ich auf Grund Ihres Gesuches auf dem Gnadenwege entschieden, daß Sie trotz Ihrer nicht reinarischen Abstammung wei-*

terhin der N.S.D.A.P. angehören können«, was übrigens auf eine Intervention von Winifred Wagner zurückging (Heiber, S. 189).

250 Schwer begreiflich ist, wieso der männliche Vorname Isidor erst in der Zweitfassung auftauchte, bildete dieser von Joseph Goebbels systematisch verpönte Name, wiewohl griechischen Ursprungs (»Gabe der Isis«), doch *die Speerspitze antisemitischer Namenspolemik* (Bering, Der Name als Stigma, S. 233). Bering sieht in der dort umfassend beschriebenen Auseinandersetzung zwischen Goebbels und dem Berliner Polizeivizepräsidenten Bernhard Weiß ein Gutteil der Geschichte der jüdischen Minderheit in Deutschland gespiegelt und vor allem eine dominante Linie der Mentalitätsgeschichte der deutschen Mehrheit. Der Namenskampf aus der Gosse wurde ab 1938 auf dem scheinbar höheren Niveau der Verordnungen und Richtlinien nicht mehr gegen einen, sondern gegen alle fortgesetzt.

251 Nur im Entwurf; in der hinausgegebenen Fassung gestrichen.

252 Wie Anm. 233, fol. 164.

253 Schreiben des Reichsministers und Chefs der Reichskanzlei vom 3. 6. 1938 (ebenda, fol. 165).

254 Ebenda, fol. 166–169.

255 Ebenda, fol. 166. Das in diesem Zusammenhang bei Bering, Der Name als Stigma, Anm. 43 zu Seite 199 bis 201 erwähnte Gespräch vom 10. 7. 1938 Lammers/Globke läßt sich aus den hier zugrunde gelegten Akten der Reichskanzlei nicht belegen. Schon das Datum kann nicht zutreffen. Der Vermerk vom 10. 6. 1938 (fol. 166) ist ein interner Vermerk der Reichskanzlei, gerichtet an Lammers.
»Auftragsgemäß habe ich heute mit dem Referenten des Reichsministeriums des Innern, Oberregierungsrat Globke, das Verzeichnis der jüdischen Vornamen durchgesprochen. Dem Wunsch des Führers entsprechend, daß in das Verzeichnis keine Namen deutschen Stammes aufgenommen werden sollen, darf ich im Einvernehmen mit dem Referenten des MdJ. vorschlagen, die in der anliegenden Photokopie mit Blaustift gestrichenen Namen wegzulassen. Die in der Photokopie selbst schon durchstrichenen Namen hatte der Führer gestrichen.«

256 Der Sonderzug nach Italien fuhr am 2. Mai 1938 am späten Nachmittag vom Anhalter Bahnhof in Berlin ab. Hitler übergab sein am Vormittag unterschriebenes Testament Minister

Lammers, dem Chef der Reichskanzlei (Domarus, S.856; Gruchmann, Testamentsgesetz, S.55f.).

257 Wie Anm.233, fol.170.

258 RMBliV, 1345. Dieser Erlaß wurde am 18.12.1951 aufgehoben (StAZ 52, 31).

259 Zur Entwicklung der Namensliste von der Erstfassung bis zum veröffentlichten Verzeichnis s. Anlage. Von den 179 männlichen Vornamen der Erstfassung waren 129 (72%), von den 141 weiblichen 85 (60%) übriggeblieben.

260 RGBl I, 1146; VO vom 14.11.1935 (RGBl I, 1333).

261 Zitiert nach Bering, Der Name als Stigma, S.202.

262 Schmoldt, S.243. Vgl. 2. Sam 15, 24–29; 1. Kön 2, 35.

263 Leserbrief Yitzchok Tavl in der Washington Post vom 31.8. 1938 (BAK R 22/764, fol.32); zu diesem Brauch der synagogalen Namen vgl. Trepp, S.221.

264 BAK R 22/764, fol.33.

265 Klepper, 17. August 1938/Mittwoch.

266 Klemperer, S.85.

Literaturverzeichnis

Adam, Uwe Dietrich: Judenpolitik im Dritten Reich, Düsseldorf 1972

Alexander, Gabriel: Die Entwicklung der jüdischen Bevölkerung in Berlin zwischen 1871 und 1945, Tel Aviver Jahrbuch für deutsche Geschichte, Band XX, 1991, S. 287 ff.

Améry, Jean: Jenseits von Schuld und Sühne. Bewältigungsversuche eines Überwältigten, München 1988

Angermund, Ralph: Deutsche Richterschaft 1919–1945. Krisenerfahrung, Illusion, politische Rechtsprechung, Frankfurt a. M. 1990

Bähnisch, Alfred: Die deutschen Personennamen, Leipzig 1910

Bästlein, Helge: »Nazi-Blutrichter als Stützen des Adenauer-Regimes«. Die DDR-Kampagne gegen NS-Richter und -Staatsanwälte, die Reaktionen der bundesdeutschen Justiz und ihre gescheiterte Selbstreinigung 1957–1968, in: *Grabitz, Bästlein, Tuchel*

Bardtke, Hans: Luther und das Buch Esther, Tübingen 1964

Ben-Chorin, Schalom: Kritik des Estherbuches. Eine theologische Streitschrift, Jerusalem 1938

Benz, Wolfgang: Die Juden in Deutschland 1933–1945, München 1988

Bering, Dietz: Der Name als Stigma. Antisemitismus im deutschen Alltag 1812–1933, Stuttgart 1987

Bering, Dietz: Kampf um Namen: Bernhard Weiß gegen Joseph Goebbels, Stuttgart 1991

Bobrowski, Johannes: Gesammelte Werke, Band I: Die Gedichte, Berlin 1987

Böttcher, Hans-Ernst (Hrsg.): Recht Justiz Kritik. Festschrift für Richard Schmid, Baden-Baden 1985

Büttner, Ursula (Hrsg.): Die Deutschen und die Judenverfolgung im Dritten Reich, Hamburg 1992

Bundesminister der Justiz (Hrsg.): Im Namen des Deutschen Volkes. Justiz und Nationalsozialismus, Köln 1989

Clines, David J. A.: The Esther Scroll. The Story of the Story, Sheffield 1984

Denzler, Georg / *Fabricius,* Volker (Hrsg.): Die Kirchen im Dritten Reich, Band 2: Dokumente, Frankfurt a. M. 1984

Diestelkamp, Bernhard / *Stolleis,* Michael (Hrsg.): Justizalltag im Dritten Reich, Frankfurt a. M. 1988

Domarus, Max: Hitler – Reden und Proklamationen 1932–1945, Band I, Zweiter Halbband 1935–1938, München 1965

Dreier, Ralf / *Sellert,* Wolfgang: Recht und Justiz im »Dritten Reich«, Frankfurt a. M. 1989

Esh, Shaul: Between Discrimination and Extermination (The Fateful Year 1938), Yad Vashem Studies II, S. 79 ff.

Feuchtwanger, Lion: Die Jüdin von Toledo, Berlin 1955

Fraenkel, Ernst: Der Doppelstaat: Recht und Justiz im »Dritten Reich«, Frankfurt/Köln 1974

Frei, Norbert / *Schmitz,* Johannes: Journalismus im Dritten Reich, München 1989

Freitag, Werner: Spenge 1900–1950, Lebenswelten in einer ländlich-industriellen Dorfgesellschaft, Bielefeld 1988

Friauf, Karl Heinrich: Polizei- und Ordnungsrecht, in: Ingo von *Münch,* Besonderes Verwaltungsrecht, 7. Aufl., Berlin 1985, S. 181 ff.

Gelber, Dr. L. / *Leuven,* Romaeus: Edith Steins Werke, Band IX: Selbstbildnis in Briefen, Zweiter Teil 1934–1942, Druten, Freiburg–Basel–Wien 1977

Gerleman, Gillis: Esther (BK), 2. Aufl., Neukirchen 1982

Gierke, Otto: Deutsches Privatrecht, Erster Band. Allgemeiner Teil und Personenrecht, Leipzig 1895

Ginzel, Günther B. (Hrsg.): Antisemitismus: Erscheinungsformen der Judenfeindschaft gestern und heute, Köln 1991

Globke, Hans: »Aufzeichnung« Dokument Nr. 4 in *Gotto*

Goebbels, Joseph: Die Tagebücher: sämtliche Fragmente. Hrsg. von Elke Fröhlich im Auftrag des Instituts für Zeitgeschichte. Bd. 3: Teil I, Aufzeichnungen 1924 bis 1941, München 1992

Goethe, Johann Wolfgang von: Noten und Abhandlungen zu besserem Verständnis des west-östlichen Divans. Sämtliche Werke in 18 Bänden, Bd. 3, S. 413 ff., Zürich 1977

Gotto, Klaus (Hrsg.): Der Staatssekretär Adenauers. Persönlichkeit und Wirken Hans Globkes, Stuttgart 1980

Grabitz, Helge, *Bästlein,* Klaus, *Tuchel,* Johannes u. a. (Hrsg.): Die Normalität des Verbrechens. Bilanz und Perspektive der Forschung zu den nationalsozialistischen Gewaltverbrechen. Festschrift für Wolfgang Scheffler, Berlin 1994

Graml, Hermann: Reichskristallnacht. Antisemitismus und Judenverfolgung im Dritten Reich, München 1988

Greive, Hermann: Geschichte des modernen Antisemitismus in Deutschland, Darmstadt 1983

Greive, Hermann: Die Juden. Grundzüge ihrer Geschichte im mittelalterlichen und neuzeitlichen Europa, Darmstadt 1980

Grillparzer, Franz: Die Jüdin von Toledo, Stuttgart 1979

Gruchmann, Lothar: Justiz im Dritten Reich. Anpassung und Unterwerfung in der Ära Gürtner, München 1988

Gruchmann, Lothar: Die Entstehung des Testamentsgesetzes vom 31. Juli 1938. Nationalsozialistische »Rechtserneuerung« und Reformkontinuität, Zeitschrift für neuere Rechtsgeschichte, 1985, S. 53 ff.

Günther, Hans: »Kammergericht soll bleiben« – »o. k.«, DRiZ 68, 71 ff.

Gunkel, Hermann: Esther, Tübingen 1916

Heiber, Beatrice und Helmut: Die Rückseite des Hakenkreuzes. Absonderliches aus den Akten des Dritten Reiches, München 1993

Herodot, Neun Bücher der Geschichte, übers. von Joh. Eust. Goldhagen, hrsg. von Hanns Floerke, Berlin o. J.

Heyen, Franz-Josef: Parole der Woche. Eine Wandzeitung im Dritten Reich 1936–1943, München 1983

Hofer, Walther (Hrsg.): Der Nationalsozialismus, Frankfurt a. M. 1987

Josephus Flavius: Jüdische Altertümer, übers. von Heinrich Clementz, Nachdruck, 4. Aufl., Dreieich 1981

Justizbehörde Hamburg (Hrsg.): »Für Führer, Volk und Vaterland …«. Hamburger Justiz im Nationalsozialismus, Hamburg 1992

Kaul, Friedrich Karl: Geschichte des Reichsgerichts, Band IV, Glashütten/Taunus 1971

Klee, Ernst: »Die SA Jesu Christi«. Die Kirchen im Banne Hitlers, Frankfurt a. M. 1989

Klemperer, Victor: LTI. Notizbuch eines Philologen, 15. Aufl., Leipzig 1996

Klemperer, Victor: Ich will Zeugnis ablegen bis zum letzten. Tagebücher 1933–1941, Berlin 1995

Klepper, Jochen: Unter dem Schatten deiner Flügel. Aus den Tagebüchern 1938–1942, München 1964

Kolmar, Gertrud: Weibliches Bildnis. Sämtliche Gedichte, München 1987

Kramer, Helmut: Die Aufarbeitung des Faschismus durch die Nachkriegsjustiz in der Bundesrepublik Deutschland, in: *Böttcher,* S.107–126

Larenz, Karl: Allgemeiner Teil des deutschen Bürgerlichen Rechts, 6. Aufl., München 1983

Lasker-Schüler, Else: Gedichte 1902–1943, München 1959

Loader, James Alfred: Das Buch Esther (ATD), Göttingen 1992

Lösener, Bernhard: Das Reichsministerium des Innern und die Judengesetzgebung, VjZG 9 (1961), 262–313

Majer, Diemut: Grundlagen des nationalsozialistischen Rechtssystems: Führerprinzip, Sonderrecht, Einheitspartei, Stuttgart 1987

Matzerath, Horst: Jüdisches Schicksal in Köln 1918–1945, Köln 1989

Maurer, Trude: Abschiebung und Attentat. Die Ausweisung der polnischen Juden und der Vorwand für die »Kristallnacht«, in: *Pehle,* S.52–73

Meinhold, Arndt: Das Buch Esther, Zürich 1983

Milton, Sybil: The Expulsion of Polish Jews from Germany October 1938 to July 1939 (Schriftenreihe wissenschaftlicher Abhandlungen des Leo Baeck Instituts 29, S.169ff.)

Müller, Arnd: Geschichte der Juden in Nürnberg 1146–1945, Nürnberg 1967

Müller, Ingo: Furchtbare Juristen. Die unbewältigte Vergangenheit unserer Justiz, München 1987

Müller, Senya: Sprachwörterbücher im Nationalsozialismus, Stuttgart 1994

Nathans, Eli: Franz Schlegelberger (Redaktion Kritische Justiz: Der Unrechts-Staat III), Baden-Baden 1990

Nellessen, Bernd: Die schweigende Kirche. Katholiken und Judenverfolgung, in: *Büttner,* S.259ff.

Pehle, Walter H. (Hrsg.): Der Judenpogrom 1938. Von der »Reichskristallnacht« zum Völkermord, Frankfurt a. M. 1988

Rethmeier, Andreas: »Nürnberger Rassegesetze« und Entrechtung der Juden im Zivilrecht, Frankfurt a. M. 1995

Rilke, Rainer Maria: Werke in sechs Bänden. Band I.2, Frankfurt a. M. 1986

Ritz, Hans: Die Geschichte vom Rotkäppchen. Ursprünge, Analysen, Parodien eines Märchens, Göttingen 1981

Röhm, Eberhard / *Thierfelder,* Jörg: Juden, Christen, Deutsche 1933–1945, Band 2, Teil I, Stuttgart 1992

Rüthers, Bernd: Carl Schmitt im Dritten Reich. Wissenschaft als Zeitgeist-Verstärkung, München 1989

Rüthers, Bernd: Die unbegrenzte Auslegung. Zum Wandel der Privatrechtsordnung im Nationalsozialismus, Heidelberg 1991

Rüthers, Bernd: Entartetes Recht. Rechtslehren und Kronjuristen im Dritten Reich, München 1988

Schick, Eduard: Ein Leben im Spannungsfeld von Christentum und Politik, in: *Gotto,* S. 39 ff.

Schiele, Friedrich Michael / *Zscharnack,* Leopold (Hrsg.): Die Religion in Geschichte und Gegenwart (RGG), Tübingen 1910 und 1928

Schmoldt, Hans: Kleines Lexikon der biblischen Eigennamen, Stuttgart 1990

Schorn, Dr. Hubert: Der Richter im Dritten Reich. Geschichte und Dokumente, Frankfurt a. M. 1959

Schröder, Rainer: »... aber im Zivilrecht sind die Richter standhaft geblieben!«, Baden-Baden 1988

Staff, Ilse: Justiz im Dritten Reich. Eine Dokumentation, Frankfurt a. M. 1978

Staudinger, J. von: Kommentar zum Bürgerlichen Gesetzbuch mit Einführungsgesetz und Nebengesetzen, 9. Aufl., München 1925–1931

Thalmann, Rita; *Feinermann,* Emmanuel: Die Kristallnacht, Hamburg 1993

Trepp, Das Judentum, Reinbek 1969

Volk, Ludwig (Hrsg.): Akten deutscher Bischöfe über die Lage der Kirche 1933–1945, Band 4: 1936–1939, Paderborn 1981

Walk, Joseph (Hrsg.): Das Sonderrecht für die Juden im NS-Staat: Eine Sammlung der gesetzlichen Maßnahmen und Richtlinien – Inhalt und Bedeutung, Karlsruhe 1981

Weinkauff, Hermann: Die deutsche Justiz und der Nationalsozialismus, Teil 1, Stuttgart 1968

Welsh, Helga A.: Deutsche Zentralverwaltung für Justiz (DJV), in: Martin *Broszat* und Hermann *Weber* (Hrsg.), SBZ-Handbuch, München 1990, S. 218 ff.

Wenzlau, Joachim Reinhold: Der Wiederaufbau der Justiz in Nordwestdeutschland 1945 bis 1949, Frankfurt a. M. 1979

Wistrich, Robert: Wer war wer im Dritten Reich?, Frankfurt 1987

Wrobel, Hans: Otto Palandt zum Gedächtnis (Kritische Justiz 82, 1 ff.)

Zedler, Johann Heinrich: Grosses vollständiges Universal-Lexikon, Halle und Leipzig 1734

Zehnter, Annette: Widerstand und Verfolgung in Bochum und Wattenscheid 1933–1945, Essen 1992

Adami, Friedrich Wilhelm: Das Kündigungsrecht wegen eines jüdischen Mieters, JW 38, 3217

Boschan: Deutsches und zwischenstaatliches Personenstandsrecht, StAZ 36, 107

Bung: Worauf stützt der deutsche Richter seine Entscheidung?, DRiZ 35, 269

Crisolli: Die Firmenzusätze »deutsch« und »national«, JW 33, 2102

Crisolli: Nochmals die Firmenzusätze »deutsch« und »national«, JW 34, 666

Dernedde: Völkischer, totaler und autoritärer Staat, JW 34, 955

Eichhorn: Bindung des Richters an das Gesetz und neuzeitliche Rechtsfindung, DRiZ 35, 321

Fahrenkrog, Rolf L.: Deutschen Kindern deutsche Namen, Neues Volk, August 1938, S. 5 ff.

Fahrenkrog, Rolf Ludwig: Deutschen Kindern – deutsche Namen, Berlin 1939

Fraeb: Die Anfechtbarkeit arisch-jüdischer Mischehen, DJ 34, 267

Freisler, Roland: Recht, Richter und Gesetz, DJ 33, 694

Fritsch, Theodor: Handbuch der Judenfrage. Die wichtigsten Tatsachen zur Beurteilung des jüdischen Volkes, Leipzig 1934

Fromherz: Rücktritt von Verlagsverträgen mit nichtarischen Verfassern, JW 33, 2366

Gleispach, Graf von: Nationalsozialistisches Recht, Berlin 1938

Helfritz: Rechtsstaat und nationalsozialistischer Staat, DJZ 34, 426

Hitler, Adolf: Mein Kampf, 524./528. Aufl., München 1940

Höhn, Reinhard: Das Gesetz als Akt der Führung, DR 34, 433

Jung: Die Auflösung der Ehe zwischen Ariern und Nichtariern, JW 33, 2367

Kessler, Gerhard: Die Namen der Juden in Deutschland, Leipzig 1935

Knost: Eintragung der zusätzlichen Vornamen »Israel« und »Sara« in den Personenstandsbüchern, StAZ 38, 432 und 454

Kriege, Dr. Walter, *Opitz*, Dr. Fritz, *Globke*, Dr. Hans: Die Namensänderung auf Grund der preußischen Verordnung vom 3. November 1919 (GS. S. 177) und der übrigen einschlägigen Bestimmungen, Eberswalde–Berlin 1934

Lammers, Hans-Heinrich: Staatsführung im Dritten Reich, in: Reich und Ostmark, 1938, S. 9 ff.

Lange: Generalklauseln und neues Recht, JW 33, 2858

Lehbrink, Theobald: Von Gott und Obrigkeit, Gelsenkirchen 1935

Maßfeller: Zur Frage der Anfechtung von Mischehen nach Erlaß des Blutschutzgesetzes, StAZ 36, 278 und 301

Matzke: Die Anfechtung der Rassenmischehe nach geltendem Recht, JW 34, 2594

Palandt, Dr. Otto: Bürgerliches Gesetzbuch, Kurzkommentar, 2. Aufl., München und Berlin 1939

Plischke, Kurt: Der Jude als Rassenschänder, Berlin 1936

Radloff: Wesen und Methode der Rechtsprechung, JW 34, 68

Rothenberger, Curt: Die Stellung des Richters im Führerstaat, DR 39, 831 ff.

Sartorius: Verfassungs- und Verwaltungsrecht, 15. Aufl., München und Berlin 1944

Schmitt, Carl: Aufgabe und Notwendigkeit des deutschen Rechtsstaates, DR 36, 181

Schmitt, Carl: Nationalsozialismus und Rechtsstaat, JW 34, 713

Schmitt, Carl: Neue Leitsätze für die Rechtspraxis, JW 33, 2793

Schneider: Anfechtung der Ehe wegen Irrtums über die Bedeutung der Rasse, JW 34, 868

Schneider: Eheanfechtung und Neugestaltung des Eherechts, DR 36, 268

Schumacher, Adolph: Anfechtung jüdisch-arischer Ehen, DJZ 1933, Sp. 1492 f.

Schönberg: Nationalsozialistische Gedanken in der Praxis, DRiZ 35, 76

Stoll: Die Auflösung der Mischehe, DJZ 34, 562

Stölzel: Das neue Recht der Vornamen, StAZ 39, 20 und 34

Stölzel: Über Vornamen, StAZ 38, 229

Stuckart, Wilhelm: Die völkische Grundordnung des deutschen Volkes, DR 35, 557

Wlochatz: Gebt euren Kindern gute deutsche Vornamen!. Deutsches Einheits-Familienstammbuch (Deutsches Sippenbuch) 26. bis 28. Tausend, Berlin 1937

Wlochatz: Vom Sinn und Wert unserer Vornamen, StAZ 31, 231

Wöhrmann: Die Auflösung der Ehe zwischen Juden und Ariern, JW 33, 2041

Wolf, Erik: Das Rechtsideal des nationalsozialistischen Staates, in: Archiv für Rechts- und Staatsphilosophie, Bd. 28 (1934/35), S. 348 ff.

Abkürzungsverzeichnis

AG	Amtsgericht
BAK	Bundesarchiv Koblenz
BAP	Bundesarchiv Potsdam
BGB	Bürgerliches Gesetzbuch
BGHZ	Amtliche Sammlung der Entscheidungen des Bundesgerichtshofs in Zivilsachen
BlutSchG	Gesetz zum Schutz des deutschen Blutes und der Ehre des deutschen Volkes (»Blutschutzgesetz«)
BStU	Der Bundesbeauftragte für die Unterlagen des Staatssicherheitsdienstes der ehemaligen Deutschen Demokratischen Republik (»Gauck-Behörde«)
DDR	Deutsche Demokratische Republik
DJZ	Deutsche Juristen-Zeitung
DNotZ	Deutsche Notar-Zeitschrift (bis 1933: Zeitschrift des Deutschen Notar-Vereins)
DR	Deutsches Recht
DRiZ	Deutsche Richterzeitung
DRM	Deutsches Recht vereinigt mit Der deutsche Rechtspfleger (Monatsausgabe)
EheG	Ehegesetz
FZ	Frankfurter Zeitung
GMBl	Gesetz- und Ministerialblatt
GRUR	Gewerblicher Rechtsschutz und Urheberrecht
HGB	Handelsgesetzbuch
JFG	Jahrbuch für Rechtsprechung in der freiwilligen Gerichtsbarkeit
JW	Juristische Wochenschrift
JZ	Juristenzeitung
KdF	Kraft durch Freude
KG	Kammergericht
LG	Landgericht
MBl	Ministerialblatt
MBliV	Ministerialblatt für die preußische innere Verwaltung

302

MDR	Monatsschrift für Deutsches Recht
MfS	Ministerium für Staatssicherheit der DDR
MietSchG	Mieterschutzgesetz
Motive	Motive zu dem Entwurfe eines Bürgerlichen Gesetzbuches für das Deutsche Reich
NJ	Neue Justiz
NJW	Neue Juristische Wochenschrift
NSDAP	Nationalsozialistische Deutsche Arbeiter-Partei
NSV	Nationalsozialistische Volkswohlfahrt
OLG	Oberlandesgericht
PdW	Parole der Woche
PrOVG	Preußisches Oberverwaltungsgericht
PStG	Personenstandsgesetz
RdErl	Runderlaß
RGBl	Reichsgesetzblatt
RGG	Die Religion in Geschichte und Gegenwart
RGSt	Entscheidungen des Reichsgerichts in Strafsachen
RGZ	Entscheidungen des Reichsgerichts in Zivilsachen
RMBliV	Ministerialblatt des Reichs- und Preußischen Ministeriums des Innern
RuPrMdI	Reichs- und Preußisches Ministerium des Innern
SBZ	Sowjetische Besatzungszone
StAZ	Zeitschrift für Standesamtswesen
Stdb	Der Standesbeamte
StGB	Strafgesetzbuch
ZAkDR	Zeitschrift der Akademie für Deutsches Recht

Personenverzeichnis

Adenauer, Konrad   Anm. 214
Alsberg, Max   209
Améry, Jean   226
Andersen Nexö, Martin   18

Baarová, Lída   198
Baeyer, Adolf von   Anm. 7
Barth, Karl   37f., Anm. 23
Beck, Ludwig   132, 140
Ben-Chorin, Schalom   178f.
Benjamin, Hilde   211
Bering, Dietz   Anm. 250 und 255
Bertz, Paul   211
Bismarck, von   235
Bismarck, Otto von   39, 45
Block   207
Bormann, Martin   251f.
Boschan   53
Bultmann, Rudolf K.   34

Caesar, Julius   164f.
Chrambach, Esther   Anm. 249
Claß, Heinrich   239f., Anm. 228
Claudius, Matthias   12
Crippen   209
Crisolli, Karl-August   87, 90f.

Dill, Elisabeth (Liesbet)   154
Drigalski, Karl Rudolf Arnold von   154
Dühring, Karl Eugen   121

Ecker, Josef   148–150, 202–204, 210
Ehrlich, Paul   Anm. 9
Einstein, Albert   Anm. 8

Fahrenkrog, Rolf Ludwig   57–59, Anm. 53
Franck, James   Anm. 8
Freisler, Roland   116, 152
Frick, Wilhelm   246, Anm. 97 und 237
Fritsch, Theodor   179f., 184f., 188

Ginzel, Günther B.   200
Gisevius   239
Globke, Hans   132, 226–233, 235f., 238, 240–245, 248, 250–253, 265, Anm. 47, 214 und 237
Goebbels, Joseph   30, 55, 129, 136, 140, 142, 148, 198f., 246, 259, Anm. 175 und 250
Goethe, Johann Wolfgang von   47, 187, 188
Gonnella   Anm. 70
Graeber, Fritz   Anm. 210
Grillparzer, Franz   47, 192
Grote   128
Grynszpan, Herszel   105f., 199
Gunkel, Hermann   172, 176, 179
Günther, Hans   203, 211

Haber, Fritz   Anm. 7
Händel, Georg Friedrich   47, 192
Harich, Wolfgang   211
Hauptmann, Gerhart   18, Anm. 3
Hauth, Theodor   120, Anm. 91
Heinemann, Gustav   209, Anm. 210
Hermann der Cherusker   248
Heß, Rudolf   240
Hertz, Gustav   Anm. 8
Herwegen, Leo   211
Heuss, Theodor   Anm. 213
Heydrich, Reinhard   Anm. 182
Himmler, Heinrich   248, 250
Hindenburg, Paul von   226
Hitler, Adolf   33, 37f., 55, 124, 128, 132, 140, 142f., 156f., 191, 198f., 216, 234f., 260f., Anm. 135, 249, 255, 256 und 259

Janka, Walter   211
Josephus Flavius   169
Joyce, William   209
Jung, Heinrich   96f., Anm. 80

Kanger   203
Kerr, Alfred   121
Kerrl, Hanns   228f.
Kessler, Gerhard   160, 226, 242, 256, 259, 264, Anm. 213 und 240
Kiefersauer   111f.
Klemperer, Victor   265
Klepper, Jochen   265
Koch, Robert   154
Königshofer, Esther Sara   265
Krebs   154
Kriege, Walter   236
Krutina, Ewald   Anm. 43

Lammers, Hans Heinrich   252, 260f., 263, Anm. 255 und 256
Lassen, Cuno Josua   48, 60, 65, 81
Leckebusch, Johannes Karl   21, 24
Lehbrink, Theobald   21–24, 37f.
Lenin, Wladimir Iljitsch   46
Ley, Robert   129
Leunig, Günther   129
Lichtenberg, Bernhard   199, Anm. 183
Loewenstein, von und zu   239–242, 244, 246, 255
Loewenthal, Siegfried   202f., Anm. 187
Lösener, Bernhard   Anm. 97
Lucas, Friedrich Wilhelm   18
Luncke, Friedrich   25, 32–37, 39–41, 44, 47f., 60, 145, 148, 189, 196, 200, 215f., 219f., 223f., Anm. 174
Luncke, Friedrich (jun.)   219, Anm. 22
Luncke, Luise   32–34, 44, 48, 214–216, 219, 223, Anm. 174
Luther, Martin   37f., 161, 166, 178, 187

Maimonides, Moses (Rabbi Mose ben Maimon)   178
Mann, Thomas   121
Maßfeller, Franz   100f.
Mechelen, Josef   203
Melsheimer, Ernst   202f., 210–212
Meyerhof, Otto   Anm. 9
Michael, Eleanor   Anm. 13
Mommsen, Theodor   165
Moog, Leonhard   211
Müller, Heinrich   Anm. 182

Náumann, Friedrich   Anm. 213
Niemöller, Martin   Anm. 25
Nixon, Richard   209

Palandt, Otto   155
Papen, Franz von   234
Pfundtner, Hans   236f., 248, 250, 254f., 258
Pieck, Wilhelm   Anm. 2
Potthoff, Johannes   234f.

Racine, Jean   47
Rath, Ernst vom   199
Redl, Alfred   209
Rommel, Erwin   207
Rothenberger, Curt   79
Rüthers, Bernd   9

Sachs, Hans   47
Scheel, Walter   209
Schick, Eduard   228f.
Schmitt, Carl   88f., Anm. 71
Scholem Alejchem   264
Schumacher, Adolph   97
Seibert, Claus   148, 154–156, 205–212
Seibert, Gustav Eduard   154
Seibert, Ulrich   Anm. 198
Sokrates   209f.
Spankus, Julius   148, 150, 151, 165, 188, 205, 208, 210
Speer, Albert   129
Stegmann, Josua   77
Stein, Edith   34, Anm. 13
Stephan, Ernst   148–150, 205, 210
Stoecker, Adolf   39
Stölzel   56f.
Streicher, Julius   118, 123, 133, 246, Anm. 97

Thalmann, Rita   Anm. 214
Trampeldang   45

Vega, Lope Félix de   47

Wagner, Winifred   Anm. 249
Wallach, Otto   Anm. 7
Warburg, Otto H.   Anm. 9
Weinkauff, Hermann   9
Weiß, Bernhard   Anm. 250
Wergin, Kurt   202
Wilde, Oscar   209
Willstätter, Richard   Anm. 7
Wlochatz   50–52, Anm. 39
Wöhrmann   95f.

Zehnhoff, am   233

Inhalt

Das Mädchen, das nicht Esther heißen durfte   7

Exkurs: Die jüdischen Vornamen nach den Richtlinien vom
    18. August 1938 und deren Vorgeschichte 226

Verzeichnis der jüdischen Vornamen 266

Übersicht über die erwähnten Gerichtsentscheidungen . . 274

Anmerkungen 276

Literaturverzeichnis 295

Abkürzungsverzeichnis 302

Personenverzeichnis 304

309

RECLAM-BIBLIOTHEK

Victor Klemperer
LTI

Notizbuch eines Philologen

368 Seiten. RBL 278. 16,– DM
ISBN 3-379-00125-2

Kompositorisch ist dies eine dokumentarische Montage,
was erklärt, weshalb man LTI unter immer neuen Aspek-
ten lesen kann. Es ist Zeitgeschichte als Sprachgeschichte,
aber auch ein Psychogramm des Widerstands; es ist eines
der wenigen Zeugnisse jüdischer Überlebender innerhalb
Hitlerdeutschlands, aber LTI ist auch profunde Analyse
der geistigen und kulturellen Voraussetzungen des Mit-
läufertums ... Die einzigartige dokumentarische Substanz
des Buches, durch die es zu einem der lebendigsten Lehr-
bücher zur Ideologie des Faschismus wird, besteht darin,
daß hier exemplarische Ausschnitte aus der Alltags-
kommunikation im Dritten Reich festgehalten sind. Die
»Lingua Tertii Imperii« ist mehr als eine Menge typischer
Vokabeln, Wendungen und Stilfiguren – sie ist ein kom-
plexes Bedingungsgefüge gesellschaftlich bestimmter Ver-
haltensformen, innerhalb derer die sprachlichen Ausdrücke als Mittel und Indikator fungieren.

Ewald Lang in: Osnabrücker Beiträge zur Sprachtheorie

RECLAM-BIBLIOTHEK

Erinnerungen deutsch-jüdischer Frauen 1900–1990

Herausgegeben von Andreas Lixl-Purcell
459 Seiten. 22 Fotodokumente. RBL 1423. 24,– DM
ISBN 3-379-01423-0

Andreas Lixl-Purcell hat die Erinnerungen von über drei-
ßig deutsch-jüdischen Frauen vom Beginn des 20. Jahrhunderts bis heute zusammengestellt. Nur wenige davon
wurden bislang veröffentlicht. Die Beiträge stammen aus
Nachlässen oder Archiven in Deutschland, Österreich, der
Schweiz, Israel, Ekuador, Frankreich, Großbritannien, den
Niederlanden, Schweden, Australien und den Vereinigten
Staaten – und sie bieten einen faszinierenden Einblick in
die Erfahrungswelt deutsch-jüdischer Frauen. Es ist vor
allem der Ton der Autorinnen, der die Leserin von heute in
den Bann zieht. Keine beschreibt ihr Leben mit Bitterkeit,
obwohl viele unsagbar gelitten haben …

Christine Dankbar in: Der Tagesspiegel

RECLAM-BIBLIOTHEK

Eugenia Szajn-Lewin
Aufzeichnungen aus dem Warschauer Ghetto

Juli 1942 bis April 1943

Aus dem Polnischen übersetzt von Roswitha Matwin-Buschmann.
Mit einem Geleitwort von Maria Line und einer Zeittafel von Arnold Mostowicz.
Mit 6 dokumentarischen Fotos und einem Stadtplan.
135 Seiten. RBL 1497. 16,– DM
ISBN 3-379-01497-4

Daß ihre Aufzeichnungen erhalten blieben, ist die erste Sensation. Kurz vor der endgültigen Zerstörung des Ghettos gelingt ihr die Flucht; sie versteckt das Manuskript unter dem Fußboden einer Warschauer Wohnung, in einem der wenigen Häuser, die nicht zerstört werden. ...
Die zweite Sensation ist der Text selbst. Eine Innenansicht des Warschauer Ghettos, in der jeder Absatz ein neues Rädchen im Getriebe dieser perfekten Menschenerniedrigungsmaschine beschreibt. Die Autorin versucht das nahezu Unmögliche: einen kalten, distanzierten Blick zu bewahren. Sie selbst tritt im Text als eine andere, in einer dritten Person als Ewa auf, wechselt gelegentlich in die Perspektive von Freunden, übersetzt, was sie von ihnen hört, in authentische Reportagen. ... Der Tod ist nicht nur ein Meister aus Deutschland. Er spricht auch Deutsch.

Christof Siemes in: DIE ZEIT

RECLAM-BIBLIOTHEK

Das Ghettotagebuch des Dawid Sierakowiak

Aufzeichnungen eines Siebzehnjährigen 1941/42

Aus dem Polnischen übersetzt von Roswitha Matwin-Buschmann.
Mit einem Geleitwort von Arnold Mostowicz und einer Zeittafel von Andrzej Bodek.
Mit 7 dokumentarischen Abbildungen.
199 Seiten. RBL 1459. 16,– DM
ISBN 3-379-01459-1

Dawid Sierakowiaks Tagebuch ist das Protokoll eines angekündigten Todes; insofern mag man es mit dem der Anne Frank vergleichen. Doch anders als bei ihren Aufzeichnungen aus dem Amsterdamer Hinterhaus spürt man in seinen Beobachtungen wenig literarischen Ehrgeiz. Er notiert lakonisch, fast monoton und in dieser Monotonie um so bedrückender die schleichende Arbeit des Todes und das eigene Aufbegehren dagegen. Die Tag-für-Tag-Chronik, die dabei entsteht, zeigt, selbst als Fragment noch, wie sich das Ghetto allmählich in ein Konzentrationslager, das Konzentrationslager in ein Arbeitslager und das Arbeitslager in ein Vernichtungslager verwandelt.

Benedikt Erenz in: DIE ZEIT

Der Fiedler vom Getto

Jiddische Gedichte aus Polen

Aus dem Jiddischen übertragen und ausgewählt
von Hubert Witt
Mit einem Vorwort von Ber Mark und einem Nachwort
von Hubert Witt
271 Seiten. RBL 1483. 18,– DM
ISBN 3-379-01483-4

Unsere Sammlung jiddischer Dichtung aus Polen, einem
Land ihres Ursprungs und hoher Blüte, zugleich ihrer tief-
sten Tragik, umfaßt 60 jiddische Dichter: von Jizchok Lejb
Perez, dem Stammvater, über all die Umgekommenen bis
zu den Überlebenden.

Seit dieses Gedichtbuch vor zwei Jahrzehnten erstmals erschien, gilt für den deutschen Sprachraum noch immer:
»Eine Sammlung, die in ihrer Vielfältigkeit einmalig ist. Ein
Meer von Glaube, verzweifelter Hoffnung, Klage. Dem un-
mittelbaren Bekenntnis dieser Sechzig entspricht unmittel-
bares Ergriffensein des Lesers von heute.«

Otto F. Best in: Die Welt

Scholem Alejchem
Stempenju

Ein jüdischer Roman

Aus dem Jiddischen übertragen und herausgegeben
von Hubert Witt.
159 Seiten. Mit 12 Lithographien von Anatoli Kaplan.
RBL 1482. 16,– DM
ISBN 3-379-01482-6 `

Scholem Rabinowitsch (1859–1916) wurde unter dem
Pseudonym Scholem Alejchem (Friede sei mit Euch!) zum
Klassiker der jiddischen Literatur. Sein früher Roman
»Stempenju« (1888) erzählt die Geschichte der romanti-
schen Liebe zwischen dem Wandermusikanten und Wei-
berhelden Stempenju und der schönen blauäugigen
Rochel, einer großen und vergeblichen Liebe. Rochel bewundert Stempenju wegen seiner Kunst, deren zaube-
rische Anziehungskräfte sie schaudernd verspürt; fürchtet
ihn wegen seiner unverschämten Kühnheit; verachtet ihn
wegen seiner Außenseiterrolle; haßt ihn wegen seiner
inneren Freiheit, der sie nicht gewachsen ist. Sie flieht in
das kleine Glück und die großen Frustrationen ihrer Ehe
zurück …

Die »meisterhaft zu nennende Neuübersetzung« (FAZ)
eines frühen Werks des Scholem Alejchem

Mendele Mojcher Sforim
Fischke der Lahme

Bettlerroman

Aus dem Jiddischen übertragen und herausgegeben
von Hubert Witt.
236 Seiten. Mit 12 Radierungen von Anatoli Kaplan.
RBL 1496 18,– DM
ISBN 3-379-01496-6

Mojcher Sforim erzählt herzzerreißend lustig und sterbenstraurig und ohne eine Spur Sentimentalität. Seine Bettler sind nicht edel, sondern arm. Und ihre Armut ist kein großer Glanz von innen, sondern eine große Gewalt von außen. Die Juden sind weder Shylocks noch Nathans, sondern ganz normale Juden; nicht einmal der Bösewicht, der selbstverständlich auch vorkommt, trägt diabolische Züge – er ist einfach nur gemein. ... Ob Alter seine verlorene Tochter wiederfinden wird, steht in den Sternen, nicht in diesem Roman. So bleiben Witz und Melancholie, Tragik und Komik schön in der Schwebe. Immerhin ist am Schluß noch ein wenig Hoffnung übrig – nein, nicht das apokalyptische philosophische Prinzip, sondern die gewöhnliche, niedrige Hoffnung auf *a schtikl glik*, die uns Menschenkindern zusteht.

Hannes Stein in: FAZ

Wenn ich dein vergesse, Jerusalem

Bilder jüdischen Stadtlebens

Herausgegeben von Joachim Schlör
399 Seiten. RBL 1534. 26,– DM
ISBN 3-379-01534-2

Von der Sehnsucht nach Heimat, nach Zugehörigkeit ist in
den hier versammelten Texten ebenso die Rede wie vom
stets drohenden Verlust. In keinem der Texte ist die Sehnsucht ohne den möglichen Verlust zu denken, und nir-
gendwo – an keinem Ort – ist die kurzfristig erreichte Zugehörigkeit wirklich selbstverständlich.
Was ist Heimat? Was bedeutet Heimatlosigkeit, welches
sind ihre psychischen, sozialen, kulturellen Folgen? –
Große Autoren antworten auf diese Fragen: Heinrich
Heine und Ludwig Börne, Scholem Alejchem und Scholem Asch, Maxim Gorki, Elias Canetti, Joseph Roth, Ste-
fan Zweig und Isaak Babel, Alfred Döblin, Walter Benjamin, Henry Roth und Dorothy Ruth Kahn, György
Konrád, David Grossman und viele andere.